Elogios a

PSICOLOGIA OCULTA DAS REDES SOCIAIS

e a Joe Federer

"Faça uma viagem à terra das mídias sociais com este especialista para se informar, se divertir e aumentar o desempenho das suas campanhas."
— Tonise Paul, presidente do conselho da Energy BBDO

"Acredito há muito tempo que as mídias sociais liberarão mais do que nunca a criatividade humana. O livro de Joe é uma exploração profunda dessa ideia e presta o serviço fenomenal de nos ajudar a entender a psicologia que explica por que buscamos nos conectar, criar e compartilhar — e que ainda temos de liberar o poder e o potencial verdadeiros das nossas redes sociais."
— Toby Daniels, presidente executivo da Social Media Week

"Além de escrever uma obra sobre mídias sociais que se tornará fundamental, Joe Federer pôs neste livro noções valiosas que ajudarão os profissionais de marketing e comunicação a fazer a ponte entre os planos estratégicos das suas empresas e o comportamento do mundo real. O estilo simples e direto de Joe faz a gente jurar que está simplesmente conversando com esse astro talentoso das mídias sociais."
— Ron Culp, diretor profissional do programa de pós-graduação em publicidade e relações públicas da Universidade DePaul e ex-sócio e diretor gerente da Ketchum

"O marketing das mídias sociais é um espaço em evolução contínua. A velocidade da mudança desafia os profissionais a acompanhar o ritmo e levar ao trabalho o pensamento mais atualizado. Psicologia Oculta das Redes Sociais tem uma abordagem atemporal por se basear nas pessoas, não nas redes. Concentrar-se em como as pessoas pensam e se comportam nesses espaços ajudará as marcas a levar valor aos consumidores e a criar visibilidade para si em qualquer rede."

— JOSH EHART, ex-diretor de dados da Energy BBDO

"Sem as noções argutas e as análises ponderadas de Federer, você está destinado a se tornar uma figura irrelevante, quase um palhaço na sua profissão, buzinando o nariz de borracha e tocando a sineta do marketing para um público cada vez mais desinteressado. Compre este livro ou vire piada."

—JASON KREHER, diretor de criação da Wieden+Kennedy

JOE FEDERER

PSICOLOGIA OCULTA
DAS
REDES SOCIAIS

COMO AS MARCAS CRIAM
ENGAJAMENTO AUTÊNTICO,
QUE NOS MOTIVA A INTERAGIR
E ACEITAR SUAS RECOMENDAÇÕES

M.Books

M.Books do Brasil Editora Ltda.

Rua Jorge Americano, 61 - Alto da Lapa
05083-130 - São Paulo - SP - Telefone: (11) 3645-0409
www.mbooks.com.br

Dados de Catalogação na Publicação

FEDERER, Joe.
Psicologia Oculta das Redes Sociais / Joe Federer.
São Paulo - 2022 - M.Books do Brasil Editora Ltda.

1. Marketing 2. Mídias Sociais 3. Psicologia Aplicada em Marketing

ISBN: 978-65-5800-091-4

Do original: The Hidden Psychology of Social Networks
Publicado originalmente por McGraw-Hill
©2020 Joe Federer
©2022 M.Books do Brasil Editora Ltda.

Editor: Milton Mira de Assumpção Filho

Tradução: Maria Beatriz Medina
Produção editorial: Lucimara Leal
Revisão: Lilian Dionysia
Editoração: 3Pontos Apoio Editorial Ltda
Capa: Isadora Mira

2022
M.Books do Brasil Editora Ltda.
Todos os direitos reservados.
Proibida a reprodução total ou parcial.
Os infratores serão punidos na forma da lei.

A meus pais Joe e Cathy, que encheram as minhas primeiras lembranças de experiências de pintura a dedo, expedições à natureza do quintal e grandes perguntas. Vocês me incutiram a reverência pela curiosidade e a busca de ideias interessantes, que levarei comigo pelo resto da vida. Obrigado por me pôr nesse caminho.

Sumário

Agradecimentos   9
Introdução   11

PARTE I

MEMEOLOGIA

1. O QUE HÁ NUM MEME?   19

2. O MEME E A MÁQUINA DE MEMES
A importância do formato do meme   35

3. MÁQUINAS DE MEMES EM EVOLUÇÃO
Cinco princípios para maximizar o engajamento   47

PARTE II

O MAL-ESTAR NAS MÍDIAS SOCIAIS

4. VESTIR OS NOSSOS MEMES
O Eu ideal, o Eu controlado e o Eu verdadeiro   75

5. REPRESENTAÇÃO *ONLINE* DO EU *OFFLINE*
O Ego e o centro consciente da ação 93

6. A INFLUÊNCIA CONDUTORA DOS IDEAIS CULTURAIS
As redes do Superego e a expressão do Eu ideal 111

7. O PODER NÃO PERCEBIDO DAS REDES DO EU VERDADEIRO
O Id e o Ego Inconsciente 137

PARTE III

O CÉREBRO DIREITO E ESQUERDO DAS MÍDIAS SOCIAIS

8. REDES CEREBRAIS DIREITA E ESQUERDA
O conhecido e o desconhecido 169

9. O FLUXO DE MEMES
Cérebro direito, cérebro esquerdo e cérebro direito outra vez 203

10.CINCO LIÇÕES PARA MONTAR E REFINAR UMA ESTRATÉGIA
SOCIAL 219

11.COMO CONSTRUIR COM EFICIÊNCIA E EFICÁCIA AS
MELHORES CAMPANHAS SOCIAIS 249

12.O NEGLIGENCIADO HEMISFÉRIO DIREITO
Equilibrar a contação de histórias com a construção de experiências 281

Notas 295

Bibliografia 313

Índice Remissivo 327

Sobre o Autor 343

Agradecimentos

Desde que me lembro, tive o privilégio de estar cercado de pessoas apaixonadas por ideias interessantes. Sou grato por ter sido exposto a essas pessoas inspiradoras, curiosas e motivadas durante boa parte da vida. Este livro representa a minha melhor tentativa de perpetuar esse caso de amor com as ideias interessantes.

Aos meus mestres e professores, obrigado por me apresentar às ideias e aos pensadores que inspiraram este livro: Brett Desnoyer, Jerry Boyle, Jim Gerker, Mark Laury, Andrew Schmitt, Michael Anthony, Pamela Morris e muitos, muitos mais.

Aos meus mentores e colegas do setor, obrigado por me dar a oportunidade de aprender e trabalhar com vocês. Kelly Sauter, Ron Culp, Rachel Levy, Zac Rybacki, Leah Gritton, Jacqueline Kohlmann, Abby Lovett, Corinne Gudovic, Ben Foster, Josh Ehart, Troy Hitch e, mais uma vez, muitos, muitos mais.

À minha equipe editorial, principalmente à minha editora Casey Ebro, obrigado por esmiuçar essas ideias comigo e trazer este texto à vida.

Aos pensadores que inspiraram este livro e aos seus amigos e familiares, a sua dedicação a encontrar as verdades sob a superfície continua a inspirar gerações de indagadores curiosos: Sigmund Freud,

Carl Jung, Joseph Campbell, Jordan B. Peterson, Richard Dawkins, Iain McGilchrist. A lista continua, mas esta página de agradecimentos, não.

Introdução

Este livro trata do mundo estranho e maravilhoso das mídias sociais, analisado pela lente da psicologia e da biologia evolutiva. Também trata de como marcas, anunciantes, influenciadores e quem se interessa em compreender essas mídias pode criar melhor conteúdo, promover melhor engajamento e elaborar melhores estratégias de campanha. Mas quero começar este livro com uma historinha. É uma história de intrigas, romance, aventura e traição, com criaturas míticas, poderes mágicos e continentes inexplorados. Como você já deve ter adivinhado, é a minha história com 12 anos jogando pela internet um *role playing game* baseado em texto, muito tempo antes de ouvir a expressão "mídia social".

Antes de *World of Warcraft*, *Counterstrike* ou *Everquest*, havia um gênero de jogo online chamado *multiuser dungeon* (MUD). Os MUD eram diferentes de todos os videogames modernos, porque não tinham a parte gráfica. Os personagens, os monstros e tudo o que constituía o mundo de *DragonRealms*, o meu MUD preferido, se baseavam em texto. Quando o jogador entrava numa área nova, surgiam descrições complexas do ambiente, dos objetos, armas, armaduras e, o mais importante, dos outros personagens. Os MUD foram o primeiro gênero a permitir que um número imenso de usuários se reunisse e se descobrisse no mundo do jogo.

Em *DragonRealms*, esperava-se que os jogadores representassem os papéis como se realmente fizessem parte daquele mundo. Eles não se desconectavam, por exemplo. "Iam dormir". Os jogadores nunca usavam gírias nem abreviaturas da internet. Em vez disso, esperava--se que os personagens usassem frases completas e gramaticalmente corretas — ou, se a gramática não estivesse certa, com uma linguagem que refletisse o personagem representado. Nenhum jogador dizia "kkk". Os seus personagens riam. E, como isso acontecia unicamente por meio de texto, a experiência era a de um imenso romance de fantasia contado pelo ponto de vista de milhares de jogadores, escrito bem diante dos nossos olhos. E, sim, se quer saber, eu ~~era~~ sou um enorme idiota.

Certa noite, entrei no meu personagem, que era furtivo e dado a se esconder no jogo. Esconder-se era uma habilidade que podia ser melhorada com o tempo, de modo que jogadores de nível mais baixo não conseguiam perceber quem se escondesse na mesma sala. Meu interesse amoroso no jogo estava na sala onde eu acabara de "acordar" e não estava sozinha. *Aff!* A minha Ryonia beijava outro homem! Eu me levantei do computador e andei de um lado para o outro no escritório dos meus pais. Como um pré-adolescente esquisito, eu não sofrera dor de cotovelo no mundo externo, mas ali estava.

Mesmo no meu estado emocionalmente sensível, entendi que essa era uma proposição *absurda*. Eu não era o personagem. Eu só *representava* o personagem online. No entanto, subestimara gravemente o quanto eu investira nesse mundo virtual. Simplesmente por me relacionar com os personagens dos outros por meio do meu personagem, eu deixara de me sentir como o viciado prestes a aplicar a sua dose (leia-se: feliz) e passara a me sentir deprimido, traído e com dor de cotovelo. Apesar de reconhecer logicamente que tudo aquilo era muito bobo, as minhas emoções não se convenceram tão facilmente.

Embora eu levasse algum tempo para me recuperar, essa experiência e as consequências emocionais me levaram a um questionamento saudável do que significava representar um personagem online. O que deveria ser um personagem fantástico e fictício também era uma parte minha. Era um "eu" diferente do "eu" no AOL Instant Messenger e também era diferente do "eu" fora da internet. Mas aquele personagem bobo realmente fazia parte de mim. Não só as minhas personas online e offline eram separadas; a minha própria persona online tinha fragmentos e subdivisões, dependendo de com quem e onde eu interagia.

Conto essa história não para me gabar do sucesso que tive no início da minha vida amorosa, mas para ilustrar que, na era da internet, mesmo quando jovens, nos exigem que compreendamos diferenças muito sutis de quem esperam que sejamos online, dependendo do contexto. As mídias sociais não são diferentes de *DragonRealms*. Os personagens que representamos se baseiam em nós, mas em geral não são representativos do nosso eu pleno e complexo fora da internet. Os nossos eus online e os nossos eus offline estão intimamente emaranhados, mesmo que nem sempre fique claro de que jeito. Parte deste livro visa esclarecer exatamente esta questão: qual é a relação entre os nossos vários eus online?

As mídias sociais representam um novo território psicológico para nós. Para o nosso cérebro, Facebook, Instagram, Twitter e Reddit são lugares reais. Não nos logamos simplesmente nas mídias sociais. Navegamos por elas. Em todo este livro, você verá que me refiro ao que as pessoas são "dentro" das diversas mídias sociais, e não apenas "nelas", porque acredito que seja um modo mais preciso de pensar psicologicamente sobre o nosso relacionamento com essas mídias.

Essas plataformas de mídia social não são apenas sites que visitamos ou aplicativos que abrimos. São lugares onde entramos. Se estivermos interessados em engajar as pessoas nesses espaços, precisamos nos acostumar às suas normas culturais. Quando vamos a um *happy hour* com os colegas, provavelmente somos versões nossas levemente diferentes de quando vamos a um festival de música com os amigos ou passamos a festa de Ação de Graças com a família. Do mesmo modo, a pessoa que representamos no Facebook e a pessoa que representamos no Twitter podem ser personagens muito diferentes. O modo como nos relacionamos com um conteúdo no Reddit provavelmente é bem diferente do modo como nos relacionamos com o mesmo conteúdo no LinkedIn. Mas chega disso. Vamos falar de mim.

Sou um idiota da internet desde que me lembro e trabalho com marketing em mídias sociais desde que esse setor virou setor. Quando estava no jardim de infância, eu queria um computador igual ao do meu pai, e passei quatro anos poupando a mesada e cumprindo tarefas extras até comprar o meu — um lixo de laptop recauchutado comprado na Best Buy, uma loja de eletrônicos baratos. No ensino médio, eu vivia arranjando problemas por photoshopar professores e colegas para criar memes. Quando comecei a trabalhar com relações públicas, fui voluntário para fazer uma peça social de última hora para um cliente que gerou alguns milhares de compartilhamentos orgânicos. Logo fui transferido da nova equipe de negócios para a qual fora contratado para um grupo de especialistas digitais. Desde então, montei equipes de estratégia e material criativo social em grandes agências e plataformas, como Ketchum Public Relations, Energy BBDO e Reddit.

Para muitos clientes meus, consegui melhorar o engajamento em várias ordens de grandeza, e muitos conseguiram atribuir a melhora do engajamento a resultados comerciais tangíveis. Em estudos de terceiros sobre o Facebook, as minhas campanhas ficaram nos 5% superiores em vendas no varejo, e ajudei marcas a terem o melhor entre os melhores desempenhos no Pinterest. Quando entrei no Reddit em 2016 para montar a equipe de estratégia de marca, escrevi o *playbook* de engajamento da marca para uma comunidade considerada por muitos anunciantes a mais cética da internet. Hoje, a Kantar Millward Brown relata consciência 2,8 vezes maior em pesquisas estimuladas, favorabilidade da marca 2 vezes maior e intenção de compra 16% maior nas campanhas do Reddit, em comparação com a média.

Introdução

Este livro combinará a pesquisa e as teorias psicológicas por trás da minha abordagem do marketing em mídias sociais, com exemplos e estudos de caso de marcas reais. Por razões jurídicas e para proteger dados sigilosos das marcas, removi as informações sobre o meu papel em exemplos específicos, mas em cerca de metade dessas campanhas os conceitos e a execução são meus.

As mídias sociais parecem muito novas para nós e, em vários aspectos, são mesmo. Elas não existem há muito tempo, principalmente no esquema grandioso da evolução humana. Mas o que não é novo somos nós. Do conteúdo que compartilhamos às pessoas com quem nos envolvemos e às postagens a que damos o nosso *joinha*, o modo como nos exprimimos nas mídias sociais é dominado pelos mesmos processos biológicos e psicológicos que ditam a vida social humana há milênios. Em traços amplos, é disso que este livro trata: entender como as mídias sociais se encaixam nos impulsos inatos e essenciais que ditaram a nossa evolução biológica e cultural como seres humanos.

No centro deste livro está uma pergunta simples: por que as mídias sociais são tão envolventes para nós? Para responder, começaremos pelo mundo da biologia evolutiva, no qual foi cunhada a palavra *meme*. Examinaremos como as próprias ideias atuam como replicadores genéticos para se espalhar pelas mídias sociais e faremos a engenharia reversa de algumas qualidades importantes que o conteúdo promotor de compartilhamento tende a exibir. Então, veremos a obra de Sigmund Freud, o pai da psicologia moderna, cujo modelo de Id, Ego e Superego tem uma aplicação excepcional no entendimento das diversas personas que usamos na internet. Finalmente, exploraremos um entendimento mais moderno da neuroanatomia para explicar tendências de nível mais amplo do modo como as pessoas formam e apresentam as suas opiniões e a si mesmas nas mídias sociais.

Se você que lê este livro é anunciante ou profissional de marketing, talvez se pergunte por que essa questão é tão importante. Afinal de contas, todos os olhos estão nas mídias sociais; isso não é tudo o que realmente precisamos saber? A verdade é que, para alcançar as pessoas efetivamente em diversos ambientes de mídia social, precisamos entender, para começar, que valor elas obtêm com a participação nessas redes. Pôr um cocar e cobrir o corpo de purpurina pode ser um modo eficaz de se integrar naturalmente num festival de música, mas provavelmente não é a melhor maneira de abordar alguém no *happy hour* do escritório. A etiqueta das mídias sociais é igualmente matizada, mas não tem as deixas sociais físicas e óbvias para nos indicar quando erramos. Com a compreensão dos contextos em que esperamos alcançar as pessoas, faremos uso mais eficiente dos investimentos em mídia, criaremos estratégias mais ponderadas, desenvolveremos peças melhores e, no fim das contas, teremos um marketing mais eficaz.

PARTE I
MEMEOLOGIA

CAPÍTULO

1

O QUE HÁ NUM MEME?

Meme. Essa é a palavrinha mais quente que todo mundo na publicidade, no marketing e nas comunicações em qualquer sentido digital não para de falar. Parece que os memes surgem espontaneamente do éter e de muitas fontes ao mesmo tempo. Por mais que a Internet goste de uma briga, parece que todos os lados concordam genuinamente com o modo como são usados — e, talvez com a mesma importância, como *não* são usados. Usar um meme de forma incorreta é o equivalente digital de tentar dizer Oi" num novo idioma e, sem querer, chamar a mãe de alguém de "planeta presunto". Se já visitou uma comunidade chamada r/AdviceAnimals, um santuário de eras passadas da cultura dos memes ainda ativa no Reddit, você sabe que a cultura dos memes tem maneiras muito específicas de usar determinadas imagens, frases, tipologias, fundos e assim por diante.

Se já ousou postar na r/AdviceAnimals sem seguir com exatidão os seus costumes, posso apostar com segurança que você sentiu a rejeição fria das gafes sociais digitais. E, a não ser que tenha feito alguma exploração por conta própria, provavelmente você ainda não entendeu direito onde errou. Embora para quem é de fora a r/AdviceAnimals seja apenas uma coletânea de imagens com textos engraçados, cada fundo específico e a legenda correspondente seguem uma estrutura e uma fórmula muito particulares. Assim, a menos que você tenha a sorte de criar um formato novo que a comunidade aceite, será como falar mandarim no meio do México. E não no bairro chinês da Cidade do México; você está em Durango, e a bateria do seu celular arriou.

Para anunciantes e profissionais de marketing, os memes são aquelas relíquias valiosíssimas e intocáveis que parecem estar ao alcance mas se esfarelam ao mais leve toque. A verdade é que pouquíssima gente realmente entende por dentro a cultura dos memes e, como toda cultura, é dificílimo enganar os nativos para que pensem que somos do local. Felizmente para você, caro leitor, sou um grande idiota e fluente nessa cultura. Assim, como dizemos nas profundezas da internet, siga-me, pois serei o seu guia.

Vamos começar pelo começo: o que *realmente* significa a palavra *meme*. Quando ouvimos "meme", a maioria sabe o que está sendo discutido. O meme é uma daquelas figuras ou gifs engraçados com texto em cima. Não é? *Meme* é uma daquelas palavras muito usadas mas raramente definidas. Mesmo na literatura acadêmica sobre memes — sim, existe literatura acadêmica sobre memes —, pesquisadores e escritores raramente concordam. Na verdade, a cunhagem da palavra *meme* tende a ser uma pequena nota de rodapé na maioria das discussões sobre memes. Em geral, quando dizemos "meme", nos referimos a um conteúdo especialmente popular com as qualidades de ser muito compartilhável, de ter se repetido de várias maneiras no decorrer do tempo e de apresentar uma crueza ou falta de verniz específica no formato do conteúdo em si. Um dos pesquisadores de memes mais destacados, uma professora de cultura digital chamada Limor Shifman, chegou ao ponto de listar as qualidades específicas dos memes, os seus tipos, o que se classifica como "meme" e não como "tendência" e muito mais.[1] Por mais maravilhosas que sejam as ideias de Shifman sobre a cultura dos memes em geral, ela e eu discordamos numa coisa fundamental: a definição da palavra. Isso mesmo, você acabou de cair no

O que há num meme?

meio de uma guerra de *nerds*, portanto arranje um teclado e escolha o seu lado.

Em 1976, um biólogo evolutivo chamado Richard Dawkins escreveu um livro monumental chamado *O gene egoísta*.[2] Essa obra pretendia articular uma compreensão moderna da teoria da evolução para pessoas sem diploma de biologia e ainda está entre os livros mais recomendados sobre evolução. Como o seu público consiste principalmente de não biólogos, Dawkins toma providências específicas para abordar o que se pode chamar de entendimento da evolução na cultura pop. A maioria de nós provavelmente conhece a expressão "sobrevivência do mais apto". Intuitivamente, isso soa como "as plantas e animais mais bem equipados sobreviverão mais tempo". Na verdade, Dawkins nos diz que precisamos olhar um nível mais fundo para entender o verdadeiro significado da expressão. De acordo com o título do livro, Dawkins nos diz que o "gene egoísta" é a força motriz da evolução e que a sua sobrevivência não significa, necessariamente, permanecer vivo.

Os genes são as unidades mais básicas do DNA, e toda a vida da Terra tem as mesmas unidades de DNA arrumadas em ordem diferente. A qualidade mais importante e misteriosa dos genes é a sua capacidade de se duplicar. No entanto, no decorrer da duplicação, às vezes os genes cometem erros que chamamos de *mutações*. A maior parte das mutações genéticas não é benéfica e faz o novo gene morrer. Mas, de vez em quando, ocorre uma mutação útil, que ajuda o novo gene a se duplicar com mais eficácia e criar uma nova geração de genes.

Imagine que um arranjo específico de DNA produza um tipo de pássaro que sobreviva comendo vermes que vivem na casca grossa das árvores. Como um todo, a população de aves terá um comprimento médio do bico, mas, quando se olham os pássaros individualmente, provavelmente o tamanho dos bicos é um pouquinho diferente. Pode ser que os pássaros com bico um pouquinho mais comprido sobrevivam tempo suficiente para atingir a maturidade sexual com mais frequência do que os que têm o bico mais curto. No decorrer de muitíssimas gerações de aves, podemos prever que o tamanho médio do bico aumentará, porque os genes de bico mais comprido se propagam melhor do que os genes de bico mais curto. Se você imaginar um *flipbook* de instantâneos de cada geração de pássaro vistos em sucessão, quase parece que um processo consciente moldou os bicos para serem mais compridos, o que é uma ilusão fascinante criada pela combinação dos processos de mutação genética aleatória e seleção natural.

A tese mais ampla de Dawkins é que os genes são os verdadeiros motores do processo evolutivo. Na verdade, a expressão *seleção natural* é uma personificação da natureza que "seleciona" determinados genes, quando, na verdade, a natureza e o meio ambiente simplesmente apresentam um conjunto de circunstâncias em que mutações específicas sobrevivem e outras, não. Podemos aproveitar essa metáfora, desde que recordemos que é uma abstração do processo real.

No espírito da personificação, podemos dizer que os genes parecem fazer o possível para chegar à próxima geração genética. Alguns bilhões de anos atrás, na "sopa primordial" que formou o primeiro acúmulo de formas de vida na Terra, genes simples se duplicaram e se espalharam por todos os ambientes que conseguiram suportar. Mas as fontes de energia são finitas, e, conforme os genes prosperavam na Terra, o meio ambiente ficou cada vez mais competitivo. Os genes continuavam a se duplicar, e algumas infidelidades das cópias ajudaram esses primeiros genes a se adaptar a novas fontes de energia ou a sobreviver em lugares onde os outros genes não conseguiam. Finalmente, com gerações e gerações de duplicação e mutação, os genes começaram a construir em torno de si o que Dawkins chama de "máquinas de genes". A máquina de genes é uma planta ou um animal — uma máquina que o gene constrói em torno de si para ajudá-lo a propagar uma nova geração de genes. (Não se preocupe, juro que isso vai voltar aos memes.)

Segundo o modelo de genes e máquinas de genes, Dawkins leva o seu foco especificamente para os seres humanos. Ele admite que há algo claramente diferente na evolução humana. Na evolução humana, ele identifica um novo tipo de replicador: o meme, definido como uma unidade de transmissão cultural. Coisas como ideias, músicas, moda e linguagem são todas exemplos de memes — ou, mais especificamente, grupos de memes. Como os genes, os memes sofrem um processo evolutivo. Quando tenho uma ideia nova, um processo físico acontece dentro do meu cérebro. E, se eu der um jeito de articular essa ideia para os outros, esse processo físico também acontece dentro do cérebro deles. Quem recebe o meu meme pode até mudar o meme, como numa mutação. Assim, o meme não é só uma metáfora. Não é que as ideias sejam *como* os genes; elas realmente passam por um processo bem parecido de duplicação, mutação e exposição a pressões seletivas. As pressões seletivas impostas aos memes são complexas, mas podem se resumir principalmente à capacidade do meme de atrair outros cérebros. Os memes, como os genes, frequentemente não existem isolados, e assim os que já estão codificados na mente têm influência significativa sobre quais memes novos nos atraem.

QUALQUER IDEIA COM POSSIBILIDADE DE PROPAGAÇÃO É UM MEME

Digamos que eu tenha a ideia de um cafeteria que só sirva café morno. Nada de café quente. Nada de café gelado. Só café morno. Isso é um meme (bom, um conjunto de memes): uma cafeteria que só serve café morno. Agora, digamos que eu e você estejamos conversando e eu lhe conte a minha ideia. Você pode pensar consigo: "Hum, que péssima ideia. Mas que tal uma cafeteria que só venda café gelado?" Nesse caso, um meme surgiu em mim e eu o transmiti a você. Você recebeu o meme e, no ambiente do seu cérebro — o seu reservatório pessoal de memes —, ele evoluiu. E, sejamos francos, o seu meme evoluído provavelmente tem mais probabilidade de se propagar do que o meu original. Esse é o processo pelo qual Dawkins afirma que toda a cultura humana é formada e compartilhada com o tempo. Conforme as ideias nos ocorrem, nós as compartilhamos; quando são compartilhadas, as ideias evoluem.

O que começou como uma seção de doze páginas do livro de Dawkins sobre biologia evolutiva se tornou um conjunto de disciplinas próprias. A ideia dos "memes" como os novos replicadores pegou fogo na academia e, nesse sentido, o meme do "meme" foi um propagador extremamente bem-sucedido. No entanto, um dos critérios de sucesso do próprio Dawkins para avaliar os memes era a "fidelidade na cópia", e, nesse sentido, o "meme" foi um mau meme.

Décadas depois, escolas de pensamento diferentes ainda debatem o que significa a palavra *meme*, e aposto que você pensou que os próximos parágrafos iam arrastá-lo pela controvérsia acadêmica que cerca a definição dos memes. Céus, que chatice. Não se preocupe, eu não faria isso com você. A única parte desse drama importante para esta discussão é com que amplidão definimos os memes. Para Dawkins, o meme era uma "unidade de transmissão cultural ou uma unidade de imitação e duplicação". Os exemplos dele são "canções, ideias, frases de efeito, moda nas vestimentas, formas de fazer vasilhas ou de construir arcos". Susan Blackmore, outra bióloga que escreveu um livro chamado *The Meme Machine*, também define meme como qualquer tipo de informação que possa ser copiada por imitação.[3] Essa definição foi criticada por ser ampla demais, e, como diz Limor Shifman, "pode lhe faltar poder analítico". A definição que Shifman dá ao meme é muito mais específica e se concentra mais no modo coloquial como a internet usa a palavra *meme*. Ela chama os memes de "unidades de conteúdo digital com características em comum, criadas com consciência umas das outras, divulgadas, imitadas e transformadas por muitos usuários por meio da internet".[4] Cativante, não é? Temos de dar a Shifman o crédito de ter chamado os memes da internet de "folclore pós-moderno", o que é tão verdadeiro que chega a doer.

Embora eu entenda a crítica, prefiro manter bem ampla a definição de *meme*. Para os propósitos deste livro, diremos que qualquer ideia que possa ser transmitida entre cérebros é um meme. Mais simples ainda: o meme é apenas uma ideia. Quando dá exemplos de memes, Dawkins indica exclusivamente os que tiveram sucesso ao se propagar e se disseminar. Isso faz sentido, porque ele está tentando defender que os memes bem-sucedidos se disseminam como os genes bem-sucedidos (Figura 1.1). Dawkins não trata de memes que não sejam propagadores bem-sucedidos, e às vezes o seu foco no sucesso foi interpretado como se *somente* os propagadores bem-sucedidos fossem memes. Se retornarmos ao lado genético e biológico da metáfora, na verdade a maioria das mutações genéticas é prejudicial e não ajuda o gene mutado a se duplicar. Mas os genes que deixam de se duplicar ainda são genes. Do mesmo modo, a maioria das ideias não permanece. Mas, felizmente, nós, seres humanos, tendemos a ter muitas ideias, e há muitos seres humanos, e fazemos o jogo dos números para continuar desenvolvendo boas ideias.

FIGURA 1.1 **Genes *Versus* Memes**

Quando usamos *meme* em referência a tipos específicos de conteúdo da internet, estamos simplesmente isolando os replicadores mais bem-sucedidos. Também estamos nos referindo a mais do que uma ideia apenas quando falamos dos memes da internet; incluímos o formato por meio do qual a ideia é transmitida. Por exemplo, podemos tropeçar na ideia de que, em geral, o orçamento das pessoas é apertado pouco antes de serem pagas pelos empregadores. Mas isso só vira meme da internet quando alguém publica uma foto de um biscoito em forma de peixe em cima de um bolinho de arroz de sushi e um pouquinho de wasabi e põe a legenda: "Quando ainda faltam dois dias para o pagamento".[5]

Na verdade, dentro desse meme da internet há todo um complexo de memes, e isso é verdadeiro em quase todos eles. O simples fato de você ler este texto significa que, além de dominar o idioma e todos os memes que cercam a estrutura da frase e a pontuação, você também conhece a rede de ideias transmitidas dentro de cada palavra. Tecnicamente, cada meme que tentamos identificar é um complexo de memes interligados, e, embora continuemos a isolar ideias específicas como memes individuais, vale lembrar que os memes se baseiam numa ampla rede cultural de outros memes que lhes dão contexto. O idioma, o conhecimento cultural, a educação e a experiência pessoal influenciam como processamos os memes.

Como marcas, tudo o que fazemos gira em torno dos memes. Além disso, a marca em si é um meme — ou uma combinação de memes. Afinal de contas, o meme é só uma ideia. Como anunciantes, comunicadores, gerentes de comunidades, influenciadores — seja lá como quisermos nos intitular —, estamos no setor de propagação de memes. Seja "Just do it", "Amo muito tudo isso" ou "Compre o meu produto, seu imbecil", as ideias estão no fundo de todas as disciplinas do marketing e da comunicação. Quando falamos de memes da internet como "aquelas figurinhas idiotas com texto dentro", na verdade estamos falando do formato usado para transmitir memes diferentes.

De acordo com o arcabouço dos genes e da máquina de genes de Dawkins, podemos chamar esses formatos de "máquinas de memes". Para os primeiros seres humanos, só havia as máquinas de memes dos sons que fazíamos, das figuras que desenhávamos e, finalmente, dos idiomas que inventamos. Hoje, enquanto lê isso, você extrai (espera-se) memes deste livro, e a máquina de memes provavelmente são as páginas físicas na sua mão, a tela digital em que o texto é exibido ou a versão em audiolivro que você está ouvindo.

AS MÁQUINAS DE MEMES EVOLUEM PARA TRANSMITIR OS SEUS MEMES COM MAIS EFICIÊNCIA

Vamos decompor isso um pouco mais usando um exemplo favorito meu, principalmente para quem tem emprego das nove às cinco. Vamos falar do meme "Detesto segunda-feira". Inevitavelmente, embutido no meme "Detesto segunda-feira" há uma série interminável de memes mais granulados. Para entender o que essas duas palavras querem dizer, precisamos entender o que é segunda-feira e a estrutura da semana. Precisamos entender o que significa *detesto* e também precisamos entender o fenômeno cultural geral de que, em média, a semana de trabalho começa na segunda. Podemos continuar escavando memes cada vez mais granulados embutidos na frase, mas vamos supor que todos entendemos o que significa. Detesto segunda-feira!

Na verdade, todos detestam a "segunda-feira" há muito tempo. Marco Aurélio chega a dedicar uma seção das *Meditações* a esse ódio às "segundas-feiras":

> Ao amanhecer, quando tiver dificuldade para se levantar da cama, diga a si mesmo: "Tenho de ir trabalhar como um ser humano. De que me queixo, se farei aquilo para o qual nasci, as coisas que me trouxeram ao mundo para fazer? Ou foi para isso que fui criado? Para me aconchegar sob as cobertas e me manter aquecido?".[6]

Há filmes inteiros sobre o ódio às segundas-feiras. *Como enlouquecer seu chefe* é um favorito meu. O filme foi lançado em 1999 e, hoje, as únicas coisas que realmente parecem datadas são a moda, as baias e a qualidade do filme. Nele, parece que Peter, o protagonista, não aguenta mais uma segunda-feira. Ele odeia o emprego, e as segundas-feiras representam o início da sua horrível semana de trabalho. Talvez a melhor cena para demonstrar o ódio de Peter às segundas-feiras ocorra no início do filme, quando ele se aproxima da baia de dois amigos na tentativa de convencê-los a sair cedo para almoçar. Um colega vem por trás dele e, na pior "piada de escritório" possível, diz: "Parece que *alguém* está com um caso grave de *segunda-feira*". Peter faz uma careta. Os amigos fazem careta. Nós fazemos careta. A única coisa pior do que a segunda-feira é o humor batido de escritório sobre a segunda-feira. Mas sabe-se lá como milhões de pessoas gostam de assistir a *Como enlouquecer seu chefe*, que, em resumo, é uma hora e meia de piadas sobre como odiamos a segunda-feira. Por quê?

A máquina de memes é tão importante quanto o meme em si. O meme pode ser transmitido por duas máquinas de memes completamente diferentes, e elas podem mostrar resultados diametralmente opostos quando medimos a sua eficácia de propagação. Os grandes humoristas são o exemplo perfeito desse princípio. Um ótimo comediante pode lhe contar uma piada sobre um tema que já tem mil outras piadas, mas de um jeito que faz a ideia — o meme — parecer totalmente fresca e nova. Um mau contador de piadas pode começar com o conteúdo mais hilariante possível e não envolver o público.

Quando participamos das mídias sociais como criadores de conteúdo, precisamos desesperadamente entender esse princípio. Na publicidade e no marketing, geralmente passamos um tempo enorme pensando no que queremos dizer — o meme —, mas raramente dedicamos o mesmo pensamento às máquinas de memes que usamos para transmitir esses memes. Temos formatos específicos que tendem a ser normas do setor — 60 segundos, 30 segundos, 15 segundos e, agora, até 6 segundos de vídeo — e forçamos os nossos memes a caber nessas máquinas. O vídeo *pode* ser a máquina certa para transmitir um meme, mas nem sempre.

Imagine que eu esteja na casa de um amigo para uma noite de cinema e que esse amigo me apresente algumas opções de filme para assistir. Por acaso, um desses filmes é *Como enlouquecer seu chefe*, e, como gosto do filme, há uma grande probabilidade de que eu o escolha. Assim, no contexto de um grupo de filmes — um reservatório de memes cinematográficos —, *Como enlouquecer seu chefe* é um portador viável de memes para pessoas como eu. Mas nem sempre encontramos as máquinas de memes no seu ambiente original.

Quando rolo o menu da TV a cabo, se vir que *Como enlouquecer seu chefe* está passando mas já está no meio, provavelmente não vou assistir. Tá, talvez uns *cinco minutos*. No reservatório de memes um pouco mais competitivo dos menus da TV a cabo, *Como enlouquecer seu chefe* tem a desvantagem de ser muito mais longo do que a média dos programas televisivos. Mas, como adoro o filme, ainda existe a possibilidade de eu escolhê-lo mesmo assim.

Agora, imagine que o filme *Como enlouquecer seu chefe* esteja completo no meu *feed* do Facebook. Mesmo que eu seja o maior fã do filme no mundo — e talvez seja quando terminar este parágrafo —, a probabilidade de ficar sentado assistindo durante uma hora e meia é baixíssima. Talvez até zero. Por quê? Porque o Facebook e os *feeds* das mídias sociais em geral são ambientes mais competitivos. O algoritmo dos *feeds* sociais é programado para fornecer conteúdo cada vez mais interessante e melhora com o tempo, por coletar dados de engajamento sobre as coisas que você tem mais probabilidade de interagir.

Isso não quer dizer que o meme "Detesto segunda-feira" não possa se propagar com sucesso nos *feeds* sociais. Lembre-se de que *Como enlouquecer seu chefe* só é uma das muitas máquinas de memes que podem transmitir a ideia "Detesto segunda-feira!" Sabemos que é um fato que o nosso meme "Detesto segunda-feira!" pode se propagar e se propaga nas mídias sociais porque há uma miríade de exemplos de memes, piadas, vídeos etc. na internet que transmitem memes semelhantes. É só que a máquina de memes precisa evoluir para sobreviver nesses ambientes mais competitivos.

Um filme é uma máquina de memes relativamente pesada. Exige que lhe demos toda a nossa atenção durante pelo menos uma hora e meia. Para absorver plenamente os memes do filme, além de lhe dar toda a nossa atenção visual também precisamos lhe dar toda a nossa atenção auditiva. Então, mesmo depois que lhe demos nossa atenção cativa, visual e aditiva, ficamos num estado passivo de esperar que os memes nos sejam entregues. Não ditamos com que velocidade o filme passa e, num mundo onde cada vez mais mídias são consumidas em dispositivos móveis, mal podemos esperar alguns segundos de atenção exclusiva, quem dirá um par de horas. Para prosperar em ambiente social, esses memes têm de dar um jeito de ficar mais leves. As máquinas de memes que usamos precisam ter o mínimo de atrito e ser extremamente eficientes na transmissão dos memes.

Um jeito de a internet fazer as máquinas de memes evoluírem organicamente para ficarem mais leves é pegar um vídeo com diálogos falados e transformar a cena numa imagem estática com uma legenda. De repente, a máquina de memes passiva fica ativa. Quando o meme está contido numa máquina de memes de imagem com texto dentro — uma *image macro* —, nós, consumidores do conteúdo, de repente nos tornamos participantes ativos da extração do meme. Lemos o texto, que processamos mais depressa do que quando ouvimos algo dito em voz alta, extraímos o meme da máquina de memes e continuamos rolando o nosso *feed*.

Não temos de ligar o som do celular, pôr fones nem clicar no botão de tela cheia para assistir a alguma coisa. Só lemos e vamos para a próxima coisa do *feed*. Não só isso; uma imagem com texto legível é facílima de compartilhar. Já viu um vídeo engraçado num *feed* social e quis mandar a alguém que não estivesse conectado a você naquela rede social? É quase impossível para uma pessoa comum. Mas, se quiser compartilhar uma imagem, você tem mais capacidade de salvá-la no seu dispositivo ou de capturar a tela. Capturar a tela da imagem preserva o meme, mas em geral capturar a tela de um vídeo perde o meme original. Em grande parte, é por isso que a eficiência é um promotor tão importante do compartilhamento online; a leveza da máquina de memes é crucial para determinar até que ponto o meme transportado pode se propagar. A máquina de memes é fundamental para a sobrevivência do meme.

A MÁQUINA DE MEMES É TÃO IMPORTANTE QUANTO O MEME EM SI

Há um tipo específico de máquina de memes que dominou a cultura memética da internet no fim dos anos 2000 e início dos anos 2010. Os que visitavam o Reddit ou o 4chan regularmente já devem saber aonde isso vai chegar. A internet concordou coletivamente com a fonte Impact como tipo de letra universal dos memes. Mas não só a fonte Impact; Impact branca com contorno preto.

A constância no uso dessa tipologia e desse formato nos memes é espantosa quando recordamos esse período da cultura memética. E não é por acaso. A fonte Impact é bem grossa e se destaca até sobre imagens caóticas. Combinada ao contorno preto, é legível em quase todos os tipos de fundo. Além disso, quando se fazia uma captura de tela e o formato perdia resolução, a tipologia geralmente sobrevivia à degradação da imagem. O meme ainda podia ser extraído. Em certo sentido, podemos dizer que esse estilo de letra evoluiu para a eficiência suprema da máquina de memes. Uma fonte grande e clara que ajude a transmitir um meme com mais eficiência é uma característica útil para a sobrevivência do meme transmitido.

Pouquíssimas marcas aproveitam essa máquina de memes, e acho que a razão disso se resume muito bem num *feedback* que recebi de um diretor de arte com quem trabalhei: "Mas é *feio!*" Não é uma crítica injusta e não discordo — fonte Impact branca com contorno preto não é exatamente chique. Mas o problema do trabalho bonito que o nosso setor tende a amar é que raramente tem eficiência para transmitir os nossos memes. Texto pequeno costuma ser mais bonito do que texto grande. Texto com pouco contraste também é uma tendência que vem e vai nos anúncios. Em geral, as fontes fora do padrão são um modo divertido de exprimir a personalidade da marca, mas é comum reduzirem um pouco a legibilidade do conteúdo. Se você já trabalhou numa agência com equipe de criação, provavelmente assistiu ao "exercício da parede", em que pomos todo o nosso trabalho criativo na parede para um exame holístico. Nesse ambiente, quando nos concentramos especificamente no nosso trabalho isolado, podemos nos convencer que a nossa fonte branca espiralada sobre o fundo rosa-claro é perfeitamente legível. *Conseguimos* ler. O problema é que não estamos falando de *se* alguém consegue ler. Estamos falando se se alguém *vai* ou não ler. De acordo com o Facebook, quem usa celular passa, em média, 1,7 segundo em cada conteúdo.[7] Assim, mesmo que aquela fonte enfeitada só leve meio segundo a mais para ser lida, isso é 30% da atenção total que recebemos do usuário que tenta extrair o meme sem nem mesmo processá-lo. A eficiência na comunicação é absolutamente fundamental para o compartilhamento bem-sucedido do meme nos *feeds* sociais.

Parte do desafio de promover engajamento e compartilhamento nas mídias sociais é identificar a melhor máquina para transportar os nossos memes. Imagine que sejamos biólogos encarregados da engenharia de uma rã que brilhe no escuro e tenha uma probabilidade razoável de sobreviver num ambiente específico. Temos dois caminhos possíveis. No primeiro, tentamos escrever o DNA da rã a partir do zero. Suspendamos a descrença só um pouquinho e imaginemos que realmente possamos fazer isso. Pesquisamos várias rãs diferentes, escrevemos a nossa sequência de DNA com base nessa pesquisa e embutimos alguns genes de brilho no escuro. O problema desse caminho é que o modo exato de interação dos genes entre si e com o meio ambiente nem sempre é óbvio no laboratório. O que parece uma característica arbitrária pode, na verdade, ser fundamental em algum aspecto esquecido da sobrevivência da nossa rã ou afetar outros genes importantes de um modo não imediatamente óbvio.

O que há num meme?

O segundo caminho que podemos adotar é tirar uma rã do ambiente em que ela precisa sobreviver e inserir no seu código genético que evoluiu naturalmente o nosso DNA de brilho no escuro. Com isso, aproveitamos o processo evolutivo a nosso favor em vez de tentar recriá-lo no ambiente do laboratório.

A mesma estratégia serve para os memes. Sem as rãs. Na verdade, risque isso, com as rãs. (Essa é pra você, Pepe. Sinto muito que tenha sido sequestrado por supremacistas brancos. Você era um bom meme.) Essa é uma lição que precisamos aprender como anunciantes nas mídias sociais. Quando avaliamos um ecossistema — uma rede social — e queremos dar um jeito de nossos memes sobreviverem e prosperarem, é importante entender qual conteúdo é organicamente bem-sucedido quando se propaga nesse ambiente. Embora o setor diga, da boca para fora, que queremos que o nosso conteúdo pareça "nativo do canal", as nossas revisões criativas raramente comparam o conteúdo que fizemos para as nossas marcas com o conteúdo que promove o compartilhamento organicamente. Com mais frequência, nos comparamos aos concorrentes, e em geral eles são tão pouco nativos do ambiente quanto nós.

Isso não é dizer que todas as marcas deveriam forçar as mensagens do seu produto mais recente a caber no formato dos memes de Drake. Não é raro que influenciadores da publicidade e do marketing falem de "sequestrar" memes, inserindo-se sem delicadeza na mais recente *hashtag* ou meme da internet. Em geral, as marcas que fazem isso sem agregar valor acabam em comunidades dedicadas a zombar delas. A cultura dos memes da internet é muito específica, e nem toda marca pode ou deve se engajar com a cultura memética. Aspiremos ou não a participar da cultura memética, ainda temos muito a ganhar se tirarmos a rã do seu ambiente e tentarmos descobrir como funciona. As máquinas de memes que evoluem dentro da cultura memética são produtos evolutivos. Não importa se achamos muito relevantes os memes nelas embutidos; se for eficiente na propagação, a máquina de memes terá uma lição a nos ensinar.

Por mais que às vezes seja sem sentido, ridícula e até ofensiva, a cultura memética da internet pode nos ensinar princípios valiosos da criação de conteúdo que promova o compartilhamento — desde o modo como são feitas as máquinas de memes até as características físicas dos memes e o ponto de vista a partir do qual são transmitidos. Todo dia, crianças com versões antigas do Photoshop no computador dos pais conseguem criar conteúdo que engaja milhões de pessoas. Se elas conseguem, o nosso exército de designers, fotógrafos, redatores, estrategistas, profissionais de marketing, especialistas em comunicação e gerentes de comunidades também conseguem. *Podemos* criar conteúdo envolvente que promova o repasse — ou, no mínimo, que transmita com eficiência a nossa mensagem.

PRINCIPAIS LIÇÕES

- Um *meme*, no sentido biológico tradicional, é simplesmente uma "unidade de ideia" ou "unidade de cultura".
- A *máquina de memes* é o formato usado para transmitir a ideia ou o meme.
- Para as mensagens (memes) da nossa marca promoverem o engajamento com eficácia, deveríamos exprimi-las com o formato (máquina de memes) mais leve e acessível.
- As máquinas de memes bem-sucedidas variam muito entre os vários tipos de rede social. Pergunte-se: "Que tipo de formato e de conteúdo tem sucesso orgânico nessa rede social?"

CAPÍTULO

2

O MEME E A MÁQUINA DE MEMES
A importância do formato do meme

Se você abriu o Facebook ou o Instagram em 2014, é boa a probabilidade de que, em algum momento, tenha visto um vídeo de algum amigo despejando na cabeça um balde de água gelada.[1] Na primavera de 2013, uma sensação viral chamada Desafio do Balde de Gelo da ELA se tornou uma tendência popularíssima nas mídias sociais. O conceito foi montado com perfeição para a viralidade social. A ideia por trás do movimento foi aumentar a conscientização sobre a esclerose lateral amiotrófica (ELA) e, para isso, as pessoas derramavam baldes de água gelada em si mesmas ou em amigos dispostos. O formato de cada vídeo do Desafio do Balde de Gelo é relativamente constante: os "indicados" dizem quem os indicou, jogam a água gelada na cabeça e depois indicam outra pessoa. Além de criar vídeos hilariantes que não dá para não assistir, o meme também se dissemina por indicações. *Além disso*, foi por uma boa causa. Essa abordagem tríplice da viralidade teve um sucesso imenso e a tendência se espalhou pelo mundo no decorrer de um ano.

O fim da moda do Desafio do Balde de Gelo coincidiu, por acaso, com um momento oportuno da plataforma. Nos primeiros anos do Facebook, o conteúdo baseado em imagens e texto era o formato mais comum no *feed* de notícias. A maior parte da publicidade acompanhou a tendência, porque esse tipo de postagem tendia a gerar um maior volume de engajamento. Para o Facebook, manter os usuários engajados dentro da plataforma significa mais impressões de anúncio e melhor estatística de uso. É por isso que o Facebook trabalha tanto para melhorar o seu algoritmo de conteúdo. Com a quantidade de conteúdo publicada todo dia no Facebook, garantir que o mais envolvente chegue ao topo do *feed* das pessoas é um cálculo difícil e importante. Antes que o Facebook tivesse um reprodutor de vídeos nativo, quase todo vídeo do Facebook, na verdade, era um link para um vídeo do YouTube, que pertence ao seu arqui-inimigo Google. As postagens de links e vídeos — os dois tipos que mandavam o tráfego para fora do site — eram pequeníssimas e mal formatadas no *feed*. Devido ao comportamento dos usuários ou à formatação do Facebook, os links e vídeos não chamavam a mesma atenção que as postagens com imagem e texto.

Num dia de maio de 2015 que seria normal, abri o Facebook pela primeira de muitas vezes durante o meu dia de trabalho e notei algo estranho. Das dez primeiras postagens do meu *feed*, sete eram vídeos, mas não eram links para o YouTube. Eram vídeos nativos do Facebook, muitos deles do Desafio do Balde de Gelo da ELA. Na época, eu administrava cerca de uma dúzia de páginas de marcas como estrategista social da Energy BBDO, em Chicago. Para que não conhece a BBDO, ela foi rapidamente o cruel adversário monolítico do seriado *Mad Men* — o Golias do Davi de Don Draper. A agência é famosa no mundo publicitário por criar vídeos artísticos e bem-acabados. Durante a minha gestão, eu era a voz incômoda na sala questionando essa prática no espaço social. Afinal de contas, o conteúdo que causava organicamente o maior volume de compartilhamentos se baseava em imagens, e eu provara isso às minhas equipes com análises de

A importância do formato do meme

centenas de postagens diferentes do Facebook em dezenas de páginas. Para mim, era prática regular observar as mudanças do algoritmo do *feed* de notícias porque, no mês de novembro anterior, o Facebook fizera uma mudança catastrófica na página das marcas e cortou em mais de 90% o alcance orgânico da maioria dos meus clientes. Fiquei perplexo; por que de repente eu recebia tanto conteúdo em vídeo no meu *feed*?

Fiquei tão espantado com a mudança que publiquei uma postagem no meu blog, atualizado com pouca frequência e hoje vergonhoso.[2] Cheguei a prever que, nas semanas seguintes, o Facebook começaria a divulgar para as nossas equipes a nova "tendência" de consumo de vídeo. Cerca de uma semana depois que publiquei a postagem, recebi um e-mail do meu vendedor do Facebook dizendo que, de repente e mais do que nunca, as pessoas assistiam aos vídeos da plataforma, com um monte de estatísticas divertidas sobre horas de visualização por dia, engajamento com diversos tipos de postagem etc. O Facebook atribuía isso à adoção em massa de smartfones e às suas câmeras cada vez melhores e começou a recomendar enfaticamente o vídeo como formato preferido de conteúdo para obter engajamento.

Não é difícil especular que, pelo menos em parte, essa tendência foi fabricada. E, sim, durmo com um chapéu de papel de alumínio, por que pergunta? No setor, não era segredo que o Facebook praticamente exaurira o pequeno orçamento que a maioria das marcas reservava para as mídias sociais, que, em si, eram um pedacinho do gasto digital maior da média das marcas. E o orçamento de televisão? Era aí que estava a *verdadeira* grana. Por maior que fosse o orçamento de publicidade que o Facebook conseguira atrair até então, o gasto com a TV apequenava o gasto com as mídias sociais e digitais. Na verdade, só em 2019 a publicidade digital ultrapassou a TV.[3] E é claro que os anúncios de TV são, exclusivamente, vídeos. Ao fomentar a estatística de uso de vídeos na plataforma, alardear a tendência como uma sacada orgânica e recomendar que mais anunciantes usassem conteúdo em vídeo, abriu-se a porta para as marcas pegarem o conteúdo que promoviam na TV e adaptá-lo levemente para as mídias sociais. Some-se a isso o fato de que muitas marcas já tinham dificuldade de criar bons anúncios para as mídias sociais, e não surpreende que muitos anunciantes estivessem preparados para ouvir essa mensagem.

Para capitalizar a mudança de algoritmo, um novo tipo de formato de vídeo começou a pipocar nas páginas orgânicas do Facebook e nos influenciadores. Os agregadores populares de conteúdo começaram a acrescentar texto aos seus vídeos, quase no estilo do antigo formato com fonte Impact da cultura dos memes da internet. Às vezes, esse texto era acrescentado para duplicar o que alguém dizia no vídeo; outras vezes, simplesmente dava contexto. Se fôssemos criticar esse conteúdo numa revisão da criação de anúncios, provavelmente diríamos que legendar os vídeos era redundante; bastava habilitar o som para ouvir o que se dizia. E se a meta fosse acrescentar contexto ao vídeo, não seria melhor incluí-lo no campo de texto do Facebook? Embora essas sugestões parecessem absolutamente sensatas, a verdade inegável foi que um número imenso desses vídeos que pareciam redundantes acumulou um volume enorme de compartilhamentos e visualizações. A maior parte do conteúdo dos anunciantes, não.

UTILIZE MÁQUINAS DE MEMES ORGÂNICAS PARA INTEGRAR-SE A AMBIENTES SOCIAIS DIFERENTES

Para entender isso pelo ponto de vista evolutivo, olhamos o conteúdo de um modo um pouquinho diferente. Como a rã que brilha no escuro do capítulo anterior, não podemos supor que entendemos exatamente o que alimentou o sucesso da propagação de um conteúdo viral. Precisamos jogar fora as críticas que nos parecem vir do senso comum e simplesmente admitir que esse produto da evolução conseguiu se propagar. Não precisamos necessariamente usá-lo, mas o que aprender com ele? Podemos decompô-lo? Que teorias podemos derivar do seu sucesso para aplicar à nossa própria abordagem do con-

A importância do formato do meme 39

teúdo? Por mais que, à primeira vista, algo nos pareça burro, ridículo e de baixa qualidade, o processo evolutivo da seleção de conteúdo determinou que essa coisa foi a vencedora. E, a não ser que todas as nossas postagens nas mídias sociais gerem centenas de milhares de engajamentos, provavelmente deveríamos abordar o problema com alguma humildade. A maioria de nós ainda tem muito a aprender sobre a criação de conteúdo que gere compartilhamentos.

Quando vemos de forma isolada esses vídeos redundantes, muitas dessas qualidades, inevitavelmente, parecem desnecessárias. Mas, do ponto de vista do usuário, esses elementos redundantes são eficientíssimos para transmitir as ideias embutidas nos vídeos. O *feed* das mídias sociais é um ambiente com extrema competição de conteúdo. Assim no instante que algo parece chato ou perde a nossa atenção, outro conteúdo está imediatamente pronto para segui-lo. Quando rolamos um *feed* competitivo, o vídeo exige de nós uma mudança drástica de comportamento.

Se estivermos no celular, o vídeo exige pôr fones, habilitar o som e clicar para ver em tela cheia; depois, é preciso esperar que as coisas aconteçam. Com que frequência clicamos para passar o vídeo e voltamos atrás para rolar até o próximo conteúdo se aquele vídeo não nos prender nos primeiros segundos? Com o acréscimo de legendas, os criadores de conteúdo removem a exigência de que os usuários habilitem o som, ou seja, quem assistir ao vídeo num espaço público ou silencioso pode de repente acessar os memes presentes no vídeo de um jeito que não conseguiria (ou não faria) com um vídeo comum.

Em alguns contextos e assuntos específicos, os vídeos podem ser eficazes. Há um corpo substancial de pesquisas por trás disso. Na verdade, algumas formas de vídeo se propagam extremamente bem em *feeds* de mídias sociais. Os GIFs, que em essência são vídeos silenciosos, tiveram um retorno triunfante na cultura da internet. Os GIFs populares tendem a ir imediatamente para a ação relevante e são inseridos diretamente nas conversas ou nas reações dos usuários das redes sociais. O Desafio do Balde de Gelo da ELA é um exemplo perfeito de conteúdo em vídeo que atrai o público mais ou menos do mesmo jeito dos GIFs. Embora costumem ter som, os Desafios são imediatamente divertidos (ou pelo menos criam suspense) e é sempre possível apreciar o conteúdo sem ligar o som. Quando criamos conteúdo mais animado ou demonstramos algo muito visual e voltado ao movimento, os vídeos e GIFs podem ser muito eficiente para transmitir memes que imagens estáticas não conseguiriam.

Aqui, a questão é que o vídeo não deveria ser o único tipo de conteúdo que criamos nem ser sempre o nosso formato padrão. Os vídeos funcionam muitíssimo bem na TV e no YouTube porque se encaixam naturalmente nesses ambientes. Quando assistimos à TV, em geral estamos passivos e, em teoria, já prestando atenção visual e auditiva exclusiva. Quando um comercial de TV passa no meio do que estamos assistindo, o fluxo parece natural e não exige mudança de comportamento para transmitir a mensagem. O YouTube é um ambiente mais competitivo do que a televisão, mas, como em geral as pessoas vão ao YouTube para assistir aos vídeos, os anúncios em vídeo parecem naturais no ambiente. No entanto, na maior parte dos *feeds* de mídias sociais, o vídeo é um formato desajeitado quando a meta é transmitir uma ideia com eficiência. É claro que o vídeo ainda pode ter sucesso nos *feeds*, mas sofre pressões diferentes de seleção ambiental. Os *feeds* das mídias sociais são ativos; as pessoas rolam manualmente as postagens e não ficam esperando que o conteúdo lhes seja entregue. Texto, imagens, GIFs e vídeos parecidos com GIFs são máquinas de memes muito mais ativas: elas se movem com a velocidade do público.

PARA IDENTIFICAR QUE CONTEÚDO TEM MAIS IMPACTO, USE A MÉTRICA DE SUCESSO CORRETA

Embora tanto as equipes de criação da minha agência quanto os nossos contatos do Facebook empurrassem a nossa estratégia de conteúdo na direção do vídeo, mantive o meu ceticismo e insisti num teste.

A importância do formato do meme

Esse teste foi o pináculo de um debate em andamento dentro da agência, em vários aspectos um microcosmo do debate no setor publicitário. Que parte do sucesso de uma marca nas mídias sociais é ditada pelo formato do conteúdo? Felizmente, a época desse teste coincidiu com a grande produção de conteúdo para uma das nossas marcas mais bem-sucedidas nas mídias sociais.

Esse cliente era uma marca nacional imensa numa situação característica de boa parte do setor de bens de consumo embalados (CPG, sigla de *consumer packaged goods*). A marca fazia produtos de qualidade, inovava constantemente em tecnologia e era tão bem-sucedida que o seu nome se tornou sinônimo da categoria, do mesmo jeito que chamamos todos os curativos de Band-Aid. O maior problema: as marcas de loja e as marcas genéricas tinham cada vez mais qualidade e imitavam as inovações, enquanto forneciam os produtos quase pela metade do preço. Não é um problema fácil de superar só com publicidade, porque muitas marcas de CPG têm o problema especial de serem comprados principalmente na prateleira, onde a diferença de preço é muito visível. O sucesso exigiria alcançar as pessoas com profundidade suficiente para afetar as suas decisões na loja.

No ano anterior, tínhamos conduzido esse cliente por uma enorme reformulação da marca. É comum essas reformulações ou *rebrandings* acontecerem tarde demais, como último recurso para reviver cadáveres de marcas há muito apodrecidas, mas não era o caso. A estratégia de conteúdo anterior da marca seguira-se logicamente ao problema da prateleira. Os anúncios da marca visavam a destacar a diferença de qualidade e inovação entre os seus produtos e as "pechinchas". Faz sentido, não é? O problema dessa estratégia é que resultava em conteúdo muito, muito chato. Quando a nossa equipe revisou anos de conteúdo, vimos uma fórmula constante. Quase todo conteúdo era uma comparação de produtos lado a lado. Se você já dormiu assistindo à TV e acordou com um desses infomerciais de cinco horas de duração, a nossa revisão do conteúdo antigo da marca foi um pouco assim. Algo precisava mudar, mas se não nos baseássemos na superioridade do produto, como esperar que as pessoas escolhessem o nosso cliente em vez de os concorrentes mais baratos? A resposta veio de algumas postagens muito bem-sucedidas nas mídias sociais que a minha equipe conseguiu inserir furtivamente num processo rígido de aprovação jurídica, criativa e do cliente. Às vezes, dá certo se especializar numa área em que nem todo mundo está prestando atenção.

Em vez de mostrar às pessoas por que o produto do nosso cliente era o melhor, começamos a mostrar às pessoas como usar melhor os produtos. Criamos conteúdo usando o produto de um jeito novo e interessante. Como o produto era relativamente onipresente, algo que quase todo mundo tinha na despensa, receitas e macetes que mostravam como usá-lo de um jeito inesperado provocaram uma quantidade incrível de compartilhamentos. Depois, o sucesso desse conteúdo na nossa estratégia nas mídias sociais configurou a renovação da marca, e começamos a pensar na adaptação desse conteúdo para a TV, a mídia impressa e outros tipos de canal digital. Com a reformulação da marca já em andamento e o consenso geral sobre o tema do conteúdo planejado para produção, o teste real seria o formato do conteúdo — a batalha das máquinas de memes.

Depois de tirar as fotos e filmar cerca de um quarto do conteúdo, projetamos um teste elegante para determinar até que ponto o formato afetava o engajamento — mais especificamente, quanto ele afetava o engajamento e o alcance orgânico. Reciclamos um conceito muito bem-sucedido de um lote anterior de peças de criação para mídias sociais e desenvolvemos quatro novas versões do conteúdo. Criamos dois vídeos do conceito — uma versão mais longa, com cerca de um minuto de duração, e uma forma encurtada de uns quinze segundos. Publicamos no site da marca um artigo sobre isso. E tiramos uma simples foto do conteúdo com texto superposto. Então, publicamos cada um com apoio pago igual.

Provavelmente, você vai intuir qual teve mais sucesso. A imagem estática com texto instrutivo superposto recebeu 4 vezes mais curtidas, 3 vezes mais comentários e 2 vezes mais cliques no botão de com-

A importância do formato do meme **43**

partilhar. Como curtidas, comentários e compartilhamentos são a forma primária de interagir com uma postagem no Facebook, parece que o caso está encerrado, certo? Infelizmente, o painel de análise do Facebook discordou de mim.

De acordo com o Facebook, o vídeo curto teve mais engajamento do que todos os outros conteúdos. Como? O diabo está nos detalhes — ou, nesse caso, o diabo está na definição do Facebook de engajamento com uma postagem em vídeo. Na maioria dos tipos de postagem — imagens, atualizações de status e postagens com links —, o Facebook conta como engajamento todos os cliques que acontecem na postagem. Ações como curtir, comentar, expandir a imagem ou clicar no link, tudo isso conta como engajamento. Mas os vídeos recebem tratamento especial. A reprodução automática do vídeo por dois segundos no *feed* do usuário também conta como engajamento. Assim, quando afirma que o vídeo é a forma de conteúdo com maior engajamento, tecnicamente o Facebook não está errado. Eles só são enganosos quanto ao que querem dizer exatamente com "engajamento".

Agora, há um argumento justo a apresentar: devemos ou não nos preocupar com o engajamento? Afinal de contas, uma curtida numa postagem não é exatamente a venda de um produto. Em geral, esse é um problema fundamental para as marcas nas mídias sociais, e um problema complexo. Dito isso, o verdadeiro engajamento traz benefícios reais. O verdadeiro engajamento significa alcance incremental. Quando se engajam com uma postagem no Facebook — quando curtem, comentam ou compartilham alguma coisa —, as pessoas criam a chamada "história". A história é uma postagem que tem potencial de chegar ao *feed* dos contatos daquela pessoa. Se você já viu uma postagem no Facebook marcada com "Fulano comentou sobre isso", é desse tipo de história que estamos falando. Infelizmente, a métrica de engajamento oferecida pelo Facebook inclui várias ações adicionais não relacionadas ao alcance incremental conquistado.

Para compensar isso, a minha equipe criou a nossa própria versão de engajamento, exclusivamente concentrada em medir ações com potencial de promover o alcance conquistado. A fórmula era o número total de curtidas, comentários e compartilhamentos dividido pelo alcance total. Também demos um peso ao compartilhamento como engajamento de nível mais alto, ao comentário como nível intermediário e à curtida como o nível mais baixo de engajamento, porque constatamos que cada ação afetava nessa ordem o alcance incremental. Essa métrica de engajamento sem frescura deu à nossa equipe de mídias sociais um quadro muito mais claro de que conteúdo realmente trazia alcance conquistado. A resposta: nesse caso, o conteúdo baseado em imagem estática.

Dois anos depois de mudar a nossa estratégia nas mídias sociais para nos concentrar em conteúdo centrado no produto e realmente focado no engajamento, descobrimos que nosso conteúdo conquistara 10% mais impressões incrementais além de uma compra substancial de mídia. Com um gasto em mídias sociais na faixa de milhões de dólares por ano, conquistar 10% de alcance incremental tem valor real para a empresa. Além disso, um estudo de outro parceiro demonstrou um retorno sobre o investimento no 95º percentil superior das outras campanhas do Facebook medidas por eles. A mesma abordagem do conteúdo conseguiu nos pôr na faixa de alto desempenho dos programas publicitários alfa e beta do Pinterest, em termos de engajamento e alcance conquistado. Uma coletânea das nossas postagens no Pinterest e no Facebook chegou a aparecer na primeira página do Reddit quando um usuário criou um álbum cheio das nossas imagens sociais e o publicou na comunidade r/Lifehacks. Ao otimizar o nosso conteúdo para ser o mais leve e independente possível, asseguramos que os memes que queríamos disseminar se mantivessem intactos por gerações de compartilhamento — dentro e fora das redes sociais originais.

PRINCIPAIS LIÇÕES

- A máquina de memes é tão importante quanto o meme em si. O formato do conteúdo é tão importante quanto o tema do conteúdo.
- Quando criar conteúdo para alguma marca, procure conteúdo comparável que tenha gerado engajamento orgânico e use esse conteúdo orgânico bem-sucedido como inspiração.
- Disponha-se a romper a zona de conforto do anunciante (isto é, vídeo). Teste modos e formatos novos para exprimir a sua mensagem e talvez descubra maneiras novas e mais eficientes de compartilhar essa mensagem.
- Avalie o desempenho do conteúdo com métricas ligadas ao valor real. As ações sociais e o alcance conquistado são exemplos de métricas comuns que ajudam a medir o sucesso da disseminação de uma mensagem.
- Sempre que possível, as mensagens deveriam ser compartilhadas em "máquinas de memes completas" que permitam às pessoas derivar o valor de um conteúdo diretamente no *feed* das suas mídias sociais.

CAPÍTULO

3

MÁQUINAS DE MEMES EM EVOLUÇÃO
Cinco princípios para maximizar o engajamento

Quando começaram a surgir como canal publicitário, as mídias sociais revigoraram a esperança de marketing boca a boca escalável alimentada por muitas marcas. Na época, o papo de vendas do Facebook às marcas era algo como "Venha construir a sua fanpage e os seus fãs divulgarão a sua marca entre os amigos!". Mas o conceito de marketing boca a boca não era exatamente novo. É óbvio que as recomendações boca a boca fazem parte da nossa cultura e surgiram organicamente muito antes que o marketing fosse uma disciplina; esse é o modo natural de exprimir o que é valioso para nós. Um modelo popular do conceito foi apresentado de forma pioneira na década de 1970 por um psicólogo chamado George Silverman, que vendia produtos farmacêuticos.[1] Em grupos focais com médicos, Silverman notou que "um ou dois médicos que tinham boa experiência com um medicamento influenciavam todo um grupo de céticos. Eles conseguiam até influenciar um grupo insatisfeito de ex-receitadores que tiveram experiências negativas!" Tirando o clima distópico do setor médico, o marketing boca a boca atormentou os profissionais durante décadas. Feito direito, parecia mais eficaz do que todas as outras formas de marketing. Mas era quase impossível de prever, muito menos de gerar a partir do nada.

Embora a promessa do Facebook de fãs da marca formando exércitos de prosélitos não se reproduzisse em todas as marcas em todas as escalas, não há escassez de marcas que puseram para funcionar a capacidade exclusiva das mídias sociais de passar a palavra. Embora muitos dos primeiros "gurus das mídias sociais" se desapontassem com a lentidão das marcas em adotar os canais de mídia social para fazer publicidade, a baixa priorização realmente teve alguns benefícios. Como a maioria das postagens de marca só alcançavam alguns milhares de pessoas de cada vez, muitas empresas de marketing foram mais frouxas na aprovação e se dispuseram a experimentar coisas que não fariam nos canais publicitários tradicionais. As equipes de mídia social não estavam algemadas a peças criativas excessivamente polidas ou marcadas. Em geral, o ciclo de criação de conteúdo era fragmentado e de baixa produção, o que fazia o conteúdo parecer mais leve e natural para as pessoas que interagiam com ele. Pouquíssimas marcas tinham as equipes de designers, redatores, estrategistas e analistas que formam as equipes de mídia social de hoje. Agora é relativamente impensável, numa marca grande, entregar a um garoto de 22 anos as chaves dos seus perfis sociais, mas foi exatamente assim que a minha carreira começou.

Quando as mídias sociais amadureceram como canal publicitário viável e escalável, o orçamento cresceu, a produção ficou mais refinada e montaram-se arcabouços estratégicos. Embora esses novos recursos aumentassem muito o alcance do que era possível em campanhas sociais, parte da magia da abordagem fragmentada de testar e aprender se perdeu. Uma das oportunidades mais negligenciadas que as mídias sociais nos permitiram é a capacidade de testar conteúdo, iterá-lo e otimizá-lo antes de atingir o público em massa. As postagens sociais orgânicas são como grupos focais das pessoas que mais provavelmente se engajarão com o conteúdo da nossa marca. Isso significa que podemos testar diversos tipos de mensagem e diferentes manifestações dessa mensagem para entender qual aproveitará com mais eficiência os nossos dólares promocionais.

Esse processo de testar e aprender é diferente com cada marca. Todos enfrentamos desafios diferentes de percepção da marca, tendências nas nossas categorias, marcas concorrentes e assim por diante. Cabe a cada um de nós descobrir que memes e máquinas de memes propagarão com mais eficácia a nossa marca. O que funciona com uma marca com muitíssimos seguidores provavelmente não dará certo para a nova concorrente. O que funciona para a nova startup vistosa provavelmente não dará certo para a marca antiga com mais de um século. Mas isso não significa que tenhamos de começar do zero.

Alguns princípios de criação de conteúdo social continuam verdadeiros, seja qual for a marca, a categoria ou o público-alvo. Este capítulo dá uma visão geral de alto nível dos aprendizados mais importantes das minhas equipes em mais de uma década de construção de marcas em mídias sociais. Apliquei esses princípios a estratégias sociais de marcas de todos os tamanhos e níveis de sucesso. Eles exigem interpretação pela lente da sua marca específica, mas são princípios aplicáveis a qualquer estágio do desenvolvimento da marca. Veja esses princípios como pontos de partida para qualquer marca testar, iterar e melhorar. Garantimos a linha ascendente no gráfico.

1. AGREGUE VALOR

Agregar valor soa simples, mas talvez seja o mais nuançado e importante dos cinco princípios que examinaremos. Entender o que agrega valor significa remover a nossa lente centrada na marca e olhar criticamente o que estamos fazendo. Não é fácil fazer isso quando a nossa vida profissional gira em torno de formar essas lentes da marca. Temos de nos fazer essas perguntas: se não estivéssemos envolvidos de jeito nenhum com a marca para a qual criamos conteúdo e esse conteúdo aparecesse em nosso *feed* nas mídias sociais, daríamos importância a ele? Pararíamos de rolar a tela? Clicaríamos no botão de compartilhar? Por quê? Agregar valor significa dar às pessoas alguma coisa que as faça interagir ou passar direto.

Agregar valor parece relativamente simples, mas exatamente o que se quer dizer com "valor" varia bastante entre as categorias, as marcas, os públicos-alvo e as próprias redes sociais. Valor pode significar dar às pessoas uma ferramenta útil — um infográfico com informações reais e aplicáveis ou ideias de novos modos de usar um produto. Valor pode significar algo exibível que as pessoas usem diante dos amigos, algo que as ajude a se definir em espaços sociais. Valor pode significar conteúdo leve, animador ou simplesmente engraçado que faça o público rir o suficiente para compartilhar a risada com os amigos. Valor pode significar até mesmo criar uma conexão emocional em comum entre as pessoas. Se agregar valor constantemente em cada postagem que aparecer no *feed* de seus possíveis fãs, a marca continuará a construir engajamento e alcance orgânico. Mas, se agregar valor fosse fácil, todos teríamos bases imensas de fãs engajados.

Podemos conceituar agregar valor em dois eixos perpendiculares: um vai de "favoritável" a "exibível", o outro de "comiserativo" a "ambicionável" (Figura 3.1). O conteúdo favoritável aproveita o caos do *feed* social em proveito próprio. Quando tropeçamos em conteúdo que não queremos esquecer, em geral o favoritamos para não perdê-lo. Qual conteúdo aparece e como aparece no nosso *feed* pode ser totalmente imprevisível; todos tivemos aquele momento frustrante em que rolamos a tela para cima atrás de uma postagem que, aparentemente, desapareceu. Esse comportamento de favoritar vai das pessoas que clicam no botão compartilhar das postagens do Facebook que querem salvar para mais tarde a usuários do Reddit que comentam em tópicos para se lembrar de conteúdos ou conversas específicos.

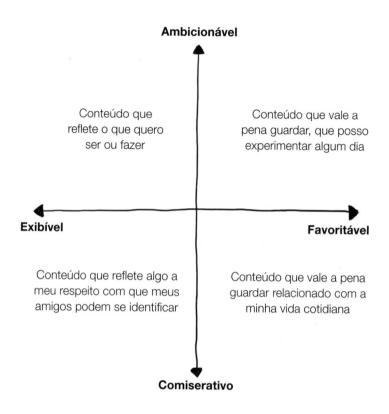

FIGURA 3.1 **Agregar valor**

Nesse eixo, o conteúdo oposto ao favoritável é o exibível. O conteúdo exibível permite que os usuários se comuniquem a seu próprio respeito com o seu grupo de amigos. Nem toda marca consegue criar conteúdo exibível, mas essa categoria não é tão exclusiva quanto parece. Para descobrir o que há de exibível numa marca, precisamos entender o que a marca simboliza para as pessoas que queremos que a compartilhem. Os produtos de limpeza podem representar lares arrumados. As marcas de tênis podem simbolizar o nosso atleta interior. O modo como nos vestimos, a bebida que tomamos (ou não), até a marca de água mineral que compramos diz ao mundo algo sobre nós.

O conteúdo exibível tenta aproveitar essa expressão e se baseia numa avaliação realista da marca aos olhos dos consumidores

No eixo vertical, passamos do conteúdo comiserativo ao ambicionável. Nós nos identificamos tanto com o conteúdo comiserativo ou ele é tão verdadeiro para nós que o usamos para nos conectar com os amigos. O conteúdo comiserativo que provoca compartilhamento é muito poderoso porque põe a marca no ponto de conexão entre as pessoas. O humor irônico e levemente autodepreciativo é extremamente eficaz como conteúdo comiserativo. O problema desse tipo de conteúdo é que exige que as marcas corram riscos. Como profissionais de marketing, em geral somos treinados para nos manter positivos 100% do tempo, e criar conteúdo que cause realmente compaixão no público às vezes exige que baixemos para, digamos, 60% a 70% de positividade. Essa é só uma estimativa.

É no conteúdo ambicionável que em geral nos sentimos muito mais à vontade. É o conteúdo que nos ajuda a representar os nossos ideais, metas e... bom, tudo o que ambicionamos. Paisagens idílicas, ideias elevadas, valores sinceros e histórias inspiradoras são exemplos de conteúdo ambicionável.

Cada quadrante desse modelo é igualmente viável para conceituar o conteúdo promotor de compartilhamento, e exatamente que quadrante — ou quadrantes — cada marca específica deve usar depende bastante da própria marca. É provável que as marcas topo de linha, as de luxo e as que empregam belas fotografias, usam modelos ou simplesmente são muito desejáveis para os possíveis clientes tendam ao lado ambicionável do conteúdo. As que buscam desalojar as marcas sérias demais — as que resolvem problemas ou que têm personalidade com que as pessoas se identificam — tentam não se levar a sério demais. Chamam a atenção pelo humor maluco ou fora do padrão e, em geral, terão sucesso no lado comiserativo do espectro.

Não seria de esperar que a cerveja Bud Light usasse supermodelos com roupas de alta costura para anunciar as novas latas, porque a marca é conhecidíssima pelo humor fácil de identificar, quase pas-

Cinco princípios para maximizar o engajamento 53

telão. Do mesmo modo, um meme autodepreciativo publicado pela Louis Vuitton provavelmente soará deslocado e desafinado, porque a marca costuma ser muito séria e ambicionável. Isso não quer dizer que a Louis Vuitton não possa usar humor; de forma sutil, a marca realmente o usa. Na campanha de primavera (segundo trimestre) de 2019 para lançar os novos acessórios criados pelo elogiado designer de *streetwear* rua Virgil Abloh, montagens das novas peças que seriam altamente ambicionáveis foram intercaladas com momentos bastante espontâneos.[2] Um vídeo mostrava um modelo de terno tirando o paletó com a suprema autoconfiança dos modelos, jogando o paletó na câmera, errando o alvo sem querer e rindo ao perceber o erro. No todo, a peça continuou ambicionável, mas o toque sutil de comiseração com o público facilitou a identificação com a peça. Em marcas estabelecidas no lado oposto das extremidades ambicionável ou comiserativa do espectro, em geral os toques sutis da outra ponta surpreendem e engajam o público de um jeito novo.

Na faixa de favoritável a exibível, o conteúdo se torna mais flexível, pois as marcas podem se deslocar nesse espectro com mais facilidade e manter a personalidade coerente. As marcas que tendem ao conteúdo mais exibível provavelmente são mais estabelecidas — ou pertencem a uma categoria estabelecida —, pois, para ser exibido, o conteúdo tem de ser usado publicamente. Clicar em compartilhar no supracitado vídeo da Louis Vuitton no Facebook é um exemplo de conteúdo exibível. Diante dos amigos, ele representa o bom gosto das roupas de quem compartilhou. Mas as roupas Louis Vuitton nem sempre são apenas exibíveis. As comunidades do Reddit como r/MaleFashionAdvice, na qual homens compartilham inspiração e dicas de moda, costumam montar os chamados *lookbooks*, ou seja, coletâneas de fotografias e ilustrações inspiradoras. Quando uma roupa Louis Vuitton é compartilhada no *lookbook* criado por um usuário, esse conteúdo é usado como referência para montar novos trajes, utilizar novos acessórios e até inspirar poses para fotos. Nesse contexto, as roupas Louis Vuitton são mais favoritáveis do que exibíveis porque têm o uso tangível como recurso.

O conteúdo favoritável é muito adequado a marcas novas e concorrentes, mas pode ser aproveitado de forma bastante ampla. O conteúdo favoritável pode ser usado para identificar diferenciações exclusivas — um guia dos ingredientes usados pelos concorrentes comparados aos da nossa marca, que tecidos são melhores para que tipo de situação, como usar (ou alterar) recursos de certos produtos, como criar ou improvisar receitas e assim por diante. Essa camada de conteúdo informativo é totalmente subutilizada pela maioria dos profissionais de marketing social porque aprendemos a reduzir a nossa mensagem a pedacinhos pequenos. Mas, quando avaliamos o tipo de conteúdo orgânico que gera mais compartilhamento, o conteúdo favoritável tem excelente desempenho. Além disso, ele traz o benefício de dar autenticidade e transparência à mensagem da marca, desde que a informação seja correta, porque busca esclarecer alguma coisa.

Quando uma parte significativa do valor apresentado pela marca é a própria marca — como as roupas que se diferenciam pelo logotipo ou a bebida que serve de acessório —, em geral ela se encaixa bem no conteúdo exibível. Quando a marca enfrenta desafios complexos para os usuários — como marcas de produtos para reformas de casa, plataformas de hospedagem de sites ou inseticidas —, o poder desmistificador do conteúdo favoritável não só ajuda a promover o compartilhamento como contribui para a imagem da marca como simplificadora de informações complexas.

O conteúdo que vale a pena favoritar é algo que o público quer guardar para uso posterior. Um macete para melhorar a vida é o exemplo perfeito de conteúdo ao mesmo tempo favoritável e comiserativo. Nesses macetes, pegamos um objeto conhecido e demonstramos um jeito novo de usá-lo — como virar de cabeça para baixo a fôrma de *cupcake* para assar tortilhas ou criar pratinhos comestíveis para salada. Os macetes levam um pouco de novidade ao mundo conhecido. São comiserativos principalmente quando resolvem problemas

Cinco princípios para maximizar o engajamento

simples ou incômodos que todos enfrentamos e que raramente mencionamos. O conteúdo que em geral é útil na vida cotidiana se encaixa perfeitamente nesse quadrante do modelo.

O conteúdo favoritável também pode se tornar ambicionável quando passa do mundo do conhecido para o mundo do desejo. O conteúdo ambicionável e o favoritável se cruzam em lindos projetos de faça-você-mesmo que sabemos muito bem que *na verdade* nunca faremos mas que mesmo assim parecem envolventes. Quem sabe, talvez algum dia eu realmente faça aquele tapete de banheiro de rolhas de vinho. Receitas complexas, artigos de decoração da casa, arte e música, filmagem de bastidores, guias de modificação exuberante de carros e tutoriais de maquiagem são todos exemplos de conteúdo ambicionável e favoritável para diversos públicos.

O conteúdo se desloca mais para perto do exibível quando contém valor social para o nosso público. O conteúdo exibível é aquele que o nosso público usará na frente das suas conexões na rede. O que torna o conteúdo exibível varia muito entre os vários tipos de rede social, as diversas faixas etárias e os perfis psicográficos — o que é exibível no Instagram pode ser totalmente diferente do que é exibível no Twitter, e o conteúdo que compartilhamos no Facebook pode ser completamente diferente do que compartilhamos no LinkedIn. Ser exibível também se baseia bastante na percepção da marca. Quando há a percepção de que a marca é barata, provavelmente não teremos sucesso com conteúdo ambicionável e exibível. Mas o conteúdo comiserativo e exibível provavelmente será um terreno fértil para nós. Todos adoram ser do contra nas mídias sociais, mesmo que isso signifique fingir que gosta de Taco Bell (não me marque). Do mesmo modo, quando a marca é percebida como refinada e cara, é improvável que o conteúdo comiserativo mais grosseiro seja exibível pelo público que já a conhece.

Quando é comiserativo, em geral o conteúdo exibível é engraçado e provoca identificação. A comunidade r/ReactionGifs do Reddit é uma fábrica de conteúdo comiserativo e exibível, principalmente para pessoas em espaços anônimos, mas não só. O conteúdo de r/ReactionGifs e de outros centros meméticos da internet tende a se espalhar pelo Twitter e pelo Instagram com regularidade suficiente para os usuários do Reddit comentarem o fenômeno. Em geral, é um humor autodepreciativo, hiperbólico e que provoca identificação num grande público. Marcas de lanchonetes como Wendy's e Burger King tendem a se dar muito bem com conteúdo comiserativo e exibível.

A lanchonete Wendy's é louvada pela cultura memética como parte do clube porque a marca conseguiu se integrar muito bem em várias tendências, somando-se à conversa em vez de sequestrá-la. Quando um meme da internet apelidado de "Slaps roof of car" ("dá um tapa no teto do carro") ficou popular, a Wendy's demorou para entrar no jogo, mas mesmo assim conseguiu provocar 11.000 retuítes e mais de 61.000 curtidas.[3] O meme essencial da internet mostrava um vendedor de carros usados falando com um possível comprador, e, numa voz que quase conseguimos ouvir ao ler, diz: "Essa gracinha consegue levar muito [lacuna]", em que "[lacuna]" era preenchido com vários memes e piadas. Talvez o original a seguir esse formato mostrasse o vendedor dizendo "Essa gracinha consegue levar muito espaguete", referência a outro meme da internet que compara a ineptidão social a "ter espaguete no bolso".[4] Cunhado originalmente no 4chan, quando alguém conta uma história em que cometeu uma gafe horrível, o erro pode ser descrito como "espaguete caindo do bolso". Vejam, não inventei essas coisas. Só estou lhe dizendo o que significa.

Quando pegou o meme do vendedor de carros, depois que uma onda de versões populares já tinha ido e vindo, a Wendy's criou uma nova versão com o seu logotipo cobrindo o rosto do vendedor. A nova legenda era: "Esse danadinho consegue levar muitos [memes mortos]". É a execução perfeita de uma *metapiada* — um meme sobre o meme —, e, para encerrar, o texto do tuíte que acompanhava a imagem dizia: "Compre os nossos chesseburgers". Era uma piada autodepreciativa e cara de pau sobre a atividade da empresa no Twitter, como se dissesse: "Claro, fazemos parte da cultura memética, mas só esta-

Cinco princípios para maximizar o engajamento

mos nela para lhe vender cheeseburgers". Por mais anti-intuitivo que pareça, a internet gosta dessa transparência radical, identificável e um tanto autodepreciativa. Em geral, quando as marcas tendem à cultura memética da internet, é nesse quadrante do modelo. Em geral, o sucesso no desenvolvimento de conteúdo exibível e comiserativo exige que não levemos as nossas marcas tão a sério, que estejamos dispostos a rir de nós mesmos.

Já viu aquelas fotos cafonas de pôr do sol com frases inspiradoras que parecem saídas de uma loja de suvenires de Orlando? Aquelas postagens que a sua tia Maria não consegue deixar de compartilhar todo dia no Facebook ou que a sua mãe curte no Instagram "porque têm uma mensagem boa"? Isso é conteúdo exibível no lado ambicionável do espectro. É conteúdo que usamos, não tanto para nos identificar com outras conexões sociais, mas para definir o nosso eu ideal no mundo. Muitas vezes, o conteúdo vai longe demais no lado ambicionável do espectro, e é aí que inspiramos mais olhos revirados do que eus ideais. Em quase todos os canais sociais, pessoas e marcas conseguiram obter uma quantidade imensa de seguidores graças ao conteúdo ambicionável e exibível. Em geral, a integração com influenciadores tende a esse espaço do modelo. Citações de heróis do esporte, postagens de gamers profissionais que seguimos, roupas que gostaríamos de usar e eventos a que desejaríamos comparecer são exemplos de território ambicionável e exibível Quando vemos conteúdo que reflete quem queremos ser — ou, mais exatamente, quem queremos que nossos amigos pensem que queremos ser —, nos engajamos com conteúdo ambicionável e exibível.

Para entender que tipo de conteúdo é valioso para os diversos públicos, é útil voltar novamente ao mundo do conteúdo orgânico. Existem grupos populares com base em interesse sobre o tipo de conteúdo que estamos criando? Que tipo de conteúdo é popular dentro dessas comunidades? Como os influenciadores desse espaço fazem conteúdo? Como são as suas seções de comentários? E se esses influenciadores e comunidades não existirem, onde mais pode haver conteúdo semelhante? Se formos completamente incapazes de encontrar conteúdo popular semelhante ao que está sendo produzido para as nossas marcas, há uma pequena probabilidade de termos encontrado uma imensa oportunidade de criar uma categoria de conteúdo inteiramente nova. Mas é muito mais provável que o tipo de conteúdo em que estamos pensando exista e simplesmente não tenha sucesso na propagação.

2. PROJETE MÁQUINAS DE MEMES PARA REFORÇAR O VALOR DO MEME

Uma crítica comum feita aos jornalistas é que escreveram uma reportagem brilhante mas "enterraram o lide". Os jornalistas modernos enfrentam um problema semelhante ao das marcas na paisagem ultracompetitiva do conteúdo que caracteriza as redes sociais. O estilo de lista crua e sem refinamento, como "17 alimentos inesperados que podem te matar (você não vai acreditar no nº 3!", geralmente atribuído ao Buzzfeed, é o equivalente jornalístico à nossa observação como marcas das culturas meméticas da internet. E, por mais que gostemos de criticar esse conteúdo que rotulamos desdenhosamente de "*clickbait*" ou isca de cliques, não podemos negar a sua eficácia para chamar a atenção. O formato da reportagem é relativamente fixo; é iniciado por um título e existe como página da internet geralmente separada das redes sociais onde pode circular. O conteúdo de marca é muito mais aberto e diversificado em temos de formato, mas, do mesmo modo, é preciso não enterrar o nosso lide. Como marcas, geralmente somos muito bons em encontrar o gancho, mas também rígidos demais no modo como o nosso gancho se manifesta no conteúdo. A máquina de memes que escolhemos para transportar os memes da marca deveriam nos ajudar a enfatizar o ponto de interesse que atrai a atenção.

Por mais que pareça tático, um dos erros mais comuns do desenvolvimento de conteúdo de marca é tratar como manchete o campo de texto da postagem. Imagine que sejamos uma marca de produtos

Cinco princípios para maximizar o engajamento **59**

alimentícios que compartilha uma receita nova. A tendência natural da maioria das marcas é fazer uma fotografia refinadíssima do prato, pôr a fotografia editada numa postagem e usar o campo de texto da plataforma social para dar título à receita ou postar o link para um texto sobre a receita. Quando avaliamos o conteúdo isolado, essa abordagem faz sentido. Semelhante ao modo como os influenciadores desenvolveram o estilo memético de vídeo otimizado para a priorização de conteúdo do Facebook, acrescentar texto ou explicações sobre as nossas imagens e vídeos parece redundante, pois a rede social oferece um campo de texto óbvio. Mas, do ponto de vista do usuário, o conteúdo que engloba todas as informações valiosas e prioriza os memes mais cativantes é muito mais fácil de repassar.

Quando clicam no botão de compartilhar, o Facebook, por exemplo, pede aos usuários que escrevam o seu próprio texto. Simplesmente em termos de formato visual, esse novo texto tem prioridade sobre o texto original, que costuma ficar embaixo da postagem ou desaparecer completamente. Isso permite que as pessoas peguem um conteúdo e se apropriem dele, e é exatamente o que queremos que aconteça com o nosso conteúdo de marca, se é que estamos interessados em engajamento. Quando recorremos ao campo de texto da rede social para transmitir informações importantes sobre o nosso conteúdo — como criar a nossa receita hipotética —, é fácil essas informações se perderem em gerações de compartilhamentos. Isso não quer dizer que o que escrevemos no campo de texto da plataforma não seja importante. Só precisamos reconfigurar como pensamos nisso.

Tudo o que enviamos para uma rede social — geralmente, uma imagem ou um vídeo — é o conteúdo. O que escrevemos no campo de texto da plataforma social é o que dizemos *sobre* esse conteúdo. Um título, instruções para fazer alguma coisa, o contexto necessário para entender uma piada ou referência ou qualquer outra informação fundamental para destravar o valor de uma postagem devem estar presentes dentro do próprio conteúdo. O modo como projetamos o conteúdo e os formatos que usamos têm de reforçar o valor que oferecemos. Para otimizá-lo para o compartilhamento, o conteúdo precisa estar plenamente encapsulado (Figura 3.2). Um modo de testar se um conteúdo contém ou não todo o valor oferecido é olhar o conteúdo em si sem o texto social anexado. Ele faz sentido sozinho? Conseguimos entender o que está sendo transmitido? Se alguém clicar no botão compartilhar e escrever um texto próprio no campo da plataforma social, os memes do conteúdo permanecerão intactos?

Há um equilíbrio delicado quando se trata de criar conteúdo plenamente encapsulado. Embora a maior parte do conteúdo de marca tenda de forma acentuada ao conteúdo com atração visual mas sem profundidade, é claro que é possível o conteúdo incluir informações demais e ficar poluído e pouco atraente. É bom conceituar uma hierarquia visual para garantir que o conteúdo continue atraente, mas

FIGURA 3.2 **Máquinas meméticas**

com contexto suficiente para manter de forma independente o seu valor. No alto da hierarquia fica o que achamos que atrairá a atenção. O título da receita? A imagem do produto final? A imagem dos ingredientes? O segundo nível da hierarquia é atender à atenção conquistada. A atenção é atraída por uma promessa e, assim que a obtemos, precisamos cumprir a nossa parte do acordo. O que faz a receita merecer o título chamativo? Como chegamos ao produto final? O que os ingredientes farão depois de misturados?

Um jeito útil de encontrar esse equilíbrio entre apelo visual e informações valiosas é olhar exemplos de conteúdo orgânico que transmitam memes de tipo similar. No caso do conteúdo alimentar, podemos olhar plataformas como o Pinterest, onde descobrimos que os blogueiros de culinária mais bem-sucedidos geralmente criam um passo a passo visual ou mesmo cartões simples de receita que combinam a fotografia do prato com as instruções. Em geral, esse conteúdo é reforçado por conteúdo mais extenso no site, que explica detalhes e nuances, e é assim que esses criadores de conteúdo equilibram leveza e facilidade de compartilhamento com profundidade de informação. Se todas as informações básicas necessárias para fazer uma receita, montar uma roupa ou rir de uma piada estiverem contidos em algo simples como uma imagem, essa imagem pode ser compartilhada, salva ou capturada sem degradar os memes nela embutidos.

Quando trabalhava numa grande agência de criação, separei em duas categorias centenas de postagens de várias marcas: conteúdo encapsulado e conteúdo que exigia contexto adicional. Para o desalento das minhas equipes de criação, que detestavam o modo como o texto poluía as suas lindas imagens, quando todas as informações estavam no conteúdo da postagem havia 11 vezes mais engajamento, 35 vezes mais alcance conquistado e 46 vezes mais compartilhamento do conteúdo. Algo simples como alterar a máquina de memes para incluir mais informações pode ter um efeito profundo sobre o desempenho do conteúdo social. Principalmente quando confiamos que uma ideia tem grande potencial de promover o compartilhamento, vale a pena testar várias máquinas de memes para encontrar o equilíbrio correto entre leveza, eficiência, profundidade e identidade da marca.

3. CRIE ESPAÇO PARA A CONEXÃO PESSOAL POR MEIO DE ELEMENTOS NARRATIVOS

Não há como negar o poder de contar histórias, e esse conceito não é novo para os anunciantes. Quando apresentadas sob a forma de história, as informações são mais lembradas. Alguns psicólogos teorizam que as estruturas psicológicas evoluíram junto da tradição humana de contar histórias — que os nossos genes e memes se misturaram no decorrer da história evolutiva. Contar histórias tem efeito demonstrável sobre o poder de atração e a retenção das informações. Na verdade, um estudo realizado pela professora Deborah Small, de Wharton, constatou que, quando se trata de caridade, o tipo de história que as instituições contam tem efeito drástico sobre as doações.[5] Numa série de experiências, os pesquisadores deram aos participantes cinco dólares em notas de um dólar. Então, apresentaram aos participantes solicitações escritas de instituições de caridade e lhes pediram que dessem os cinco dólares às instituições que considerassem mais merecedoras. Embora os pesquisadores incentivassem explicitamente os participantes a pensar racionalmente na sua decisão, as pessoas sempre doaram mais às instituições que contavam histórias sobre indivíduos do que às que ofereciam ideias de nível mais amplo e justificativas estatísticas de como as doações afetariam grandes grupos de pessoas.

Quando ouvimos a história da jovem Macy que não tem dinheiro para comprar os livros didáticos, é provável que doemos mais dinheiro do que se ouvíssemos falar de Macy e do seu irmãozinho, ou dos seus primos, pais, comunidade, cidade e país. Na academia, o nome desse fenômeno é *efeito da vítima identificável*. As histórias pessoais tendem a nos gerar mais empatia do que as estatísticas. Nem sempre é fácil para as marcas, principalmente as grandes, encontrar histórias pessoais equivalentes que soem autênticas e pertinentes para a mensagem. Mas aqui ainda há uma lição importante.

As mídias sociais nos apresentam um problema inigualável no que diz respeito a contar histórias. Na TV e na imprensa, contar histórias de forma sequencial é factível porque, em geral, controlamos a ordem em que as pessoas veem o conteúdo. Nas mídias sociais, a maior parte dos *feeds* é tão personalizada para os indivíduos que fica dificílimo contar histórias sequenciais. Em geral, deveríamos nos esforçar para o conteúdo ser mais episódico — acessível e valioso seja qual for a ordem em que o público o encontrar. Também enfrentamos o problema das janelas de atenção brevíssimas, o que dificulta ainda mais contar histórias.

Na maior parte do tempo, não temos espaço para contar histórias longas e completas nas mídias sociais. No entanto, ainda podemos tomar emprestados elementos narrativos que tornem o nosso conteúdo mais memorável. Acenos sutis à narrativa podem fazer toda a diferença na hora de promover engajamento e compartilhamento do conteúdo. Quando falamos de um novo projeto divertido para fazer em casa, mostrar um produto acabado e interessante é uma parte importante da narrativa. O produto acabado atraente conta o fim triunfante do processo de montagem. Mas podemos construir uma narrativa ainda mais envolvente mostrando os passos para chegar ao produto final. A apresentação dos diversos passos rumo à meta permite que as pessoas se visualizem usando realmente a informação.

Num passo a passo, queremos tornar simples algo que parece complexo. Ou queremos que algo que pareça simples leve a algo que parece complexo. Quando trabalhamos com influenciadores, queremos destacar o conteúdo que produzem para nós e gostaríamos que popularizassem nossa parceria diretamente entre os fãs. Oferecer noções de *por que* decidimos trabalhar com esses influenciadores e o modo como a sua história se alinha ao éthos da marca, com vislumbres das personalidades dos bastidores, são maneiras de fortalecer essa narrativa. Os bastidores fazem o conteúdo refinado parecer mais humano e autêntico, principalmente se der uma noção genuína do processo — gafes, erros, conversas. As narrativas humanizam o nosso conteúdo de um jeito poderoso.

Até detalhes simples, como o título dos projetos ou os adjetivos que usamos para descrever o conteúdo, podem oferecer elementos narrativos sutis. Quando procura uma receita no Google, digamos, uma receita de *chili*, já notou que o resultado raramente é o que você encontraria no cardápio de um restaurante? Não vemos "Chili de carne" nem "sopa do dia: chili de peru". Vemos resultados como "Receita de chili simples e perfeita", "A melhor receita de chili" e "Minha receita de chili". Para registrar, esses são os três primeiros resultados que recebo quando procuro "receita de chili". Adjetivos como "simples" e "perfeito" nos dizem que o processo de fazer a receita não é difícil demais, mas que o produto final vale a pena. Superlativos como "o melhor" também são motivadores poderosos; não há necessidade de analisar com muita profundidade o fato de haver 481.000.000 resultados para "melhor receita de chili". E ter "minha" antes de "receita de chili" é um jeito óbvio de acrescentar personalização. Provavelmente, não usaríamos "meu" como descritor de conteúdo de marca, mas, se trabalhássemos com um blogueiro para desenvolver uma receita de chili, intitular a postagem "A receita secreta de chili da família de [Blogueiro]" tornaria o conteúdo inerentemente mais memorável e interessante.

Narrativas sutis ajudam muito no conteúdo curto dos ambientes competitivos. Uma das marcas cujo conteúdo administrei foi convidada a participar do lançamento dos anúncios alfa do Pinterest e logo obteve um dos melhores desempenhos na plataforma, graças ao conteúdo ligado à comida com belas fotografias. Numa análise das postagens com melhor desempenho das marcas, quase 60% dos pins com mais engajamento foram os que mostravam passos do processo. Por mais que amemos as nossas fotografias simples, editadas e refinadas, mostrar cenas de bastidores ou passos úteis e, às vezes, bagunçados para chegar ao produto final aproximam as pessoas do conteúdo. Encontrar maneiras de humanizar o conteúdo, de deixá-lo aparentemente menos produzido e processado, faz as pessoas investirem no conteúdo, porque lhes permitimos fazer parte da criação.

4. DESENVOLVA CONTEÚDO PARA UMA AÇÃO OU UM OBJETIVO ESPECÍFICOS

Por mais que gostemos de imaginar que a nossa mente é uma tecnologia evolutiva de vanguarda, as estruturas cerebrais mais complexas são construídas sobre estruturas básicas que têm milhões de anos. Uma dessas relíquias é o chamado "cérebro de crocodilo" ou "reptiliano" por se parecer bastante com o cérebro dos crocodilos modernos.[6] Esse cérebro reptiliano tem um tempo de reação curtíssimo; é o primeiro sistema a entrar em ação quando encontramos algo novo. Como animais de rapina, as reações a experiências novas e surpreendentes eram vitais para a nossa sobrevivência. O cérebro reptiliano faz avaliações instantâneas quando encontramos coisas novas: Queremos comer isso? Fugir? Matar isso? É óbvio que não queremos *acasalar* com isso, a não ser...?

Esse cérebro reptiliano não entra em ação só em situações de vida ou morte. Ele é o primeiro conjunto de processos que filtra tudo o que vivenciamos. Quando sentimos que algo é atraente, nos aproximamos. O que atrai o nosso cérebro reptiliano destrava processos de pensamento de nível mais elevado e nos permite explorá-lo com mais profundidade usando os centros lógico e social do cérebro. Do mesmo modo, quando algo parece ameaçador para o cérebro reptiliano, fugimos. Se você já exportou um relatório de análise do Facebook para ver as dúzias de abas e centenas de dados disponíveis em planilhas, é provável que tenha sentido necessidade de fugir o mais depressa possível. A não ser que seja cientista de dados ou tenha jeito para se orientar numa quantidade de dados imensa, a análise crua das mídias sociais pode ser avassaladora e muito confusa de entender. A que dados deveríamos prestar atenção? Quais podemos ignorar? O que são "usuários engajados" em comparação a "usuários que falam disso"? Como se calcula a taxa de engajamento? O que constitui uma "visualização"? Tenho alguma nova mensagem de texto? O que é essa notificação do Twitter?

Um jeito de atrair o cérebro reptiliano e não ser eliminado pelo filtro é tornar tudo simples para o nosso público. Quando criamos conteúdo, deveríamos ter em mente uma meta específica e torná-la a mais simples possível para o público agir de acordo com aquela meta. Em geral, só queremos engajamento — curtidas, compartilhamentos e assim por diante. Às vezes, queremos que as pessoas assistam a um vídeo ou cliquem num artigo. Manter as ações específicas em mente durante o processo de desenvolvimento simplifica o processo de consumo. E, quando desenvolvemos conteúdo com ações específicas em mente, devemos medir como esse conteúdo está cumprindo a meta.

A riqueza de dados que recebemos das principais plataformas sociais é valiosíssima quando usada corretamente, mas é comum que falte às equipes de criação a habilidade e os recursos necessários para extrair esse valor. Esse problema aumenta com as versões "simples" e relativamente obscuras de análise que nos são oferecidas pelos *dashboards*, os painéis de controle das plataformas sociais, nas quais geralmente não há nenhuma noção prática. Para fazer uso real dos dados que nos são fornecidos, precisamos isolar algumas métricas de sucesso principais. Quando identificamos exatamente o que significa sucesso nos diversos tipos de conteúdo, temos um caminho muito mais claro para medi-lo.

Em geral, é simples escolher os KPIs — os indicadores-chave de desempenho. O que queremos que uma postagem faça? É importante conectar os KPIs adequados a diversos tipos de conteúdo, em vez de simplesmente medir tudo com a métrica enlatada da "taxa de engajamento" fornecida pela maior parte das plataformas sociais. Nas minhas equipes, em geral separamos três a cinco KPIs voltados para tipos diferentes de postagem. Quando publicamos conteúdo voltado para promover engajamento, usamos a taxa de engajamento alternativa citada no Capítulo 2, que chamamos de nossa "taxa de engajamen-

Cinco princípios para maximizar o engajamento

to verdadeiro" porque só mede ações que contribuíram para o alcance conquistado. No conteúdo em vídeo, olhamos primariamente as métricas de visualização e usamos a mesma métrica do "engajamento verdadeiro" como KPI secundário. Nas postagens que visam a popularizar promoções ou ofertas para aumentar as vendas ou conversões online, procuramos a taxa de cliques (*click-through rate* ou CTR) como métrica de sucesso direcional. Para objetivos mais no fundo do funil, a maioria dos anunciantes estabelecidos instalaram sistemas de medição muito mais robustos do que a simples CTR, mas, a não ser que esses sistemas estejam profundamente integrados ao nosso processo de otimização social, os relatórios mais profundos costumam ser mais lentos do que os encontrados nas análises das mídias sociais. Do mesmo modo, o conteúdo voltado ao engajamento geralmente é medido por estudos de terceiros para entender o efeito sobre a favorabilidade da marca, a sua afinidade, relevância etc. Esses estudos são uma parte importante de nossa pauta de aprendizagem mais ampla como marca, mas são lentos demais para nos ajudar a determinar qual das cinco postagens da semana deveria ser amplificada pela mídia paga.

Os KPIs que escolhermos não precisam ser perfeitos. Só precisam alinhar as nossas equipes de estratégia, criação e comunidade em torno de como seria o sucesso. Ao isolar uma ou duas métricas principais para tipos específicos de conteúdo, esclarecemos o sucesso para todos e habilitamos a aprendizagem mais profunda em nossos ciclos de conteúdo. Com muita frequência, as conversas criativas sobre mídias sociais presumem determinadas metas sem afirmá--las de forma explícita. Em geral, falamos de quanto "engajamento" as postagens recebem, sem realmente definir o que queremos dizer. Certas ações são mais valiosas para nós do que outras? Se tivéssemos de escolher uma métrica em que gostaríamos de ter sucesso, qual seria? Esse processo pode parecer totalmente óbvio e redundante, mas embutir essas metas no processo criativo social e medir aquela peça criativa dessa maneira provocará *eurecas* mais frequentes e profundos para todos os envolvidos.

Os principais indicadores de desempenho correspondentes aos diversos tipos de conteúdo deveriam ser embutidos diretamente na estratégia social da marca — o arcabouço no qual fazemos o trabalho de criação. Ao revisar o trabalho criativo social, o tipo de postagem e o seu KPI deveriam ser explicitados. A postagem deve promover engajamento? Compartilhamento? Cliques para visitar um site? Conversas? Arquivos baixados? Visualizações? Além de ajudar a guiar o *feedback* de todos, isso nos permite avaliar o conteúdo em comparação com aquelas metas. A postagem que deveria promover compartilhamento teve sucesso no engajamento geral mas falhou em incentivar o repasse? Que tipo de engajamento ela gerou? Que postagens realmente conseguiram promover o compartilhamento? E, se compararmos as duas lado a lado, que diferenças notamos?

Embutir esse pensamento analítico no processo criativo social é estranho à maioria dos criadores tradicionais de anúncios, mas é um benefício exclusivo que só as redes sociais oferecem. As revisões analíticas também podem ser divertidas. A publicidade tradicional treinou as equipes de criação para buscar prêmios do setor em vez de desempenho real, mas, quando uma postagem social consegue ultrapassar um KPI, vale a pena comemorar! A mesma dose de dopamina que recebemos quando as nossas postagens pessoais recebem curtidas se aplica ao processo criativo das marcas. E, quando comemoramos essas vitórias, começamos naturalmente a procurar o que foi responsável por promover o sucesso. Crie recompensas para as equipes que ultrapassarem as expectativas, faça barulho quando comemorar vitórias e tente melhorar a cada ciclo de desenvolvimento de conteúdo analisando o que promoveu o sucesso anterior.

5. MANTENHA A CONSTÂNCIA E A PROPRIEDADE DA IMAGEM

Steve Buscemi desce o corredor de uma escola de ensino médio com um boné virado para trás, uma camiseta de rock e um skate pendurado no ombro. Ele se aproxima de um grupo de alunos e pergunta:

Cinco princípios para maximizar o engajamento

"Como vão, colegas?" Não consegui os direitos para incluir aqui a foto de Steve Buscemi, mas, se você não o conhece, ele talvez seja a celebridade com menos aparência adolescente do planeta. Essa cena de quatro segundos do programa *30 Rock* foi considerada pelo Reddit a metáfora perfeita das marcas que participam das mídias sociais. Uma comunidade extremamente ativa no Reddit chamada r/FellowKids descreve as marcas que tentam com desespero se encaixar no mundo das mídias sociais.

Um momento tradicional da r/FellowKids é quando o seu banco lhe manda informações pelo Twitter usando emojis e hashtags. Ou quando o restaurante do bairro pendura um cartaz com "LOL" e "OMG" escrito. A comunidade r/FellowKids coleciona indícios de marcas que perderam a voz em busca de engajar o público jovem. Mas nem todas as postagens da comunidade são ruins; quando acertam na cultura memética da internet, as marcas vão parar no topo da r/FellowKids. Seria enganoso não mencionar aqui outra vez as lanchonetes Wendy's, porque a comunidade homenageia regularmente as postagens da marca. A Wendy's tem um pendor para se incorporar tão bem à cultura da internet que o seu conteúdo chega quase ao meta-humor — piadas *sobre* as piadas internas da internet.

Talvez uma das marcas mais inesperadas a aparecer positivamente no r/FellowKids seja a Brita. Isso, a marca da jarra d'água que você usava na faculdade para filtrar vodca porque o seu amigo disse que tiraria o gosto. Não? Só eu? Seja como for, a Brita criou uma série de anúncios no Reddit inspirados num meme da internet chamado "*starterpacks*". O *starterpack* é uma coleção de fotos de arquivo, resultados em baixa resolução de imagens do Google e/ou frases simples que reproduzem o estereótipo de uma pessoa ou situação. Um *starterpack* de "Todo restaurante italiano barato" tem imagens da estátua de um cozinheiro italiano gorducho, toalhas de mesa de xadrez vermelho e branco, um cesto de vime cheio de pão de alho sobre papel encerado, um moedor de pimenta-calabresa e um recipiente de queijo parmesão ralado.[7] A Brita criou uma série de *starterpacks*, como "Estou tentando poupar agora", que mostrava uma pessoa debruçada no fogão, um celular antigo, um carro velho, o formulário de um site de busca de emprego mostrando expectativa de salário alto e, é claro, uma jarra Brita.[8] O título dizia: "*Starterpack* 'Estou tentando poupar agora' de seus amigos da Brita (r/FellowKids, chegamos!)".

Inevitavelmente, a comunidade capturou a tela, discutiu os anúncios e pareceu genuinamente surpresa porque a Brita sabia deles — "Droga, nos acharam", "Eles estão se tornando autoconscientes". Mas a Brita não tinha terminado; depois da onda inicial de discussões na comunidade r/FellowKids, a Brita criou um novo anúncio no Reddit. Não era outro *starterpack*. A Brita coletou mais de cem capturas de tela de postagens de usuários do Reddit na r/FellowKids, pôs todas num álbum e escreveu: "Uau. Reddit! Mais de 100 postagens em r/Fellowkids e ainda não acabou, estamos lisonjeados. Lembre-se de encher sua Brita, todo esse azedume vai dar sede!".[9] Essa combinação de se inserir autenticamente na cultura memética da internet com um tom um pouquinho autodepreciativo e não se incomodar com postagens orgânicas um tanto azedas colheu uma quantidade enorme de atenção inesperadamente positiva numa das comunidades mais críticas do Reddit quando se trata de conteúdo de marcas.

Nem toda marca consegue — ou deveria — se integrar na cultura memética da internet. Mas, como examinamos, toda marca pode aprender lições de formatação de conteúdo a partir do que a torna organicamente popular online. O contrapeso de aproveitar máquinas de memes populares é que o conteúdo final precisa ser reconhecido como pertencente à marca. Fazer uma postagem popular numa rede social é ótimo, mas, do ponto de vista do marketing, só vale a pena se for atribuída à marca. O nosso conteúdo social deveria se esforçar para ser o mais engajador possível dentro do arcabouço do posicionamento e da estratégia mais amplos da marca.

Há maneiras simples de assegurar que o conteúdo continue rastreável até a marca: usar tipologia coerente com a marca, manter-se fiel à voz da marca, incluir logotipos relativamente sutis dentro do conteúdo e garantir que o conteúdo postado seja realmente relevante para a marca. Deveríamos assegurar que o conteúdo em si esteja plenamente encapsulado, e isso inclui a atribuição à marca. A marca deveria estar embutida na própria máquina de memes.

PRINCIPAIS LIÇÕES

- O conteúdo que agregar valor à experiência dos usuários promoverá engajamento e compartilhamento constantes.
- As máquinas de memes que usamos para incorporar a mensagem da marca devem visar transmitir a mensagem da forma mais eficiente e com menos atrito possível.
- A incorporação de elementos narrativos sutis no conteúdo o torna mais memorável e mais capaz de promover identificação.
- Crie conteúdo tendo em mente uma ação desejada específica e mantenha o foco nessa meta em todo o processo de desenvolvimento criativo.
- Equilibre a otimização para o engajamento com o ponto de vista coerente da marca para permitir inovações e manter uma base estratégica.

PARTE II
O MAL-ESTAR NAS MÍDIAS SOCIAIS

CAPÍTULO

4

VESTIR OS NOSSOS MEMES
O Eu ideal, o Eu controlado e o Eu verdadeiro

Em 2014, uma aluna holandesa de design gráfico chamada Zilla van den Born tirou férias de cinco semanas no sudeste da Ásia.[1] Como a sua geração costumava fazer em 2014, Born narrou as férias no seu perfil do Facebook. Ela postou o conteúdo que se tornara o padrão das férias: fotos de pratos exóticos, a entrada elegante do hotel, uma foto dela sentada ao lado de um monge num templo budista e o click de um mergulho com peixes tropicais. Parecia o tipo de férias que qualquer universitário ambiciona: um país estrangeiro, novas experiências, fotos idílicas e o capital social que vem de postar sobre cada uma dessas coisas. Quando as férias terminaram, Born contou algo chocante. Na verdade, ela nunca saiu da cidade.

Os pratos foram fotografados em restaurantes tailandeses locais. Ela decorou o quarto para parecer o saguão de um hotel usando lençóis e lâmpadas de Natal. O templo budista na verdade ficava em Amsterdam, onde ela morava. Ela mergulhou na piscina do condomínio e acrescentou ao fundo alguns peixes de aparência tropical, aproveitando a formação em design gráfico. A falsa aventura de Born chamou a atenção internacional e, quando lhe perguntaram por que se dera ao trabalho de fingir as férias, ela respondeu: "Fiz isso para mostrar às pessoas que filtramos e manipulamos o que mostramos nas mídias sociais e que criamos um mundo *online* que a realidade não alcança mais. A minha meta foi provar que é fácil e comum distorcer a realidade. Mas geralmente não percebemos que também manipulamos a realidade na vida".

Existe uma ideia popular de que as mídias sociais expõem o fanfarrão que existe dentro de cada um de nós — que aproveitamos a oportunidade para enganar a família, os amigos e os seguidores para que pensem que a nossa vida é melhor do que é. Essa é uma visão terrivelmente sinistra da humanidade, e não acho que seja tão insidiosa, ainda que as mídias sociais realmente distorçam a realidade. As redes sociais são estruturadas de modo a nos dar espaço para nos exprimirmos de várias maneiras. Em muitas dessas redes, isso significa que criamos um perfil que corresponde à nossa identidade na vida real: usamos o nosso nome verdadeiro, compartilhamos fotos reais nossas e da nossa vida e nos conectamos com pessoas que conhecemos.

Quando nos apresentam uma estrutura assim, a tendência a postar os pontos altos da vida é natural. Em vez das características físicas que nos definem na vida fora da internet, só temos os memes que compartilhamos para nos definir. Os memes que vestimos nas redes sociais — as coisas que dizemos, o conteúdo que publicamos, os vídeos que compartilhamos — se parecem com roupas digitais. Talvez nem sempre façamos uma escolha consciente e extremamente intencional, mas os nossos memes nos definem nos grupos sociais. Os perfis nas mídias sociais em que somos descaradamente o nosso eu *offline* agem como catálogos da nossa vida, e é natural selecionarmos os momentos positivos, as lembranças importantes e outros conteúdos e culturas que queremos que nos definam.

O Eu ideal, o Eu controlado e o Eu verdadeiro

Mesmo que esse efeito de "melhores momentos" não seja intencional da nossa parte, há consequências psicológicas reais de ver o mundo por um filtro desses. Muitos psicólogos acreditam que há um vínculo causal demonstrável entre o uso intenso das mídias sociais e a ansiedade e a depressão.[2] Embora possa nos parecer excessivamente alarmista, vale notar que as mídias sociais são novíssimas na cronologia humana. Os biólogos evolutivos estimam que os seres humanos modernos existem há uns 260.000 a 350.000 anos.[3] As mídias sociais existem há vinte. Se toda a existência humana fosse um filme, as mídias sociais teriam cerca de meio segundo de tempo de tela. O nosso cérebro e os mecanismos que evoluíram para a interação social não estão acostumados com esse novo fenômeno.

A internet é avassaladora para a parte social do cérebro. Durante a maior parte da existência humana, vivemos em tribos de 100 a 250 pessoas e, do mesmo modo, os antropólogos estimam que o número médio de "relacionamentos estáveis" que conseguimos manter é de cerca de 150 — o chamado número de Dunbar.[4] Ao estudar a vida social de diversos primatas, o antropólogo Robin Dunbar descobriu uma correlação entre o tamanho do cérebro do primata e o tamanho médio dos seus grupos sociais. *Spoiler*: os seres humanos têm o maior cérebro primata e o maior número de relacionamentos estáveis. Isso não é dizer que, em média, uma pessoa só consiga se lembrar de outras 150. Como Dunbar explica, esse é "o número de pessoas com quem você não teria vergonha de se sentar sem ser convidado para beber se as encontrasse num bar". Se essa for realmente a definição de relacionamento estável, o meu número mais provável é 2, e um deles é a minha gata (amo você, Matilda).

Comparemos o número de Dunbar com a média dos perfis do Facebook em 2016: 155 conexões com amigos.[5] Em 2018, o usuário médio das mídias sociais também mantinha oito perfis sociais diferentes em vários sites.[6] Não é difícil ver que estamos forçando a nossa capacidade cognitiva social bem além dos limites. Temos muito mais "amigos" do que amigos. Principalmente quando usamos uma plataforma social em que somos identificados pelo nome na carteira de identidade, fazemos o equivalente evolutivo de espiar os vizinhos pela janela. Pelo menos, é assim que o nosso cérebro está programado para pensar. Temos vislumbres da vida das nossas conexões e, graças à já mencionada tendência de usarmos esses canais para selecionar os melhores momentos, enfrentamos num dilema complicado.

Conscientemente ou não, quando nos avaliamos nas mídias sociais, comparamos a nossa vida complexa, cheia de altos, baixos e intermediários, aos melhores momentos dos outros. Em termos evolutivos, fomos treinados para nos avaliar em relação aos vizinhos porque assim podemos aprender informações úteis. Se o nosso vizinho tiver muito mais sucesso do que nós na plantação, é útil espiarmos para descobrir o que ele faz de um jeito diferente. Ou, mais precisamente em termos evolutivos, as pessoas que espiavam para ver como os vizinhos plantavam tinham mais probabilidade de sobreviver do que os que não espiavam.

As pessoas com mais consciência social se afinam melhor com o seu grupo, e a tendência dos seres humanos à sociabilidade é considerada uma característica importante que nos dá vantagem competitiva contra os predadores e os outros primatas. Os nossos parentes evolutivos mais próximos, os neandertais, eram mais fortes do que nós, criaram ferramentas antes de nós e tinham o cérebro maior do que o nosso. Mas a teoria predominante para explicar por que os neandertais se extinguiram há uns 40.000 anos gira em torno da capacidade humana de sociabilidade e coordenação. Alguns pesquisadores sugerem até que a domesticação dos lobos pelos seres humanos, justificadamente um aspecto de sociabilidade entre espécies, também teve papel importante para nos dar vantagem sobre os neandertais.[7] Temos aguda consciência da nossa comunidade mais ampla e de como nos encaixamos nela; essa é uma parte fundamental do nosso modo de pensar.

Assim, quando as mídias sociais nos dão essa nova janela para a vida dos vizinhos e esses vizinhos publicam exclusivamente os melhores momentos da sua vida, é fácil concluir que somos menos bem-su-

O Eu ideal, o Eu controlado e o Eu verdadeiro

cedidos, menos atraentes, menos felizes e assim por diante. Ironicamente, expor-se o tempo todo a esses melhores momentos tem efeito negativo comprovável sobre a nossa saúde mental. A depressão em jovens aumentou até 70% nos últimos 25 anos, de acordo com um estudo recente do Reino Unido, e alguns pesquisadores apontam as mídias sociais como causa.[8,9] O mesmo estudo mostrou que 63% dos usuários do Instagram disseram se sentir péssimos depois de usar a plataforma, mais do que qualquer outra plataforma de mídia social.[10] Esse estudo acertou algo que muitos estudos de mídias sociais não acertam: ele estratificou o efeito das diversas plataformas.

Há um corpo crescente de pesquisas sobre o modo como as mídias sociais afetam a saúde mental, mas muitos deles englobam todos os sites e aplicativos que tenham *feed* na categoria de "mídia social". O modo como as mídias sociais afetam o cérebro é um território de pesquisa importantíssimo, mas as nuances da diferença de estrutura dessas redes revelam diferenças significativas do comportamento e da mentalidade dos usuários. Na verdade, um estudo realizado pela Universidade de Utah mostrou que as pessoas com transtornos mentais graves — bipolaridade, esquizofrenia e depressão — melhoraram ao participar de comunidades do Reddit sobre esses tópicos.[11] Ao analisar as dimensões linguísticas, como emoção positiva, emoção negativa e tristeza, os pesquisadores observaram que a linguagem usada pelos participantes melhorou de forma significativa em 9 de 10 categorias num período de sete anos. Os deprimidos que participaram da comunidade r/Depression ficaram menos deprimidos.

Como uma comunidade cheia de gente deprimida provoca aumento tão drástico da emoção positiva, enquanto redes sociais cheias de beleza e positividade, como o Instagram, deixam os usuários deprimidos? A minha teoria é que o conteúdo real do *feed* social é apenas uma pequena parte da equação. O mais importante é a mentalidade das pessoas que visualizam esse *feed* e a sua relação com os memes com os quais interagem. Embora haja uma grande faixa de variáveis que diferenciam as plataformas sociais entre si, duas são previsores fundamentais da mentalidade do usuário: primeiro, como os usuários se identificam na rede social e, segundo, como se conectam com as outras pessoas. Esses fatores, além de determinar a mentalidade do usuário, também ditam que tipo de meme reverbera neles. No marketing, tendemos a falar que os usuários do Facebook são diferentes dos usuários do Twitter, que são diferentes dos usuários do LinkedIn. Mas em geral subestimamos o fato de que, quando se fala de um usuário do Facebook, um usuário do Twitter e um usuário do LinkedIn, é bem possível que estejamos falando do mesmo ser humano no outro lado da tela. A diferença entre esses espaços é psicológica; em geral, as populações não são separadas. Entre as pessoas do 4chan, provavelmente a maioria tem conta no Facebook. Só que agem de forma muito diferente no 4chan. Ou pelo menos a maioria delas.

A IDENTIDADE E AS CONEXÕES SOCIAIS CONFIGURAM A MENTALIDADE ONLINE

Só olhando essas duas variáveis, identidade do usuário e conexão, podemos criar um modelo que explica a ampla diversidade de mentalidade e comportamento dos usuários de toda a internet. Vamos começar com a identidade *online*. O modo como nos identificamos *online* tende a uma das seguintes categorias: nos identificamos com o nosso eu *offline* ou participamos de forma anônima. Quando usamos o nome do documento de identidade, compartilhamos fotos nossas e, em geral, nos comportamos de um jeito que, para nós, parece coerente com o que os outros sabem de nós fora da internet, nos identificamos com o nosso eu *offline*.

A anonimidade pode ser um pouco mais complexa, porque há maneiras diferentes de ficarmos "anônimos". No 4chan, somos realmente anônimos; não temos nome de usuário nem informações que nos identifiquem ligadas às postagens. Nos videogames, nos fóruns *online* e em plataformas como o Reddit, tendemos a participar com pseudônimos; criamos nomes de usuário que podem ser considerados personas alternativas, mas que tendemos a usar por longos períodos. Em plataformas como o Blind, um aplicativo que permite discurso "anônimo" entre as pessoas dentro de uma empresa ou organização específica, criamos mais uma vez um nome de usuário sem relação com o nosso nome real, mas temos uma camada a mais de contexto: todos com quem interagimos fazem parte da mesma entidade. Embora tenda a se estratificar de maneira diferente e nuançada, a anonimidade traz aos usuários um valor constante: liberdade.

O segundo fator importante para entender como a mentalidade muda entre as redes sociais é de que modo as pessoas se conectam entre si. Em redes como Facebook e Snapchat, em geral só nos conectamos a pessoas que conhecemos fora da internet. Em redes como Instagram e Twitter, várias das nossas conexões podem ser as mesmas do Facebook, mas com um toque diferente. Também temos capacidade de nos conectar com grande quantidade de gente que não conhecemos por meio de mecanismos como as *hashtags* e a descoberta de conteúdo. Finalmente, as redes como o Reddit não se organizam de modo nenhum em torno das nossas conexões *offline*; em vez disso, nos conectamos por interesses, ideias ou paixões em comum.

Esses modos diferentes de conexão entre as pessoas podem transformar completamente o nosso comportamento e determinar o tipo de meme que vai reverberar conosco. O tipo de meme com que alguém se engaja num espaço anônimo pode ser completamente diferente dos memes que reverberam em espaços onde elas apresentam o seu eu *offline*. Como anunciantes e comunicadores, podemos atingir a pessoa certa no lugar errado — ou descobrir que uma pequena reformulação da mensagem para se adequar a esses diversos espaços promove uma ressonância ordens de magnitude maior.

NO MODELO DE FREUD, A MENTE SE COMPÕE DE ID, EGO E SUPEREGO

A interseção entre esses dois elementos fundamentais da estrutura da rede social captura um modelo que, provavelmente, vai soar um tanto familiar para os estudantes de psicologia. No livro *O mal-estar na civilização*, Sigmund Freud, pai da psicanálise, propôs um modelo da mente representado com frequência como um iceberg (Figura 4.1). Assim como 90% do iceberg está submerso, abaixo da linha d'água, Freud afirmava que 90% do funcionamento da mente é inconsciente. Antes dele, a maioria não acreditava que houvesse algo como o pensamento subconsciente. Numa ideia radical para a época, Freud propôs que, na verdade, a mente única é composta de forças psicológicas diferentes e, às vezes, incompatíveis. Ele chamou os nossos impulsos e desejos, geralmente inconscientes, instintivos e sem filtro, de Id. Como criaturas sociais que vivem em sociedades complexas, também internalizamos as regras culturais aprendidas, que se tornam a nossa consciência e residem no que Freud chamou de nosso Superego. E,

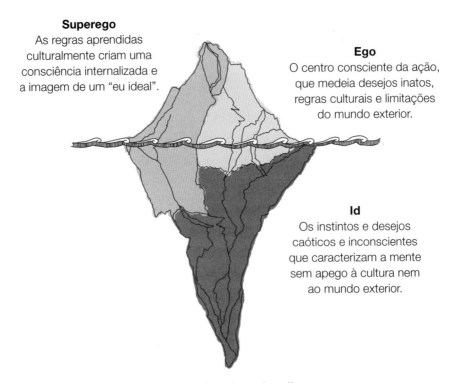

FIGURA 4.1 **O iceberg freudiano**

O Eu ideal, o Eu controlado e o Eu verdadeiro

para mediar os desejos instintivos, os ideais culturais e as limitações impostas pelo mundo físico, desenvolvemos o que Freud chamou de nosso Ego.

Embora a psicologia moderna não seja muito gentil com Freud, as suas ideias mudaram o mundo e o modo como nos entendemos nele. Além de o conceito de "mente inconsciente" ser considerado ridículo antes dos seus textos, Freud também é visto como o pioneiro da terapia como prática — "a cura pela fala", como ele dizia.[12] Freud foi o primeiro a cunhar a palavra "Ego", "eu" em latim, que hoje usamos para descrever o aspecto autoconsciente de nós mesmos. Nas palavras do psicólogo evolucionista Dr. Jordan B. Peterson, "Freud criou o campo da psicanálise e, com ele, a investigação rigorosa do conteúdo do inconsciente. Os psicólogos modernos gostam de depreciar Freud, e acho que há uma razão para isso. As noções fundamentais de Freud foram tão valiosas e profundas que a nossa cultura as absorveu imediatamente, e agora parecem tão evidentes que só o que restou de Freud foram os seus erros".[13]

O modelo de Freud permanece inigualável, pois, ao contrário de boa parte da psicologia e da neuroanatomia modernas, ele pretendia descrever a mente, não o cérebro. Os componentes do modelo de Freud — Id, Ego e Superego — correspondem a fases diferentes do desenvolvimento mental e das forças psicológicas resultantes. O Id é a mente caótica, geralmente inconsciente e baseada nos instintos, com que nascemos. Quando bebês, existimos apenas como Id; somos movidos por instintos e desejos, sem nenhuma noção real de "eu" separado do mundo. O Ego se forma quando os desejos do Id encontram as limitações impostas pelo mundo real. Quando começamos a formar uma noção de eu claramente diferenciado do mundo exterior, o nosso Ego se torna o centro de ação consciente. O Superego é a camada de desenvolvimento final e incorpora as regras culturalmente aprendidas. Dentro do Superego, existe uma visão do nosso eu ideal e da nossa consciência. A consciência mede as ações do Ego em comparação com essa personificação do eu ideal, com o que aprendemos que constitui uma boa pessoa. Quando não agimos de acordo com o nosso eu ideal, sentimos culpa. Em geral, os desejos instintivos do Id e as regras culturais do Superego entram em conflito, e o Ego fica em estado constante de moderação entre os dois.

O ID, O EGO E O SUPEREGO SE MANIFESTAM EM TIPOS DIFERENTES DE REDE SOCIAL

Tendemos a ocupar uma das três personas essenciais quando interagimos *online*, e essas personas têm correlação com a estrutura freudiana. O tipo de persona que vestimos está intimamente ligado aos dois fatores da estrutura da rede social: como nos identificamos e como nos conectamos. Quando nos engajamos com o nosso eu *offline* e estamos conectados exclusivamente às pessoas que conhecemos fora da internet, como fazemos no Facebook e no Snapchat, manifestamos o nosso Ego — versões controladas de nós mesmos (Figura 4.2). Prestamos muita atenção ao modo como nos comunicamos sobre nós, porque tudo o que dizemos ou fazemos tem correspondência biunívoca com o modo como as pessoas nos verão *offline*. Nós nos engajamos com conteúdo e interesses que sejam confortáveis de "vestir" publicamente para que todos os nossos amigos vejam, e por boas razões. A maioria de nós sabe que até curtir uma postagem do Facebook tem o potencial de criar uma história no *feed* dos nossos amigos e que tudo o que fazemos nesse espaço está exposto ao público. Sabemos que publicar algo ofensivo ou controvertido numa rede social controlada é como berrar aquilo numa reunião de família ou no bar com amigos.

Também temos consciência de que o nosso público — os amigos com quem estamos conectados — tem gostos, ideologias, opiniões específicas, e assim por diante. Sabemos que tipo de postagem gerou *feedback* positivo no passado e que tipo não gerou. Gostamos das curtidas. As redes do Ego também tendem a nos selecionar *feeds* específicos; ninguém no mundo tem o mesmo *feed* que nós. No espaço do Ego, estamos num modo de autorrepresentação, mas, em vez de usar a

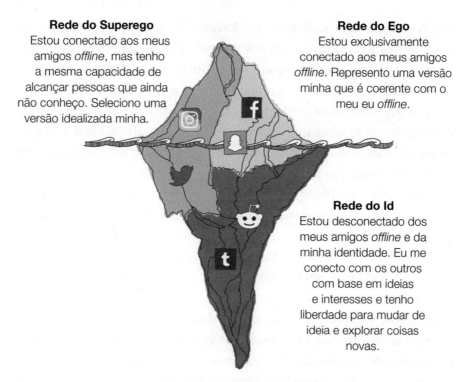

FIGURA 4.2 **Iceberg das mídias sociais**

camiseta da nossa banda favorita, curtimos as postagens dessa banda. Em vez de um adesivo político no para-choque do carro, compartilhamos a campanha dos nossos candidatos. Não contamos à nossa rede a história das nossas férias. Publicamos as fotos e marcamos os amigos. Consolidamos a nossa identidade *online* para as pessoas que conhecemos *offline*.

Em plataformas como Twitter e Instagram, novamente é provável participarmos como o nosso eu *offline*, mas há uma mudança de mentalidade significativa que vem do potencial de estarmos expostos a milhões de pessoas que não conhecemos. É a diferença entre gravar uma selfie boba em vídeo que você mandaria aos amigos e um vídeo que pode ser transmitido pela televisão nacional. Esse é o espaço do Superego, do eu ideal, onde podemos ter conexões com os mesmíssimos amigos que tínhamos no Facebook, mas onde podemos ser descobertos pelo número aparentemente infinito de pessoas que ainda não conhecemos. No espaço do eu ideal, nos filtramos um pouco mais, tentamos ser um pouco mais sagazes e selecionar melhores momentos especialmente brilhantes. Os nossos amigos do Facebook podem muito bem saber que choveu cinco ou seis dias na nossa viagem ao Havaí, mas isso não vai nos impedir de publicar no Instagram uma foto glamurosa de praia como lembrança das férias.

Em geral, as redes do Superego são hierárquicas. A reputação social é tudo. Contagem de seguidores, engajamento com postagens, fotos de perfil elegantes e retuítes influentes são os marcadores primários de onde estamos na hierarquia social. Em muitas redes do Superego, do eu ideal, nem temos amigos; temos seguidores. Esses relacionamentos de mão única promovem um tipo diferente de autorrepresentação emergente. Ao contrário das redes do Ego, em que nos ligamos exclusivamente às pessoas que nos conhecem *offline*, no espaço do Superego o nosso dever perante os nossos seguidores é nos apresentar de maneira atraente e interessante, mesmo que às vezes isso signifique maquiar as coisas. Somos mercenários sociais, seguindo as pessoas com quem queremos nos associar e torcendo que aqueles com quem não queremos nos sigam mesmo assim.

Isso não é dizer que todas as contas do Twitter ou do Instagram sejam manifestações do eu ideal de alguém. Quando lidamos com tópicos ultracomplexos como a identidade pessoal, buscamos semelhanças gerais na média dos usuários. O Twitter e o Instagram também abrigam representações significativas da cultura memética, da trolagem *online*, das conversas baseadas em interesses e de outras marcas registradas da internet anônima. Isso tem a ver com a variabilidade individual e a funcionalidade do site. Tecnicamente, *podemos* ser anônimos no Facebook também, mas, como o Facebook exige a conexão com amigos para usar a imensa maioria da sua funcionalidade, esses usuários anônimos simplesmente não têm muito o que fazer. No entanto, os usuários anônimos do Twitter e

O Eu ideal, o Eu controlado e o Eu verdadeiro

do Instagram têm muito espaço para participar de conversas, mobilizar tendências, provocar dramas e assim por diante. Podemos até considerar os *trolls* do Twitter e do Instagram mais problemáticos do que os *trolls* do espaço anônimo, porque o campo de jogo não é bem nivelado. Quando os usuários do 4chan se agridem entre si com insultos ofensivos, os dois lados são anônimos e, assim, têm interesse igual no resultado — pouquíssimo, se souberem o que é bom para eles. Os *trolls* anônimos do Twitter têm uma torrente interminável de oportunidades para interagir com quem investiu parte ou toda a sua identidade nos apelidos.

Embora, sem dúvida, a anonimidade tenha carregado o grosso do discurso sobre segurança *online*, o espaço anônimo pode ser extremamente construtivo e saudável para as pessoas. Sem um eu *offline* para representar, as pessoas ficam livres para ser expressivas e espontâneas. Esse eu sem filtro é uma encarnação do Id. As redes do Id são aquelas em que os usuários estão desconectados do eu *offline* e se organizam em torno dos seus interesses e paixões em vez das conexões *offline*. Redes como Reddit, Tumblr, Imgur, Twitch e até o 4chan são exemplos de redes do Id, onde as pessoas ficam mais livres para se exprimir, explorar ideias e interesses novos que (ainda) não estão dispostos a usar no mundo *offline* e descobrir comunidades cheias de gente com interesses semelhantes.

Nas redes do Id, buscamos conteúdo engraçado, cativante, divertido ou interessante *para nós* — não versões representativas de nós mesmos. Podemos discutir assuntos tabus sem nos preocupar com o que os nossos amigos e parentes vão pensar. Temos liberdade para explorar novos tópicos e *hobbies* que despertem o nosso interesse, mas que não são necessariamente coisas que usaríamos para nos apresentar aos outros. Ficamos num estado que alguns psicólogos chamam de *curiosidade epistêmica* — um estado agradável de curiosidade com expectativa de recompensa.[14] A "recompensa" que recebemos é aprender algo novo ou tropeçar num conteúdo divertido e inusitado que não esperávamos necessariamente.

Ao contrário das redes do Ego e do Superego, as do Id tendem a priorizar *feeds* comunitários e não individuais. Em plataformas como o 4chan, não há *feed* personalizado oferecido a usuários individuais; os indivíduos simplesmente visitam os *boards* que mostram as postagens mais recentes dos colegas de comunidade. O Reddit oferece aos usuários um *home feed* personalizado com base nas comunidades de que o usuário participa. Embora esse *feed* seja personalizado para cada usuário, o conteúdo depende das curtidas (votos) da comunidade, não dos perfis individuais. A estrutura fundamental do Reddit se baseia nas comunidades, que exibem o mesmo conteúdo para todos os membros.

Essas experiências compartilhadas geram um senso de comunidade que realmente diferencia as redes do Id das outras plataformas de mídia social. Por mais anti-intuitivo que pareça, os usuários anônimos do Reddit se sentem profundamente conectados uns com os outros e com a plataforma onde estão de um jeito que não é comum nos usuários de redes baseadas em identidade. Os úsuários do Reddit se descrevem como "Redditors", mas os usuários do Facebook nunca se identificam como "Facebookers". Essa sensibilidade comunitária permite conversas construtivas e nuançadas entre pessoas com pontos de vista muito diferentes; como estão desconectados das suas identidades *offline*, em geral os usuários têm a mente mais aberta a ideias e informações novas. É mais fácil mudar de ideia quando não tem ninguém olhando.

Para quem não conhece, o Reddit é uma verdadeira maravilha da estrutura comunitária *online*. Além de identificar a plataforma em geral como uma comunidade, o Reddit também pode ser caracterizado como uma rede de comunidades individuais chamadas "subreddits" que voam sob a bandeira Reddit. Cada comunidade é gerida por uma equipe de moderadores voluntários, que criam e impõem as regras específicas de cada uma, como o que pode ou não ser publicado, o modo de intitular as postagens, qual o comportamento recomendado e que tipo de informação é proibida. Como disse um Redditor, "acrescento 'Reddit' em toda busca que faço no Google, porque confio mais em vocês do que em outros desconhecidos".[15] Essa postagem gerou mais de 35.000 curtidas líquidas (no Reddit há o *upvote*, curtida, e o *downvote*, descurtida) e continua a ser uma das mais importantes da comunidade r/ShowerThoughts. Como referência, o "shower thought" — "pensamento de chuveiro" — é descrito pela comunidade como "aquelas epifanias em miniatura que dão destaque às esquisitices dentro do conhecido".

É claro que a internet anônima também tem os seus espinhos. Como as comunidades *offline*, as *online* podem ser problemáticas. Em geral, o comportamento questionável nas redes do Id, anônimas e baseadas em comunidades, se manifesta de maneira muito diferente das redes do Ego ou do Superego, baseadas na identidade. Enquanto as *fake news* infestam as redes sociais baseadas na identidade, as comunidades anônimas tendem a ser mais resilientes, graças à natureza comunitária das conversas nas redes do Id. No entanto, quando pega numa comunidade da rede do Id, a ideia indesejável também tem potencial para se mobilizar em maior escala e com mais velocidade do que nas redes baseadas na identidade. Quando algumas fotos de nudez de celebridades vazaram em 2014, evento apelidado pela internet de "The Fappening", as pessoas postaram sobre os vazamentos no Twitter, no Instagram, no Facebook e em praticamente todas as outras redes sociais baseadas em identidade.[16] Mas foi o 4chan que começou a popularizar as imagens, e uma comunidade do Reddit chamada r/TheFappening logo se tornou um centro de atividade, conversas e compartilhamento de conteúdo sobre o evento. A comunidade r/TheFappening já foi banida, mas a coordenação das redes do Id permitiu que essas fotos vazadas viralizassem em escala muito maior do que se tivessem se limitado apenas às redes baseadas na identidade.

O ecossistema das mídias sociais é vasto e complexo. O grito de guerra lançado contra o "consumo impensado" dos usuários de mídias sociais se tornou uma caricatura de si mesmo. As mídias sociais não são simples, nem as forças motrizes que nos forçam a participar. Embora sem dúvida sejam viciantes, as mídias sociais são movidas pela nossa natureza profundamente enraizada de criaturas sociais. Em média, o usuário de mídias sociais tinha 8,5 perfis diferentes em vários sites em 2018, e esse número era 8 em 2017 e 7,6 em 2016.[17] Se as mídias sociais fossem um simples veículo de consumo impensado, esperaríamos que os perfis se consolidassem, mas o contrário está acontecendo. Por quê? As diversas estruturas de rede social satisfazem necessidades sociais e psicológicas diferentes para nós. As redes do Ego nos permitem solidificar a conexão com a tribo e nos definir para o grupo de gente que nos conhece fora da internet. As redes do Superego nos permitem exprimir o eu que um dia esperamos ser — o eu que mais queremos apresentar ao mundo — e espiar os eus ideais dos outros. As redes do Id nos dão licença de explorar novos territórios, experimentar ideias e interesses novos e formar laços com aqueles que têm as mesmas paixões que nós.

Nos próximos capítulos, iremos mais fundo nas estruturas das redes do Id, do Ego e do Superego, o que as motiva e como as marcas vêm pendendo estrategicamente para o valor que as pessoas obtêm na participação em cada uma delas. Na Parte I, observei que agregar valor deveria ser nossa maior preocupação como profissionais de marketing que constroem marcas nas mídias sociais. Também mencionei que, embora simples, o problema de agregar valor para as pessoas nas mídias sociais é que redes sociais diferentes oferecem tipos diferentes de valor. Com o exame dessas diversas mentalidades essenciais para os dos usuários de mídias sociais, começaremos a entender exatamente como agregar valor verdadeiro a esses espaços *online* tão diferentes. Estaremos mais bem equipados para encontrar o nosso nicho e construir campanhas estratégicas escaláveis que gerem engajamento com o público de um modo que pareça natural e nativo do espaço. Examinaremos exemplos de engajamento com a marca, campanhas que vão da famosa conta das lanchonetes Wendy's no Twitter até a financeira Charles Schwab no Reddit e de que modo a fábrica de banquinhos de cócoras Squatty Potty conseguiu fazer as pessoas falarem de cocô no Facebook.

PRINCIPAIS LIÇÕES

- O modo como nos identificamos e como nos conectamos às pessoas caracterizam dois fatores importantíssimos para determinar a estrutura de uma rede social.
- Nas *redes sociais controladas*, relacionadas ao Ego de Freud, nos conectamos com os nossos amigos offline e nos identificamos com o nosso eu fora da internet. Apresentamos uma versão nossa coerente com a persona que vestimos offline.
- Nas redes do eu ideal, manifestamos o nosso Superego. Estamos conectados a alguns amigos offline, mas também podemos ser descobertos por uma rede de gente que não nos conhece. Representamos uma versão idealizada nossa.
- Nas redes do eu verdadeiro, ficamos desconectados do nosso eu e dos amigos de fora da internet. Nesse espaço do Id, temos a capacidade de explorar novos interesses e de nos expressar de maneiras talvez desconfortáveis nos espaços do Ego e do Superego.

CAPÍTULO

5

REPRESENTAÇÃO ONLINE DO EU OFFLINE
O Ego e o centro consciente da ação

O vídeo começa com o perfil de um homem sério e de voz suave, mas marcante.[1] Ele nos diz que já trabalhou fazendo retratos falados no Departamento de Polícia de San José. Depois, somos apresentados a uma mulher que descreve a sua experiência de não conhecer esse artista. Agora ele está sentado diante de uma prancheta num andar inteiro aberto, claro e arejado, de teto alto e mais janelas do que paredes. De lápis na mão, desenha algo que não conseguimos ver direito. À direita, um cortinado luxuoso de pano translúcido obstrui a visão de uma cadeira branca vazia. O vídeo corta para outra mulher que, presumivelmente, teve a mesma experiência enquanto anda rumo à cadeira branca. "Eu não via ninguém, mas eles podiam nos ver", diz ela. "Fale-me do seu cabelo", pede ele.

"Eu não sabia o que ele estava fazendo, mas aí percebi, depois de várias perguntas, que ele estava me desenhando", diz a primeira mulher. O que foi insinuado em cenas anteriores finalmente é explicitado pelo artista: "Quando completo o esboço, digo 'muito obrigado', e aí elas vão embora. Não vejo ninguém." O artista está retratando essas mulheres com base apenas na autodescrição. Descobrimos que o grupo de mulheres de quem ouvimos falar também volta ao estúdio uma segunda vez — mas, em vez de se descrever, elas descrevem uma das outras mulheres.

Mais ou menos no meio do vídeo de três minutos, os dois desenhos são mostrados à mulher representada. O artista explica: "Este é o desenho que você me ajudou a criar. E esse é o desenho quando alguém descreveu você." Quando revelados, o desenho autodescrito destaca falhas minúsculas e aspectos que causam vergonha, enquanto a versão descrita por outro participante parece mais fiel e bonita. Depois de *close ups* da reação das mulheres à revelação dos desenhos, uma delas diz: "Eu devia me sentir mais grata pela minha beleza natural." Então, o artista faz a pergunta que está no centro da campanha: "Você acha que é mais bonita do que disse?" Quase entre lágrimas, a mesma mulher responde: "Acho...", mas os seus olhos se afastam, e ela pausa, como se fosse fazer alguma restrição. No entanto, ela resolve enfatizar um "Acho" mais decisivo. O anúncio termina com uma frase simples: "Você é mais bonita do que pensa."

Se você ainda não estiver chorando, simplesmente não consegui fazer justiça; a campanha puxa magistralmente as cordas do coração. Há mais de uma década, a marca Dove tem um legado de defesa da "beleza real", e a primeira campanha da série foi lançada em 2004.[2] Do ponto de vista do marketing, o posicionamento é tão brilhante quanto salutar; num setor competitivo cheio de padrões de beleza extremamente estilizados, modificados e, em geral, inatingíveis, a marca Dove tomou a decisão ousada de abraçar as pessoas reais com corpos reais. Mas a razão de olharmos essa campanha não é apenas destacar o trabalho de identidade da marca; o anúncio *Real Beauty Sketches* gerou mais de 630.000 compartilhamentos no Facebook nos seus dez primeiros dias.[3]

O vídeo dura três minutos — cerca de dois minutos e 53 segundos mais do que o recomendado pelo Facebook para os seus anúncios. E isso incluindo um minuto e meio inteiro de preparação — o tema do vídeo só fica óbvio quando o narrador estabelece o arcabouço relativamente complexo. Precisamos entender que essas mulheres estão sendo desenhadas por um artista que faz retratos falados, que na verdade dois desenhos estão sendo produzidos — um baseado na autodescrição, outro baseado numa descrição de terceiros — e aí precisamos da base emocional de como as mulheres se descrevem comparado a como se descrevem umas às outras, e assim por diante. Não é um entendimento rápido. Rompe todas as "melhores práticas" que sou capaz de encontrar para criar campanhas digitais de sucesso, mas conseguiu promover um volume astronômico de alcance conquistado com base em compartilhamento orgânico. Então, por que deu certo?

Como marcas, é comum perdermos de vista um dos princípios mais importantes para promover engajamento no espaço social — principalmente nas redes do Ego, como o Facebook. Quando se engajam com um conteúdo de marca, as pessoas não têm intenção nenhuma de se comunicar conosco como marca. Na verdade, o que elas nos dizem é: "algo nessa marca e no seu conteúdo representa uma parte minha, e estou usando esse conteúdo para me expressar para os meus amigos." Quem compartilhou a campanha Dove Real Beauty Sketches não pensava no que o vídeo significava para a equipe de marketing da Dove. Pensou no que significaria para as suas conexões com amigos — e, mais especificamente, o que significaria, para as conexões com amigos, ver que o vídeo vinha dele ou dela.

A marca Dove entendeu muito bem que o seu público-alvo, presumivelmente mulheres da juventude à meia-idade, tinha uma determinada ideia da indústria da beleza — ou seja, que é falsa e prejudicial à saúde. Com a criação de um vídeo emotivo cuja mensagem se alinhava ao ideal predominante do público-alvo e, ao mesmo tempo, promovia a identidade da marca Dove, esse anúncio encontrou o verdadeiro ponto ideal da criatividade que incentiva o compartilhamento. As pessoas que se engajaram com a campanha diziam: "Ei, acho essa mensagem importante e a defendo diante dos meus amigos!" Com a execução coerente e o intenso trabalho de identidade da marca no decorrer do tempo, engajar-se com a marca Dove virou sinônimo de ser contra os padrões de beleza irreais e abraçar os corpos reais.

No espaço do Ego *online*, nos conectamos quase exclusivamente com pessoas que conhecemos *offline* e somos claramente identificáveis como o nosso eu fora da internet. Facebook, Snapchat e qualquer rede que permaneça fechada em torno do seu grupo seleto de amigos e que se identifique com o seu eu *offline* se classifica como rede do Ego. A palavra *Ego* tem má fama; no modelo freudiano, o Ego não é o bode expiatório vaidoso, raso e narcisista em que a cultura pop o transformou. *Ego* vem da palavra latina que significa "eu". No modelo freudiano, o Ego é o centro da nossa ação consciente. É a parte da mente formada quando a pessoa percebe a sua separação do mundo exterior e que começa a controlar os impulsos do Id e a enfrentar as limitações que o mundo externo nos impõe. O Ego lida com três forças primárias: o mundo externo, o Id e o Superego. O Id caracteriza o nosso eu e os nossos desejos mais básicos, enquanto o Superego é o acúmulo das regras culturais aprendidas. O Ego trabalha dentro dos limites dessas três forças para atuar no mundo — para obter comida quando temos fome, para se afastar quando tocamos algo quente e para nos moderar quando estamos numa discussão acalorada.

Quando participamos das redes do Ego, como Facebook e Snapchat, ficamos mais ligados ao nosso eu da vida real do que nas redes do Id e do Superego, porque as únicas pessoas com quem nos conectamos são pessoas que conhecem o nosso eu *offline* (Figura 5.1). As coisas que fazemos e dizemos nas redes do Ego têm uma sensação maior de realismo, não só por estarmos conectados aos nossos amigos *offline*, mas também porque a nossa identidade também é intensamente reforçada. O nosso nome real acompanha cada postagem nossa, cada *like* que damos e cada comentário que fazemos. Estar conectado de modo digital a pessoas que conhecemos *offline* cria uma dinâmica social interessante. Fora da internet, nos comunicamos pela aparência física, pelo jeito como nos arrumamos, pela moda que usamos, pelas expressões do rosto. Na internet, vestimos o conteúdo como um

FIGURA 5.1 **Estratégia de conteúdo do Ego**

tipo de roupa digital. Nós nos engajamos e compartilhamos conteúdo que consideramos, ao mesmo tempo, digno de ser visto pelos nossos amigos e capaz de nos definir.

Em 2017, o *New York Times* realizou um estudo para entender por que as pessoas compartilham conteúdo. Segundo os pesquisadores, 68% disseram que compartilham "para dar aos outros uma noção melhor de quem são e do que é importante para eles" e 84% compartilham "porque é um modo de apoiar causas ou questões que acham importantes".[4] Tudo é autorrepresentação.

AGREGAR VALOR EM REDES DO EGO SIGNIFICA AJUDAR AS PESSOAS A SE REPRESENTAR

Como marcas, se nos perguntarmos como agregar valor aos usuários nas redes do Ego, a resposta tem de se relacionar com a autoexpressão do nosso público. Com demasiada frequência, queremos criar campanhas que "gerem engajamento", mas não nos fazemos uma pergunta simples: o que significa para as pessoas se engajar com esse conteúdo? Não quero dizer "o que significa para *nós*". Quero dizer que, se as pessoas se engajam com o nosso conteúdo, o que exprimem socialmente sobre si? O que os seus amigos pensariam sobre o seu engajamento com esse conteúdo? O conteúdo os ajudará a receber *feedback* social positivo? Cada conteúdo com que alguém se engaja no espaço do Ego passa por este filtro social inconsciente "o que isso diz sobre mim?". Para promover engajamento significativo dentro das redes do Ego, não basta nos posicionarmos diante do público. Precisamos ajudar esse público a se definir para o público *dele*.

Ajudar o nosso público a mostrar a sua marca aos amigos nem sempre significa conteúdo longo, profundo e emotivo. Quando executado com perfeição, como no caso da Dove, esse tipo de conteúdo tem um forte incentivo ao compartilhamento porque, para muitos, é natural compartilhar socialmente (parte de) nossas emoções. Mas as pessoas têm muitas outras maneiras de se marcarem nas redes do Ego. É comum os vídeos serem lentos e pesados demais para chamar a atenção de forma constante nas mídias sociais em geral, e as redes do Ego não são exceção. A marca Ziploc é outro exemplo de marca de bens de consumo embalados (BCE) que conseguiu promover uma quantidade imensa de compartilhamentos equipando o público com peças criativas compartilháveis que chamam a atenção e ajudam as pessoas a se representar.

Embora muitos anúncios da Ziploc tenham se concentrado historicamente nos atributos do produto, a marca deu uma virada estratégica nos anúncios em redes sociais que causou muito alcance conquistado por compartilhamento. As peças iam de decoração de bolos a dicas para dividi-los, macetes da vida e receitas simples, tudo usando vários produtos Ziploc. As principais postagens, como "Cheesecake Stuffed Strawberries"[5] (cheesecake de morango), "DIY Tie-Dye Crayons"[6] (lápis de cera feitos no forno) e "Pecan Pie Chocolate Bark",[7] (torta pecã com cobertura de chocolate), geraram centenas de milhares de cliques no botão de compartilhar. A equipe não economizou na exposição da marca; além dos produtos apresentados em todas as fotos, também havia o logotipo no canto inferior de cada postagem. A equipe da Ziploc entendeu muito bem que as pessoas não hesitam

O Ego e o centro consciente da ação

em se engajar com conteúdo de marcas; só que o conteúdo precisa ter valor suficiente para merecer o engajamento.

A estratégia foi simples e coerente: oferecer modos novos e interessantes de usar o produto. Cada postagem era centrada no produto, mas é claro que o propósito, em primeiro lugar, era agregar valor ao *feed* do público da Ziploc. O incentivo para o público compartilhar o conteúdo era duplo. Primeiro, o conteúdo era útil e interessante, e, pela simples limitação da funcionalidade da plataforma, o jeito mais fácil de salvar uma postagem no Facebook é compartilhá-la. É um conteúdo favoritável. Segundo, essas postagens ajudavam os usuários a construir equidade social entre os amigos. No momento em que clico no botão compartilhar de um conteúdo da Ziploc, o conteúdo não é mais da Ziploc. É meu. E, quando dou aos amigos ideias novas, divertidas e exclusivas para mudar receitas, organizar a casa e coisas assim, deixo os meus amigos saberem quem sou. Sou hábil na cozinha, sou eu quem acha e compartilha ideias criativas, conheço os melhores macetes da vida e aqui está o conteúdo para provar.

Depois de compartilhada, quase não importa mais quem publicou originalmente a postagem, porque ela assume vida própria na rede social do compartilhador. É por isso que o princípio da memeologia de assegurar que a nossa máquina de memes se mantenha completa é tão importante. Quando gerações e gerações de pessoas compartilham o nosso conteúdo, a página que o postou e o texto que o acompanhava se perdem; só o conteúdo permanece. É melhor que seja rastreável de volta à marca.

As peças sociais criativas da Ziploc obedeceram muitas melhores práticas que a marca Dove desobedeceu. Cada conteúdo era consumível dentro do *feed* com pouquíssima resistência tecnológica. A marca usou o imediatismo e a eficiência das imagens estáticas para transmitir muitas ideias suas. Isso gerou uma barreira de entrada baixíssima para cada pessoa alcançada. A marca também criou um amplo calendário editorial de conteúdo e compartilhava cada postagem de forma orgânica, provavelmente para avaliar a recepção inicial e determinar quais seriam os melhores candidatos a promoção paga. As máquinas de memes que a Ziploc usou para abrigar os seus macetes e receitas também pareciam conhecidas, principalmente para quem se engajava com blogues de mães e influenciadores de comida caseira. Imagens passo a passo, imagens justapostas, fotografia de comida rústicas, mas bem tiradas, cores vivas, espaços arejados e uma miríade de outros aspectos do conteúdo da Ziploc pareciam naturais no espaço popular da culinária. Mas também eram distintamente da Ziploc.

Em geral, não é nas redes do Ego que começam as tendências, mas tanto a Ziploc quanto a Dove geraram um volume significativo de alcance orgânico dentro do Facebook. As duas marcas foram capazes de nadar rio acima porque o seu conteúdo aproveitava a mentalidade preexistente do público. A maior parte das tendências *online* exige incubação num grupo ou comunidade, e as redes do Ego são organizadas em torno de conexões mais fluidas, pessoais e específicas de cada usuário. Quando um videogame novo se torna popular, um tênis novo ocupa a cena fashion ou um meme maluco se torna a nova onda dos formatos, em geral conseguimos rastrear a tendência até um grupo de pessoas interconectadas por conteúdos em comum. Mas há exceções a essa regra.

No espaço do Ego, podem se formar tendências quando uma ideia ou conteúdo específico aproveita uma crença preexistente e generalizada, principalmente quando essa crença está um tanto dormente. A marca Dove criou uma tendência dentro de uma rede do Ego por articular uma ideia alimentada por muita gente, mas difícil de exprimir de forma cativante. A Dove não mudou a cabeça de ninguém sobre a indústria da beleza; a maior parte do público já se sentia ostracizado e não representado pelas marcas populares de cosméticos. A Dove ajudou essas pessoas a exprimir a sua crença de um jeito poderoso e fácil de compartilhar. A Ziploc aproveitou a noção menos carregada, mas ainda potente, de que as pessoas adoram novidades e que a novidade é um jeito divertido de se conectar. Talvez você nunca tenha posto as sementes de romã num saco plástico, cortado o cantinho sobre um copo e espremido para tirar o suco, mas agora você sabe que pode. (Na verdade, não funciona tão bem assim, mas conseguiu promover um engajamento forte.[8])

Nas redes do Ego, o conteúdo de marca capaz de promover compartilhamentos é aquele que ajuda as pessoas a se conectarem entre si. É fácil imaginar que um vídeo sincero sobre abraçar a sua beleza real consiga isso. Também é fácil imaginar que macetes e receitas provoquem conversas entre as pessoas — "Vamos tentar na próxima vez!" ou "Não seria divertido?" O conteúdo que fala pessoalmente conosco, seja ele emotivo, aplicável à vida real ou piada entre amigos, promoverá engajamento porque é nas nossas conexões nas redes do Ego que temos o maior investimento pessoal e emocional. São as pessoas que conhecemos fora da internet e que nos conhecem. A fachada de um eu separado na internet é mais fina no espaço do Ego. Como marcas que participam desses ecossistemas, precisamos pensar menos em nós como destinos — pouquíssima gente visita páginas de marcas — e mais como conexão entre o público e os seus amigos.

O BOCA A BOCA É PROMOVIDO POR CONVERSAS NO NÍVEL DO CONTEÚDO, NÃO NO NÍVEL DAS MARCAS

Já me diverti bastante com o texto inicial do Facebook aos anunciantes: "Faça sua página de fãs, aumente as suas curtidas e elas se tornarão a sua máquina de endosso junto aos amigos!" No começo, o mundo do marketing comprou a ideia de que o Facebook tinha criado um motor do marketing boca a boca. Infelizmente, o modelo fracassou redondamente, mas há uma verdade importante a extrair. O problema do modelo das páginas de fãs do Facebook era que as pessoas continuavam a curtir cada vez mais páginas, e os seus *feeds* foram inundados por conteúdo das marcas. Isso fez com que as pessoas vissem cada vez menos o conteúdo real que buscavam no Facebook — as coisas postadas pelos amigos. Para garantir que o *feed* dos usuários se reequilibrasse, o Facebook começou a limitar o alcance orgânico das páginas comerciais. Aparentemente da noite para o dia, as páginas das marcas deixaram de alcançar a maioria dos inscritos e passaram a alcançar menos de 1% do público a cada postagem. Vou lhe dizer, isso não foi nada divertido para os meus clientes. Foi um dia ainda menos divertido para os representantes do Facebook.

Aqui, o modelo estratégico ainda funciona, mas a relação entre marcas e seguidores é menos permanente do que o Facebook supôs. Se o nosso conteúdo for suficientemente cativante nas redes do Ego, temos a oportunidade de alcançar não só o nosso público direto como as conexões dos amigos desse público. No entanto, essa oportunidade existe no nível dos conteúdos individuais, não entre marcas e seres humanos de verdade. As pessoas não tatuam no peito o logotipo dos cachorros-quentes *kosher* da Hebrew National, mas muita gente gosta do produto. Pouquíssimos são tão fãs da marca que vão compartilhar todo o seu conteúdo; ainda temos de conquistar esse engajamento. Quando conseguimos oferecer um conteúdo capaz de ajudar o público a exprimir algo sobre si, também recebemos aquela recomendação significativa do nosso fã aos seus amigos. Essa é a promessa inicial das mídias sociais e, embora fugidia, é poderosa. O desafio é complexo, mas está posto diante de nós: como ajudar os nossos fãs a se definir para os amigos dentro do contexto da identidade da nossa marca?

No mundo do marketing, é constante o debate sobre o valor de atingir os fãs leais da marca. De um ponto de vista, solidificar as conexões com os fãs aumenta a probabilidade de que nos recomendem no boca a boca. Alcançar os seguidores da marca também ajuda a encurtar o ciclo de vendas entre os clientes já muito motivados. Mas, por outro ponto de vista, alcançar os fãs da marca é desnecessário. Essas são as pessoas que já vão comprar o nosso produto. As mídias sociais — e as redes do Ego, especificamente — complicam a conversa, porque fãs e não fãs estão misturados. Maximizar a utilidade de uma rede do Ego não é só alcançar a pessoa certa com a mensagem certa. É dar um jeito de aproveitar a apreciação dos fãs por nós em endossos personalizados por meio do engajamento. O caminho para criar essa relação continua mutuamente benéfico: dê um jeito de ajudar as pessoas a se exprimir para o público delas.

Talvez por se beneficiar da observação da evolução do modelo publicitário do Facebook, a plataforma Snapchat conseguiu de forma brilhante transformar em produto a tendência natural das pessoas à autoexpressão nas redes do Ego. Entre os formatos publicitários disponíveis no Snapchat, estão os *filtros*, que as marcas podem criar como camadas opcionais nos vídeos e fotos dos usuários, e as *lentes de RA*, que usam tecnologia de realidade aumentada para interagir com os vídeos de usuários em tempo real.[9] Se você ainda não os usou, provavelmente foi assim que os seus filhos fizeram um vídeo de si mesmos como personagens de animê ou como um cachorro-quente dançarino. Além de serem uma façanha da tecnologia — francamente, nunca pensei que veria o meu próprio rosto se abrir para revelar um ciborgue da série Westworld —, os filtros também tendem naturalmente ao modo como os usuários obtêm valor com a plataforma. Isso simplifica muito o serviço dos anunciantes; agregar valor significa dar às pessoas maneiras novas de se exprimir visualmente em fotos e vídeos curtos. Executar uma lente de sucesso não é algo necessariamente simples, porque o Snapchat se tornou um espaço meio apinhado para os anunciantes, mas os produtos da plataforma oferecem uma ótima combinação de engajamento profundo e endosso dos amigos.

A tela de criação obtida com formatos como as lentes de RA parece ilimitada, e, mais uma vez, os melhores exemplos, além de interessantes para o usuário individual de se engajar, também ajudam esse usuário na busca de autorrepresentação. Nas redes do Ego, as pessoas tendem a não ser tão exigentes ao selecionar e aprimorar intensamente a autorrepresentação como nas redes do Superego, como Instagram ou TikTok, porque em geral se confinam à segurança de um grupo seleto de amigos. E quem não adora quando uma marca exibe as suas esquisitices? Na verdade, a Taco Bell nunca esconde as suas esquisitices, mas, no Cinco de Mayo de 2016, a empresa criou uma "lente de taco" meio maluca que rapidamente se tornou o filtro de marca mais usado na época.[10] O conceito era estranho demais para não ser compartilhado: a lente superpunha os olhos e a boca da pessoa num taco com os recheios típicos da lanchonete. Para uma marca com seguidores *cult*, o filtro de taco foi um jeito brilhante de promover alcance conquistado. Primeiro, inflamou os fãs da marca e criou engajamento significativo com os seguidores, que prontamente compartilharam o seu rosto com a lente. Depois, alcançou os amigos desses fãs, talvez incentivando-os a se engajar com a lente.

A American Express também usou essa estratégia. O conceito meia-boca de "E se criássemos um feriado?" já apareceu em praticamente todos os *brainstorms* de publicidade da história, mas a American Express o pôs em prática no Small Business Saturday (sábado das pequenas empresas).[11,12] Nos Estados Unidos, a marca registrou o dia comemorativo, que acontece no sábado entre a Black Friday e a Cyber Monday, e o promoveu com uma campanha cujo lema era "Shop small" (compre pequeno). É um posicionamento legal e altruísta da marca; quem se irritaria com uma empresa de cartão de crédito que gasta os seus dólares de marketing para apoiar as pequenas empresas? Parte da campanha envolvia um filtro simples do Snapchat que emoldurava a foto do usuário com o coração do Small Business Saturday, incentivando os proprietários a falar das suas pequenas empresas. Além de atingir os desejados donos de pequenas empresas, a American Express também lhes ofereceu uma plataforma para falar das suas empresas aos amigos. Quando esses donos compartilharam fotos e histórias inspiradoras com os amigos usando a marca Small Business Saturday, a marca American Express apareceu como amiga e defensora.

Não há escassez de usos brilhantes, ainda que estereotipados, de filtros do Snapchat e lentes de RA para promover filmes, videogames e qualquer produto movido a narrativas. A Sony Pictures conseguiu atribuir a venda de mais de um milhão de entradas de cinema do filme *Venom* à sua lente de realidade virtual (RV) interativa do Snapchat, que "consumiu" os usuários engajados com os efeitos especiais vistos no filme.[13] Levemente macabro, extremamente compartilhável. Deadpool, X-Men, Alien e um rol de outras franquias de filmes com personagens icônicos e mundos distintos aproveitam os anúncios no Snapchat com efeito semelhante.[14] No espaço do Ego, quando damos às pessoas algo com que podem falar de si com os amigos, maximizamos os nossos dólares de mídia e a utilidade da rede.

Dado que é no espaço do Ego que a nossa identidade está mais intimamente associada ao nosso eu *offline*, também é nessas redes que as pessoas se apegam com mais força aos seus preconceitos sobre as marcas. Construir marcas no espaço do Ego acontece aos pedacinhos, por meio do conteúdo que compartilhamos, e é muito difícil fazer as pessoas mudarem de ideia sobre nós. Retornemos ao nosso exemplo da campanha da Dove e imaginemos que o mesmo vídeo fosse produzido por outra marca — digamos, *Cosmopolitan, Glamour, Vogue* ou qualquer outra ligada à beleza e conhecida por manipular as fotos dos modelos. A mensagem soaria incoerente com os nossos preconceitos sobre essas marcas. Mesmo no caso de um meticuloso rebranding ou reposicionamento da marca, o processo de mudar as percepções da marca em espaços baseados em identidade é lento e gradual. Se a Dove não fosse tão coerente no seu trabalho de identidade da marca, é improvável que o vídeo gerasse o alcance conquistado que gerou. A Dove se manteve mais de uma década coerente com essa mensagem da beleza real, e, embora nem toda marca exija uma década de construção para ter sucesso, a coerência da identidade é absolutamente fundamental.

É aí que o mundo da excelência do marketing tradicional e da construção de marcas ainda tem muito a nos ensinar como anunciantes em mídias sociais. Para um conteúdo individual, não basta chamar a atenção e agregar valor caso a nossa meta seja o engajamento significativo. Parte do significado em si está enraizada na marca: O que defendemos? O que a nossa marca representa para as pessoas? O que se pensa do tipo de pessoa que apoia a nossa marca?

AS MARCAS SE CONSTROEM NAS MÍDIAS SOCIAIS COM UMA POSTAGEM DE CADA VEZ

O tipo de conteúdo que criamos e a identidade da nossa marca estão emaranhados; não podemos mudar um sem afetar o outro. As postagens individuais que criamos nas mídias sociais contribuem para a percepção de quem somos como marca. A identidade da nossa marca tem (em geral) mais gravidade do que cada postagem individual, mas, com o tempo e a repetição, as duas forças se atraem. Embora o conteúdo possa mudar rapidamente — e com frequência —, a percepção e a identidade da marca mudam muito mais devagar. Para manter uma estratégia forte e de longo prazo que maximize a utilidade das redes do Ego, precisamos pensar além do nível de engajamento com conteúdos individuais e pensar nas nossas marcas de forma mais holística. Precisamos avaliar constantemente o que significa o engajamento com a nossa marca para garantir que nos otimizemos rumo ao tipo certo de engajamento. Afinal de contas, como costumava dizer um dos meus amigos estrategistas, se otimizarmos demais o engajamento, sempre acabaremos em gatos e pornografia. A internet ama gatos e pornografia.

Com ou sem coerência, algumas marcas e categorias terão dificuldade inerente para promover engajamento dentro das redes do Ego, e isso é de se esperar. Não compartilhamos tudo com os nossos amigos do Facebook, e com boas razões. Isso não significa que (quase) todas as marcas não encontrem utilidade nas oportunidades de marketing dentro desses canais. Algumas marcas representam categorias que as pessoas simplesmente não gostam de socializar. Marcas sinônimas de problemas embaraçosos, como xampus anticaspa, inseticidas contra baratas, produtos para emagrecer, auxílio financeiro, produtos de higiene feminina, jogos de apostas e várias outras categorias pessoalmente reveladoras terão de travar uma batalha morro acima nas redes do Ego. Isso não significa que não haja caminhos para o engajamento, mesmo para as marcas mais improváveis. Só precisamos ficar um pouco mais criativos.

O Ego e o centro consciente da ação

De acordo com a sua página no Facebook, o Squatty Potty tem uma missão muito específica: "O banquinho de banheiro Squatty Potty eleva os pés e permite uma evacuação melhor. Acabe com prisão de ventre, hemorroidas, síndrome do intestino irritável, problemas do assoalho pélvico, excesso de esforço e distensão abdominal."[15] Mal posso esperar para contar aos amigos! Se você nunca viu, o Squatty Potty é um acessório para o vaso sanitário que eleva os pés do usuário, deixando-o na posição de cócoras, aparentemente um ângulo mais natural para evacuar. Sei porque vi o anúncio deles que viralizou no Facebook. Squatty Potty é marca de uma pequena empresa familiar de Saint George, no estado americano de Utah. Não pertence à P&G, não está ligada a uma imensa máquina de marketing e não tem uma equipe especializada em marketing social para desenvolver estratégias ótimas para o canal. Mas um anúncio do Squatty Potty gerou mais de 1,6 milhão de compartilhamentos, 480.000 comentários e cerca de 700.000 curtidas só no Facebook.[16]

O anúncio se intitula "Este unicórnio mudou o meu jeito de fazer cocô", que é a combinação perfeita de *clickbait* e absurdismo para promover a visualização inicial. O vídeo mostra um homem vestido com uma fantasia de aparência medieval que faz a narração, enquanto um unicórnio — bom, um homem fantasiado de unicórnio — evacua espirais de creme macio com as cores do arco-íris numa casquinha de sorvete. "É daqui que vem o seu sorvete: o cocô cremoso de um unicórnio místico", começa ele, pegando a casquinha. "Limpíssimo, totalmente legalizado e saído diretamente do esfíncter. Hum... eles são bons de cocô", diz ele, enquanto dá uma lambida bem exagerada. "Mas sabe quem não sabe fazer cocô? Você." Então o narrador explica a mecânica básica de como, na posição sentada tradicional no vaso sanitário, alguns músculos impedem o processo de empurrar, mas que, na posição de cócoras, esses músculos se relaxam, tornando a evacuação mais fácil. O vídeo é engraçado, perturbador e educativo em partes iguais.

Ao pegar um tópico desagradável, aplicar uma direção criativa absurdista e explicar em termos simples mas divertidos exatamente de que modo o produto ajuda a resolver um problema comum, o Squatty Potty conseguiu tornar o seu anúncio totalmente compartilhável e adequado para as conversas. Além de brilhante e engraçadíssimo, o anúncio tinha plena consciência de como as pessoas reais pensariam e usariam o produto. O vídeo se concentrou primeiro no entretenimento, depois no problema a ser resolvido e, em terceiro lugar, em como o produto resolveu o problema que fluía naturalmente dos dois primeiros — quase como um tipo de sorvete de máquina. (Desculpe, foi o que saiu.)

O problema também foi definido como universal. Isolados, os problemas que o Squatty Potty se dispõe a resolver — prisão de ventre, hemorroidas, síndrome do intestino irritável, problemas do assoalho pélvico, excesso de esforço e distensão abdominal — parecem muito pessoais e embaraçosos. Mas a marca usou o anúncio para tornar esses problemas universais — é assim que somos construídos! E o sujeito está lambendo cocô, que nojo! Se a marca se concentrasse em qualquer desses problemas isoladamente, provavelmente seria difícil o vídeo obter compartilhamentos, porque a pessoa acharia que estava revelando um problema embaraçoso. Ao abordar a conversa pelo ponto de vista da anatomia humana, o Squatty Potty removeu o estigma pessoal. Ninguém quer admitir que às vezes tem prisão de ventre, ainda que aconteça com todos nós.

Para promover engajamento significativo dentro das redes do Ego, precisamos entender as consequências do engajamento para o nosso público. Quando postam conteúdo numa plataforma em que estão conectados à sua identidade e aos seus amigos *offline*, as pessoas ficam no estado vulnerável de representar uma versão sua que seja coerente com a que vestem fora da internet. Como marcas que procuram promover engajamento com o público, nas redes do Ego o nosso papel tem de ser ajudar o público a se conectar com os amigos e a se definir.

Para algumas marcas, a nossa identidade já leva esse significado ao mundo e, simplesmente, precisamos encontrar aquele ponto de interseção entre o significado da marca e o que o público quer exprimir sobre si. Para marcas novas e mais desafiadoras, podemos adotar causas significativas, defender questões importantes ou, simplesmente, encontrar jeitos inesperados e interessantes de provocar conversas entre as pessoas. No espaço do Ego, precisamos ir além de pensar sobre o significado da nossa campanha do ponto de vista da marca e considerar o seu significado para o público. Lembre-se, o público pergunta: O que significa para mim me engajar com esse conteúdo? Em que contexto faria sentido para mim compartilhar isso? Com quem isso se conectaria? Como eles poderiam usar? E, o mais importante, o que isso diz sobre mim?

PRINCIPAIS LIÇÕES

- As redes do Ego são aquelas em que estamos conectados às pessoas que conhecemos offline e nos identificamos como o nosso eu fora da internet. Estamos conectados de forma mais tangível com quem conhece o nosso eu "real" e, ao mesmo tempo, num modo de autorrepresentação e conexão social.
- Para promover engajamento significativo nas redes do Ego, além de construir a nossa marca temos de ajudar o público a se apresentar aos amigos.
- Podemos ajudar o público a se apresentar defendendo pontos de vista em comum, provocando conversas entre conexões ou criando conteúdo que permita ao nosso público construir a sua identidade por meio do significado da nossa marca.
- As marcas que representam informações embaraçosas ou pessoalmente reveladoras podem ter dificuldade no espaço do Ego, mas há caminhos para o sucesso por meio do humor e da comiseração.

CAPÍTULO

6

A INFLUÊNCIA CONDUTORA DOS IDEAIS CULTURAIS
As redes do Superego e a expressão do Eu ideal

Vou lhes contar uma história sobre uma amiga minha. Você não precisa acreditar, mas aconteceu mesmo e foi esquisitíssimo. Foi um momento "eureca" para eu entender a relação entre o Instagram e a realidade. A minha amiga tem uma loja relativamente bem--sucedida de artigos de couro e jeans. Ela faz as roupas à mão porque esse é o tipo de pessoa que ela é: gente que faz. Ela administra a loja principalmente *online*, e o Instagram é uma parte natural do seu mix de marketing. O perfil da loja no Instagram é refinado e bem selecionado. Ela usa cores, texturas, filtros coerentes para criar uma ambientação exclusiva, não só nas postagens individuais, mas em todo o feed na página do usuário.

A sua conta no Instagram representa mais do que uma imagem fabricada, calculada, brainstormada e estrategizada da marca. A marca faz parte da expressão natural do seu eu. Embora a conta esteja cheia de informações sobre os produtos, conceitos mais recentes e informações sobre estoque e preços, ela também usa esse perfil do Instagram para falar da vida, do casamento, das suas ideias e opiniões. Tira fotos das mãos manchadas de azul depois de longos dias trabalhando com tecido jeans. Publica fotos engraçadas com os amigos. Ela compartilha a vida de tal maneira que as pessoas que a seguem não sentem que é comercial quando ela publica a próxima liquidação. Só parece uma extensão da sua vida; por acaso, é quem ela é. Pelo menos, parte dela.

Pouco tempo depois de conhecê-la, convidei ela e o marido para assistir ao show de uma banda no centro de São Francisco. Eu não sabia muito sobre a programação e, ao que parecia, nem eles. Depois de um punhado de apresentações iniciais pouco empolgantes, somado à vergonha crescente pelo modo como representavam o meu gosto musical, o grupo principal subiu no palco. Isso causou uma pequena comoção à mesa, e olhei inquisitivamente minha amiga designer que parecia ser a fonte. Ela reconhecera o baixista, que tinha comprado um cinto na sua loja *online* e o estava usando! Ela ficou superlisonjeada. Brincamos sobre a recém-descoberta celebridade e sobre a longa lista de bons músicos que passariam a usar os seus cintos. Ela contou algumas conversas que os dois tiveram no Instagram e mencionou que ele era um sujeito legal e sensato.

Depois do show, notei que o baixista estava no bar e me apresentei. Falei da minha amiga designer que tinha feito o seu cinto e lhe recordei o nome da loja. Ele riu da coincidência. Lembrava-se da loja e, quando lhe perguntei se iria à nossa mesa conhecê-la, ele concordou com alegria. Quando estávamos a um metro da mesa, minha amiga designer ergueu os olhos para mim, passou-os para o baixista, voltou a mim com uma cara de puro horror e saiu correndo. Puf. Sumiu. Não estou dizendo que ela estava no processo de se levantar, me viu e só não conseguiu interromper o movimento. Estou dizendo que ela disparou da mesa tão depressa que quase a derrubou. Concordamos que ela devia ter ido... hã... ao banheiro. Ele voltou ao bar.

As redes do Superego e a expressão do Eu ideal

Alguns minutos depois, quando retornou, ela não esperou nem um instante: "Por que você fez isso?!" Espantado, expliquei que tinha imaginado que ela gostaria de conhecer o sujeito em pessoa, por ter projetado o cinto e conversado com ele pelo Instagram. Ela gostaria de dizer oi, certo? Errado. Ela me explicou que na verdade não queria *falar* com ele. Não queria conhecê-lo pessoalmente. Queria lhe mandar uma foto do show pelo Instagram para que ele soubesse que tinha adorado ver o seu grupo tocar. Ela criara uma representação de si mesma que era separada demais do seu eu fora da internet para os dois se fundirem numa conversa de verdade. Ela se identificava mais com a representação do eu que usava no Instagram — e se orgulhava mais dela — do que com o eu de carne e osso da vida real.

O Instagram eleva cada um de nós ao nível de influenciador, mesmo quando o nosso público é pequeno. Não temos amigos no Instagram; temos seguidores. Compartilhamos conteúdo que não visa tanto a iniciar conversas nem nos conectar com os amigos, mas a mostrar uma autorrepresentação emergente. Selecionamos os nossos *feeds* um pouco mais do que no Facebook, somos um pouco mais seletivos com as fotos que publicamos, filtramos essas fotos um pouco mais. Podemos estar conectados a muitos amigos que também temos no Facebook ou no Snapchat, mas também temos o potencial de ser descobertos por um mundo inteiro de gente que não conhecemos. Aplicamos ao nosso conteúdo *hashtags* e localizações que incentivam a descoberta; afinal de contas, estamos à distância de apenas uma postagem da fama internética que merecemos!

Nas redes do Superego em geral somos identificáveis assim como o nosso eu *offline*, temos alguma conexão com as pessoas que nos conhecem *offline* e, ao mesmo tempo, temos o potencial de atingir toda uma rede de pessoas que ainda não conhecemos. Instagram, Twitter, TikTok, VSCO e até o LinkedIn são exemplos de redes do Superego. Cada uma dessas plataformas utiliza mecânicas como as *hashtags* para conectar usuários e conteúdos que seriam disparatados (Figura 6.1). Em resposta a essas conexões de autoexpressão, tendemos a manifestar versões idealizadas nossas. A maioria faz isso naturalmente, sem intenção de enganar; não é que estejamos tentando enganar todo mundo para que pensem que o nosso perfil no Instagram reflete toda a nossa vida. É que, quando somos convidados a nos exprimir num espaço que conecta a nossa autorrepresentação à representação dos outros, é natural selecionarmos os destaques, os momentos positivos, as crenças idealistas e as fotos que nos deixam muito, muito, ridiculamente bonitos.

No modelo freudiano, o Superego é a última parte da mente a se formar, depois do desenvolvimento do Id e do Ego. Como você deve se lembrar, o Id caracteriza os impulsos básicos e essenciais com que nascemos, e o Ego se forma quando os desejos do Id encontram as limitações do mundo real — o centro da ação consciente. Assim, o Superego é a combinação das regras que aprendemos — as normas culturais que caracterizam o que significa ser uma boa pessoa, como devemos nos relacionar com os que nos cercam e quem deveríamos ser. "Não magoe os outros" e "Não pegue o que não é seu" são exemplos simples dos primeiros dados do Superego. No entanto, a complexidade do Superego continua a crescer conforme as interações sociais nos dão *feedback*. Como o Id lida com os desejos não filtrados e o Supere-

FIGURA 6.1 **Estratégia de conteúdo do Superego**

go impõe as regras culturais do que é aceitável, em geral os dois estão em conflito, e cabe ao Ego fazer a mediação.

Dentro do Id, Freud observa que há muitas pulsões e impulsos que simplesmente não são compatíveis com uma sociedade altamente civilizada em grande escala. Embora as pulsões problemáticas não sejam a única característica do Id, são elas que tendem a ser reprimidas e enterradas mais profundamente no inconsciente, enquanto as pulsões consideradas aceitáveis pelo Ego e pelo Superego fluem com mais liberdade. É inevitável que essas pulsões reprimidas acabem "sublimadas" e encontrem expressão de diversas maneiras. O processo de repressão e sublimação é parecido com o ar preso embaixo d'água. Quando é considerada inaceitável pela mente consciente, a ideia ou pulsão é "reprimida", isto é, empurrada sob a superfície até o inconsciente. Mas, como a bolha de ar presa embaixo d'água, a pulsão reprimida acabará encontrando o caminho da superfície, mesmo que não seja pela mesma via em que foi reprimida. Ou seja, quando é reprimida, a pulsão social pode se sublimar como algo completamente diferente, algo mais palatável para o Ego e o Superego. Para Freud, os sonhos eram janelas que davam para o ciclo de repressão e sublimação e ofereciam noções importantes da vida psicológica para analisar.

Freud se concentrou principalmente na agressividade e na sexualidade como as forças primárias reprimidas pela cultura e pelos seus Superegos. Para lidar com essas pulsões incompatíveis com a coexistência pacífica, a sociedade impõe regras que limitam a sua expressão. A monogamia é um método culturalmente imposto de limitar a expressão sexual, de modo que, pelo menos em teoria, a expressão sexual de alguém não impeça a dos outros. E as nossas regras para exprimir a agressão física são ainda mais estritas; em geral, esse comportamento só é aceitável em defesa própria. Freud afirmava que, quando as pessoas reprimiam as suas pulsões sexuais ou violentas, estas poderiam se transformar, por meio do processo de sublimação, em realizações socialmente mais úteis, como a arte e a busca acadêmica.

No entanto, a repressão tem o seu preço no modelo de Freud: "Se a civilização impõe sacrifícios tão grandes, não só à sexualidade do homem como à sua agressividade, podemos entender melhor por que é difícil para ele ser feliz nessa civilização".[1] Na verdade, a natureza tirânica do Superego — e, talvez, das regras culturais estritas — inspirou o título de *O mal-estar da civilização*, de Freud. O livro descreve com detalhes não só o modelo de Id, Ego e Superego como o conflito inerente entre o Id e o Superego — os desejos básicos que emergem dentro de nós e as regras que aprendemos sobre o que constitui um "bom" comportamento.

Num lado do desenvolvimento humano está a noção inata de sobreviver, reproduzir-se e se exprimir com liberdade. No outro, estão as regras que mantêm a sociedade pacífica, funcional, justa e igualitária. Durante a maior parte do desenvolvimento humano — e durante a maior parte da história da vida na Terra —, o mundo foi dominado pela primeira, em que as regras culturais deram lugar à tomada do poder e dos recursos à força. A crítica de Freud em *O mal-estar da civilização* pode ser imaginada como o famoso pêndulo excessivamente corrigido do lado dominado pelo Id para o lado dominado pelo Superego. Dado o vitorianismo da Áustria do século XIX onde Freud viveu, sem dúvida devia ser assim.[2] De um jeito muito diferente, podemos dizer que plataformas como o Instagram e o Twitter inflam novamente (alguns dos) nossos Superegos numa escala tirânica e insalubre.

SEM CONTROLE, O SUPEREGO PODE SE TORNAR UM DITADOR TIRÂNICO

Desviar-se na direção do Id faz o mundo recair no caos, enquanto desviar-se na direção do Superego nos prende num pesadelo tirânico e totalitário. A mesma metáfora acontece na nossa vida *online*. As redes do Superego podem se tornar psicologicamente tirânicas se investirmos nelas uma parte grande demais nossa. Se permitirmos que o nosso eu *offline* mais pleno seja guiado puramente pelo tipo de com-

As redes do Superego e a expressão do Eu ideal

portamento que nos traz o *feedback* positivo do Superego, nos arriscamos a pôr a nossa felicidade e sanidade nas mãos de pessoas que talvez nem nos conheçam.

Vemos esse desequilíbrio do Superego quando as pessoas sentem necessidade de filmar uma apresentação musical inteira no Snapchat em vez de apreciar o show. Ou quando as pessoas fazem fila para assistir a uma maravilha natural ou façanha arquitetônica e aí só veem a experiência pela câmera do celular. Ou quando as pessoas pedem um prato no restaurante só para fotografá-lo. E, principalmente, quando o valor da nossa experiência se define pela quantidade de engajamento na mídia social gerada pela nossa postagem sobre aquela experiência. Quando funciona direito, o Superego é uma força do bem, mas quando começamos a perder o contato com a âncora do nosso eu natural e principalmente inconsciente, passamos a nos fragmentar de um jeito problemático. Freud citou essa incompatibilidade entre o Id e o Superego como a fonte de muitas neuroses ou enfermidades psicológicas.

Lembra-se da pesquisa supramencionada que descobriu que 63% dos usuários do Instagram diziam se sentir péssimos depois de usar a plataforma? E que o Instagram era a plataforma que mostrava o efeito depressivo mais drástico? Os usuários que disseram se sentir péssimos depois de usar o Instagram passavam uma média de sessenta minutos por dia no aplicativo. O mesmo estudo observou que 37% dos entrevistados descreveram se sentir felizes depois de usar o Instagram.[3] No entanto, a parte "feliz" das pessoas só usava o Instagram uma média de 30 minutos por dia.

Uma diferença de trinta minutos talvez não pareça muito grande, mas trinta minutos por dia podem ter consequências psicológicas drásticas. Pesquisas sobre meditação constataram que trinta minutos por dia de atenção plena ajudam a evitar ansiedade, depressão e até problemas físicos, como doença cardíaca e dor crônica.[4] Se trinta minutos por dia de meditação têm efeito positivo tão profundo, não deveria surpreender que o mesmo tempo gasto navegando nas redes sociais também afete a nossa psique. O problema não é o Superego —

nem as redes do Superego. O problema começa quando o Superego fica sem restrições nem equilíbrio. Olhar os melhores momentos da vida dos nossos amigos não é um problema. Quando nos tornamos servos desses melhores momentos é que perdemos contato com o nosso eu mais pleno.

O Instagram começou como um aplicativo de edição de fotos, e a rede social que cresceu por cima revela a sua origem. Fotografia, moda, modelos e todo tipo de estilo visual prosperam naturalmente no Instagram. Esses setores altamente visuais tendem ao idealismo, muitas vezes a ponto de chegar à distorção. Essas categorias idealistas conspiram para puxar o Instagram para o espaço do Superego. Mas há muitos aplicativos de edição de fotos e redes sociais centradas em imagens que não geraram a mesma cultura e mentalidade do usuário do Instagram. Portanto, podemos concluir que a cultura do Instagram tem tanto a ver com a estrutura quanto com a natureza visual.

As diversas redes do Superego também conseguem tirar de nós representações ideais, mas em geral são versões idealizadas diferentes de nós. A origem do Instagram como editor de fotos guiou a cultura para o idealismo da estética, mas a cultura do Twitter é muito diferente. Embora a estrutura do Twitter seja muito parecida com a do Instagram, a sua cultura é menos visual, e ele fica inequivocamente no espaço do Superego. Tanto o Instagram quanto o Twitter se organizam primariamente em torno de perfis de usuários; baseiam-se na mecânica do "seguir" em mão única; e incentivam a descoberta por *hashtags* e conteúdo mais comentado. No entanto, o Twitter tende a priorizar o texto curto como meio primário, enquanto o Instagram prioriza fotos e vídeos. Portanto, a manifestação do Superego no Twitter se baseia menos em criar uma identidade visual do Superego e mais no humor e nas realizações, conexões e lacrações. De acordo com Laura Turner, viciada confessa no Twitter que escreve na revista *The Atlantic*, "o Twitter é o megafone das realizações e a lente de aumento das inseguranças. Quando se começa a comparar a nossa insegurança com a realização dos outros, temos a receita perfeita da ansiedade".[5]

As redes do Superego e a expressão do Eu ideal

No texto "How Twitter Fuels Anxiety" ("Como o Twitter alimenta a ansiedade"), Turner explica de que modo a plataforma perpetua o ciclo de autorreforço da ansiedade e da autoavaliação. Ela nos diz que o Twitter oferece uma torrente interminável de comparações para nos medirmos, mas, ao mesmo tempo, a cultura em geral é aberta à expressão de sentimentos como a ansiedade. Mas o cérebro é complicado. Turner cita um estudo de Harvard que constatou que revelar informações sobre si — como o estado emocional — ativa o mesmo centro de prazer do cérebro que reage a comida, dinheiro e sexo. Em termos freudianos, é um tipo de sublimação: nos sentimos ansiosos, reprimimos esse sentimento de ansiedade e então damos um jeito de exprimir essa ansiedade de um modo que muda a nossa experiência para algo conscientemente mais palatável. Na verdade, o mesmo estudo também observou uma relação entre quem passa mais tempo nas mídias sociais e o nível elevado de ansiedade. Pamela Rutledge, diretora do Media Psychology Research Center (Centro de Pesquisa em Psicologia das Mídias) traça uma correlação evolutiva entre as duas coisas: "Quando ficamos ansiosos, nos sentimos obrigados a examinar o ambiente o tempo todo. É assim que conseguimos nos sentir seguros." O ciclo se alimenta.

ENGAJAR O PÚBLICO NO ESPAÇO DO SUPEREGO SIGNIFICA AJUDÁ-LO A MANIFESTAR ASPECTOS DO SEU EU IDEAL

Como marcas, estamos em território delicado no espaço do Superego. O conteúdo com que as pessoas se dispõem a se engajar é selecionado de forma muito mais estrita. No espaço do Superego, a expressão do público se filtra não só pelo eu conhecido pelas conexões pessoais *offline* como pela representação do eu ideal. Para complicar a questão, há muitos tipos diferentes de autoidentidade ideal que podem se manifestar nesses espaços. Alguns são criados em torno de *looks*; outros, de viagens e estilo de vida; outros, de gastronomia, ideologia política, filosofia e outros ideais. O eu ideal de alguém pode ser o mesmo eu que outra pessoa reprime, e vice-versa. Para algumas marcas, essa mentalidade do Superego realmente ajuda a promover engajamento, principalmente quando a marca representa alguma parte do eu ideal dos usuários. Lembre-se: quando somos identificáveis como o nosso eu *offline*, o conteúdo com que nos engajamos se torna a nossa roupa digital. Quando me engajo com uma postagem da Nike no Instagram, estou me definindo como atleta, e quando me engajo com uma pequena marca local de roupas, me defino como estiloso e inusitado.

Nas redes do Superego, retornamos ao problema de agregar valor com um conjunto exclusivo de restrições. Como oferecer às pessoas conteúdo que fale ao seu eu ideal? Ou que satisfaça a necessidade de aprovação e aceitação sociais? Ou que reduza a ansiedade quando elas se comparam com os outros? A razão de nos fazermos essas perguntas é que o nosso público nos julgará com muito mais severidade — "Se não agregar valor à minha experiência, não vou interagir com você em público de jeito nenhum". E "em público" é importante aqui porque é assim que as marcas demonstram o seu status social nos espaços do Superego. Os princípios para agregar valor continuam coerentes, embora o conteúdo exibível tenda a contrabalançar o conteúdo favoritável, porque a autorrepresentação é a nossa meta primária no espaço do Superego.

Talvez o melhor exemplo de campanha exibível no espaço do Superego seja "Straight Outta Somewhere" ("saído diretamente de algum lugar"), dos fones sem fio Beats By Dre. Depois de fazer uma parceria com a Universal Pictures no lançamento do filme *Straight Outta Compton,* que conta a história do grupo de rap americano NWA, a marca Beats aproveitou uma ideia simples e poderosa: como Dre, um dos integrantes do grupo, todo mundo se orgulha de representar a sua cidade natal.[6] A marca criou um site chamado www.StraightOuttaSomewhere. com, em que os visitantes podiam representar sua cidade natal usando o formato marcante do logotipo do filme. A ferramenta era simples e muito parecida com muitos aplicativos populares para criar memes na internet. Os usuários podiam enviar fotos de fundo e substituir "Compton" no logotipo por um texto personalizado. Inevitavelmente, as pessoas foram mais criativas com a ferramenta e não seguiram a fórmula de "Straight Outta [o lugar onde você nasceu]". Alguém mostrou uma caixa de ovos vazia com o texto "Straight Outta Eggs" ("sem ovos"; a expressão em inglês pode ter os dois sentidos quando o complemento não é um lugar), enquanto outra usou um quadro de Jesus como fundo e o texto "Straight Outta Jerusalem" (direto de Jerusalém).

A campanha conseguiu se equilibrar com sucesso no arame farpado entre campanhas personalizáveis demais que causam problemas de segurança da marca e campanhas estáticas e rígidas demais para o público injetar nelas algo significativo. É preciso bravura para lançar campanhas como essa. Quase posso garantir que o gerente de marca da Beats By Dre responsável pela aprovação da campanha passou a noite anterior acordado imaginando todas as coisas horríveis que as pessoas *poderiam* fazer com o seu site.

Esse foi o tipo certo de bravura. Com demasiada frequência, as marcas evitam estratégias flexíveis nas mídias sociais que permitam que sua mensagem seja absorvida e cooptada pelo público, com medo dos maus atores. Quando alguém usava o site Straight Outta Somewhere para criar algo obsceno ou ofensivo — e é claro que usaram —, o conteúdo final refletia mais a pessoa que publicava do que a marca Beats By Dre. A internet permite um volume assustador de compartilhamento e edição, mas isso não significa que tenhamos de manter a marca protegida numa redoma.

A campanha Straight Outta Somewhere ofereceu ao público engajado um modo realmente exclusivo de autoexpressão. Com quanta frequência falamos da nossa cidade natal? E quantos temos parte da nossa identidade enraizada no lugar de onde viemos? Também vale notar que o resultado de se engajar com a campanha era exibível em si; o conteúdo criado pelo gerador de www.StraightOuttaSomewhere.com era legal e digno de ser publicado. É fácil imaginar que a ideia semelhante de outra marca que resultasse numa campanha de fotos baseada em *hashtags* que levasse as pessoas a compartilhar "uma foto da sua cidade natal". Se a Beats seguisse essa rota, a campanha morreria antes de começar. Essas tentativas fáceis de promover conteúdo gerado pelo usuário são estratégias sociais comuns demais e, para começar, não têm o entendimento básico de por que as pessoas se engajam com as marcas.

Pelo menos parte do sucesso de Straight Outta Somewhere está na máquina de memes; o logotipo flexível de Straight Outta Somewhere tinha coerência suficiente para ser reconhecível e flexibilidade suficiente para ficar diferente e interessante a cada iteração. Se a marca executasse a nossa hipotética estratégia alternativa e pedisse às pessoas que compartilhassem fotos da cidade natal, estaríamos lhes pedindo que criassem uma nova máquina de memes a cada postagem. Que texto devo incluir? A foto deve ser pessoal ou refletir a cidade? Devo dizer algo sobre mim ou sobre o lugar? Straight Outta Somewhere simplificou o processo de autoexpressão por oferecer o estojo da máquina de memes onde muitos memes diferentes poderiam conviver.

"De onde você é?" é o tipo de pergunta que geralmente ficamos à vontade de fazer como seres humanos normais, mas que é apavorante para muitas marcas. E se alguém for de uma região pobre? E se a pessoa teve uma infância difícil e usou a provocação da marca para desabafar? Que tipo de coisa podemos anexar à imagem da marca se fizermos uma pergunta dessas? Mas parte do sucesso dessa campanha é exatamente essa: a pergunta tem peso. Ela deu às pessoas uma oportunidade real de contar histórias sobre si ou, pelo menos, para representar partes suas que não chegam a representar com frequência. De onde você é? Como se representa isso? E como *você* representa isso? São perguntas que têm conexão real com a cultura. São perguntas que, quando respondidas, nos contam algo importante sobre a pessoa.

Com demasiada frequência, as marcas falam da boca para fora que querem "tornar-se culturalmente relevantes" sem se dispor a se engajar com um assunto que tenha peso cultural. Precisamos permitir que as conversas fluam num espaço onde as pessoas realmente se dão ao trabalho de se engajar. Quando conseguimos, o resultado fala por si. A campanha Straight Outta Somewhere se tornou a tendência número 1 do Instagram, do Twitter e do Facebook ao mesmo tempo. O site atraiu mais de onze milhões de visitas, oito milhões de *downloads* e setecentos mil compartilhamentos nas redes sociais.

A autoexpressão nas redes do Superego nem sempre é pesada ou séria. O humor tem papel importante, nem sempre de um modo direto. É comum, nas redes do Superego, fazermos graça com o que mais nos incomoda ou rirmos das nossas inseguranças. É um modo de fortalecer o nosso eu ideal. Como seres humanos plenos e complexos, podemos ser inseguros em relação ao nosso peso, à nossa aparência, ao desempenho de um tuíte, a se embebedar na festa de Natal etc. Mas, no espaço do Superego, podemos esconder esses temores à vista de todos com piadas autodepreciativas e fingindo que somos indiferentes. Um modo de manifestar autodepreciação nas mídias sociais é com os fã-clubes exagerados das grandes lanchonetes. Parte da razão de marcas como Taco Bell, Wendy's e McDonald's receberem um volume imenso de engajamento nas mídias sociais é o que elas representam: leveza, prazer no momento, oposição à cultura da saúde etc.

A marca Heinz aproveitou essa tendência de as pessoas se reunirem em torno dos seus pratos prediletos numa campanha controvertida sobre um novo produto chamado "mayochup".[7] O mayochup, combinação de maionese e catchup Heinz, na verdade não era um produto que a marca quisesse vender. A campanha foi projetada para aumentar a conscientização da nova maionese Heinz. Parece ridículo, não é? Para anunciar um produto de verdade, eles criaram um produto falso e produziram uma campanha em torno dele...? Por mais estranho que pareça, a campanha ultrapassou de longe as metas; a Heinz gerou mais de um bilhão de reações em 48 horas e viu um aumento de 28% da conscientização sobre a sua maionese. A marca poderia ter seguido facilmente o caminho direto para lançar um produto — postar uma foto de fundo branco em todos os canais sociais próprios e esperar as dezenas de engajamentos surgirem. Ao criar um produto falso e divisivo, a marca provocou um debate brincalhão que produziu uma quantidade enorme de engajamento e alcance conquistado.

No lançamento, a Heinz compartilhou uma foto do falso mayochup e publicou no Twitter: "Quer #mayochup nas lojas? 500.000 votos 'sim' e o lançaremos para vocês, seus americanos picantes." O tuíte gerou mais de 25.000 curtidas, 14.000 retuítes e quase um milhão de votos. A multidão do "sim" ganhou por margem estreita: 55%, o suficiente para levar o produto às prateleiras. Ao verdadeiro estilo do Twitter, o debate entre os defensores do mayochup e os seus detratores ferveu durante meses, muitas vezes fazendo subir a *hashtag* #mayochup. A Heinz conseguiu aproveitar a natureza geralmente desagradável mas, em última análise, bem-humorada da cultura do Twitter com a criação de um debate absurdo demais para ser levado a sério. É molho frito? É molho chique? É molho russo? É nojento? O Twitter não conseguiu decidir, e é exatamente disso que a marca precisa quando lança um novo tipo de maionese.

Numa fase posterior da campanha do #mayochup, a Heinz voltou ao Twitter para determinar qual cidade receberia o primeiro carregamento do produto.[8] A marca incentivou as pessoas a tuitarem #Mayochup[sua cidade], um mecanismo brilhante para criar relevância local numa campanha em grande escala. Ao pôr as cidades umas contra as outras, a marca conseguiu reacender o debate, e as pessoas usaram as *hashtags* da sua cidade com GIFs que representavam a sua empolgação, memes de expectativa e até vídeos de pessoas entoando as *hashtags* de mayochup da sua cidade. Como a campanha Beats By Dre, a marca Heinz ofereceu uma plataforma para injetar na campanha a sua própria autoexpressão.

Na execução de uma campanha numa grande área geográfica, muitas marcas recorrem ao padrão das estratégias de localização: adaptam o conteúdo e só o segmentam para as regiões mais relevantes. Quando a meta é provocar discussão e engajamento, precisamos repensar esse instinto. A Heinz poderia ter segmentado os habitantes de Chicago com anúncios promovendo #MayochupChicago, mas a estrutura da campanha permitiu que essas conversas locais se entrelaçassem e afetassem o debate mais amplo do mayochup. O que acontecia em #MayochupChicago significava alguma coisa para as pessoas de #MayochupDetroit e vice-versa. Permitir que essas conversas locais se encontrassem ajudou a provocar novas conversas orgânicas e manteve o debate vivo.

Tanto a campanha Straight Outta Somewhere quanto a do Mayochup se basearam no modo como as pessoas se definem nas mídias sociais para ganhar relevância. As duas atuaram como plataformas de autorrepresentação e expressão dos usuários engajados. Por definição, as redes do Superego tendem ao conteúdo exibível porque a autorrepresentação é parte fundamental do valor que obtemos ao participar delas. Mas o conteúdo favoritável também prospera, principalmente em categorias que sejam inerentemente exibíveis.

O conteúdo favoritável só precisa passar pelo teste do eu ideal: "Seria bom se as pessoas soubessem que salvei isso?" O conteúdo de comida e receitas é um bom exemplo desse princípio. A fotografia de comida é uma torrente de conteúdo organicamente popular e exibível, bem representada nas redes do Superego. Mas o conteúdo favoritável de receitas e macetes de culinária também prospera no espaço do Superego. Esse conteúdo não serve só para exibir uma insígnia. Ele ajuda os espectadores a entender como decompor receitas complexas, aprender algo novo ou aprimorar algo comum. Muitos ambicionamos ser ótimos *chefs* domésticos e adoraríamos demonstrar ao mundo exterior que somos engenhosos e criativos na cozinha.

Assim, o conteúdo que demonstra os passos de uma receita nova não serve só para nos ajudar a aprender. Ele também representa a profundidade do nosso interesse. Não estamos apenas consumindo o produto final, estamos aprendendo a criá-lo. A conta @buzzfeedtasty ostenta mais de 34 milhões de seguidores no Instagram e publica exclusivamente dicas e passo-a-passo de receitas culinárias.[9] Não é raro que cada um dos seus vídeos curtos gere alguns milhões de visualizações. Boa forma física, nichos de *hobbies*, fotografia e, na verdade, qualquer conteúdo informativo que ajude as pessoas a entender um interesse que se orgulham de mostrar ao mundo tem forte potencial de sucesso para obter engajamento do Superego.

O CONTEÚDO PODE SER AO MESMO TEMPO ÚTIL E EVOCATIVO DO SUPEREGO DAS PESSOAS

A marca Lowe's desenvolveu uma série fortíssima de conteúdo favoritável que se espalhou naturalmente pelo espaço do Superego com a campanha #LowesFixInSix.[10] Executada no Twitter e no Vine (ah, vocês se lembram do Vine?), o conceito era simples, e a execução, refinada, mas fácil de promover identificação. A equipe de criação da Lowe na BBDO desenvolveu uma série de vídeos de seis segundos demonstrando macetes simples para a vida, projetos do tipo faça você mesmo e dicas para melhorar a casa. A equipe de criação citou o baixo custo da produção como principal motor do sucesso, porque lhes permitiu criar mais de 100 peças no decorrer da campanha. Quando se trata de desenvolver conteúdo com forte sucesso orgânico, é quase impossível predeterminar um vencedor, principalmente na fase de conceituação; em geral, investir num volume maior de produção criativa é uma boa estratégia. O valor da produção geralmente tem pouquíssimo a ver com o que promove compartilhamento orgânico.

O material de criação da campanha foi executado de forma brilhante e aproveitou máquinas de memes com poucas barreiras e facilmente compartilháveis para transmitir ideias. A plataforma Vine se mostrou especialmente benéfica ao forçar as máquinas de memes da marca a serem leves e eficientes na comunicação. Além de ter sido uma plataforma popular na época, o formato do Vine também era propício ao compartilhamento social em geral. A plataforma exigia que cada postagem fosse um vídeo de seis segundos em *loop* — em essência, um GIF curto com som. Esses gifs curtos eram otimizados para todo canal social porque exigiam muita eficiência na comunicação. Os vídeos mostravam macetes, como usar elásticos para remover parafusos espanados, martelo de borracha, cortadores de biscoito para fazer um perfeito *jack-o-lantern* (abóbora iluminada) e fita-crepe para instalar prateleiras niveladas.[11,12,13]

O conteúdo #LowesFixInSix era útil e representativo. Felizmente, a utilidade dos vídeos é óbvia; esse era o seu propósito primário. Mas os vídeos também eram representativos, porque se engajar com esse conteúdo comunicava algo sobre o compartilhador. Compartilhar esses vídeos poderia dizer algo como "sou novo na manutenção do lar, e esse é o tipo de problema que enfrento agora", ou "sou dono de casa com muito orgulho; eis um vídeo de algo que *até eu* parei para aprender", ou "sou uma pessoa muito hábil e sempre soube fazer isso, mas tem sido tão útil para mim que acho que você também deveria saber".

Com conteúdo informativo para o público que, ao mesmo tempo, se presta à autoexpressão, as peças criativas da Lowe's conseguiram se espalhar naturalmente por todas as plataformas de mídia social e conquistar um alcance significativo. Os vídeos #LowesFixInSix geraram milhões de visualizações só no Vine — e, não, o Vine não tinha plataforma publicitária para ajudar a pagar o alcance. Só o vídeo que mostrava como usar um elástico para remover um parafuso espanado foi reproduzido 7,4 milhões de vezes. Por ser um adotante precoce, a Lowe's conseguiu cavar um novo nicho dentro da plataforma Vine, e como a própria plataforma Vine ainda estava em ascensão, a marca conseguiu surfar uma onda de popularidade orgânica. Boa parte do texto nos vídeos seria considerada descabida pelos padrões de hoje — "Anime-se! O kit DEWALT 20 V com duas peças custava $199; na Black Friday, custará $149".[14] Muitas postagens tinham texto semelhante, centrado nas vendas e no fundo do funil. Mas, como o conteúdo agregava valor, a mensagem de vendas não era um problema. Esse é outro grande erro que muitas marcas cometem nas suas estratégias de mídia social: anunciamos coisas para vender. Sabemos disso. Eles sabem. Sabemos que eles sabem. Além disso, eles sabem que sabemos que eles sabem. Não é preciso esconder. Só precisamos agregar valor enquanto vendemos.

O trabalho criativo de #LowesFixInSix funcionaria no espaço do Ego? É claro. A marca compartilhou alguns desses vídeos no Facebook, onde muitos deles geraram centenas de milhares de visualizações.[15] Como costuma acontecer com conteúdo orgânico, não é raro que peças criativas exemplares numa mídia social encontrem público em várias plataformas. Dado que ambos, em geral, são espaços de autorrepresentação, muitas melhores práticas que dão certo no Facebook também funcionam no Instagram, mas o sucesso tem razões diferentes.

Um dos diferenciadores principais entre os espaços do Ego e do Superego é que, no espaço do Superego, estamos menos ligados à noção *offline* de realidade e identidade. Embora o nosso eu ideal seja um fator quando participamos do espaço do Ego, ele está incorporado ao espaço do Superego. Em geral, nos exprimimos indiretamente por meio de pessoas que representam aspectos do nosso eu ideal. Quando nos identificamos com um tipo específico de moda, podemos seguir um designer famoso e nos engajar com ele. Quando nos identificamos com um time específico, podemos seguir a franquia ou os nossos jogadores favoritos. Quando nos identificamos com a adrenalina e os esportes radicais, podemos seguir a GoPro.

A GoPro compartilha a síntese do conteúdo ambicionável: atletas profissionais radicais realizando façanhas absurdas. A maioria de nós, e peço desculpas se estiver me projetando aqui, provavelmente não desce formações rochosas escarpadas de bicicleta, não pratica voo livre em formação, não surfa ondas altas como prédios nem mergulha em cavernas submarinas. Mas isso não significa que não nos identifiquemos com o que tudo isso representa: ousadia, adrenalina, vencer a morte, nervos de aço. Também não significa que não queiramos uma câmera que *pudesse* registrar todas essas atividades radicais. Seguir a GoPro e se engajar com o seu conteúdo é um modo de comunicar que somos aventurosos, que somos cheios de energia na vida e que nos dispomos a enfrentar os nossos medos. Com mais de 16 milhões de seguidores no Instagram e mais de 2,2 milhões no Twitter, a GoPro é uma marca que adotou o nicho do Superego, natural e perfeito para ela.[16,17]

O mesmo fenômeno acontece na categoria da boa forma em geral. Os influenciadores *fitness* mais seguidos no Instagram não são os que têm mais conhecimento prático nem os que passaram de fora de forma para razoavelmente em boa forma. São as pessoas mais absurdamente em boa forma física (ou, pelo menos, que parecem em forma física mais absurda) no planeta. Astros como a modelo Michelle Lewin, com mais de 13 milhões de seguidores, fisiculturistas profissionais como Kai Greene, com mais de 5 milhões de seguidores, e técnicos famosos com abdominais pulando do tronco como Simeon Panda, com mais de 5 milhões de seguidores, vencem o concurso dos mais olhados.[18,19,20] É porque as pessoas gostam de acompanhar sua rotina de treinos? Ou porque oferecem a melhor inspiração para as nossas metas de boa forma? Nada disso.

Gostamos de ver pessoas que foram além dos seus limites — ou talvez dos *nossos* limites — e nos engajar com elas porque elas é que exprimem a nossa visão do nosso eu ideal. Os anúncios da Nike se basearam diretamente nessa mesma noção: somos todos atletas. Quando usamos um tênis da Nike, quando estamos na academia prontos para desistir, quando debatemos se saímos ou não da cama para nos exercitar, uma parte nossa nos imagina como os superatletas que vemos a Nike representar e nos sentimos empoderados. A marca nos põe naquela mesma classe de atleta.

Elevar a marca ao nível de aspiração do Superego não é tarefa fácil, mas, para algumas categorias, o encaixe é bastante natural. Moda, comida, forma física, música e qualquer categoria que represente um *hobby* ou interesse ambicionável em geral é capaz de dar um jeito de se alinhar com o eu ideal. Um modo que as marcas desenvolveram para aproveitar essa tendência das pessoas no espaço do Superego de admirar os seus ídolos é contratar esses ídolos como influenciadores.

As redes do Superego andam de mãos dadas com os influenciadores, em parte porque eles tendem a se identificar com algum aspecto do nosso eu ideal. A estrutura das redes do Superego também permite que os influenciadores encontrem e cultivem os seus seguidores de maneira relativamente natural. Quando as campanhas dos influenciadores são corretamente elaboradas, as marcas conseguem tomar emprestada a credibilidade construída por eles, oferecer algo útil ao público e converter uma faixa de novos clientes. Infelizmente, é fácil levar uma campanha de influenciador pelo caminho errado: cara demais, peças criativas ineficazes sem nenhum alcance viável ou, pior ainda, que nos envergonham diante do público que queremos converter.

AS CAMPANHAS DE INFLUENCIADORES EXIGEM QUE PONHAMOS O SIGNIFICADO DA NOSSA MARCA NAS MÃOS DOS PARCEIROS

A integração com os influenciadores é mais arte do que ciência. Se houver excesso de toque da marca, a parceria soa forçada e nada autêntica. Se for insuficiente, a parceria deixará de propagar a mensagem publicitária e, em geral, confundirá o público do influenciador. A marca Madewell é um exemplo excelente de como fazer campanhas com influenciadores. A marca é conhecida pelo marketing constante com influenciadores, e isso faz um sentido específico para essa marca de moda relativamente jovem.[21] O Instagram criou toda uma classe de modelos amadores semiprofissionais, e a Madewell seleciona uma série de influenciadores ambicionáveis mas que geram identificação e que se encaixam no estilo das suas roupas. A marca equilibra com sucesso parcerias bem-sucedidas que parecem uma parte natural da vida do influenciador e estão claramente ligadas à marca e aos produtos da Madewell.

A Madewell não cai na armadilha do "slogan" forçado, um pecado capital do marketing de influenciadores. Quando a marca fornece o texto ou solicita que o influenciador use um *slogan* na legenda, o conteúdo quase sempre parece pouco autêntico e forjado. Provavelmente porque é. "Mas estamos pagando para eles publicarem!", diz o cliente. Sim, esse argumento é justíssimo. Só precisamos ser um pouco mais criativos no modo de integrar a mensagem da marca. Os influenciadores podem cumprir jornadas de trabalho integrais, criando, fazendo manutenção e cultivando os seus canais; o público os conhece muitíssimo bem. Mesmo que o papinho da marca passe pelo nosso teste, provavelmente não vai passar pelo do público.

A Madewell usa uma tática especialmente brilhante para cobrir a lacuna entre o slogan e a voz editorial natural do influenciador. Em geral, a marca fornece ao influenciador uma sugestão em vez de um texto. Numa campanha para o Dia dos Namorados, a usuária do Instagram @citysage criou uma postagem para os jeans Madewell.[22] Na foto, ela está sentada com uma caneca vermelha de café, usando um jeans Madewell, com as pernas em cima de uma cadeira cor-de-rosa bem instagramável. Ela diz aos fãs: "Em homenagem ao Dia dos Namorados, @madewell1937 me pediu que compartilhasse algumas coisas que amo... como a primeira caneca de café pela manhã, o jeans mais confortável que combina com tudo, o ousado romance de rosa + vermelho... feliz ♡ 💝 💟 🍩 para todo mundo! #denimmadewell #flashtagram (foto: @teamwoodnote)."

A postagem conseguiu esconder de todo mundo o lado difícil da integração com o influenciador: "A Madewell me pediu que fizesse isso". Muitas vezes, a Madewell emprega vários influenciadores em cada campanha, e a sugestão também ajuda a abordar de um jeito estratégico esse problema da escalabilidade. A sugestão permite que cada influenciador interprete as coisas de um modo diferente. Mesmo que consigamos colocar naturalmente um slogan na postagem do influenciador, se a frase for repetida por vários deles será fácil reconhecer exatamente de onde vem a falta de autenticidade. (Dica: de nós). Se a Madewell pedisse aos influenciadores que publicassem a frase "Adoro os meus jeans @madewell1937 porque são confortáveis e combinam com tudo!", a campanha cairia naquele vale sinistro da propaganda e pareceria completamente forjada. Mas a sugestão geral de "compartilhar coisas que você ama" é adaptável e escalável o bastante para gerar uma diversidade ampla de conteúdo da marca entre os influenciadores parceiros.

A Madewell também aproveita *hashtags* coerentes quando trabalha com influenciadores, não só em campanhas específicas mas em toda a sua atividade social. Além de ajudar a articular uma história longa de conteúdo patrocinado do influenciador, isso também incentiva o uso pelos usuários e o compartilhamento orgânico. Quando os influenciadores compartilham atualizações com as *hashtags* da Madewell, cria-se uma estética específica no acúmulo dessas postagens. E, como no espaço do Superego somos todos mini-influenciadores, é natural, como seguidores daqueles influenciadores ou amantes da marca Madewell, que também compartilhemos as nossas fotos com as mesmas *hashtags*. Em vez de criar uma nova linha de jeans e escrever textos que causam vergonha alheia, ao pedir "Compartilhe fotos mostrando por que você ama os jeans Madewell!", a marca criou um motor de publicações de usuários permanecendo discreta nas chamadas à ação e permitindo que a mecânica da rede social funcione naturalmente. Na verdade, no seu site a marca tem uma seção dedicada à "Comunidade" que mostra fotos das suas várias *hashtags*, dando reconhecimento aos fãs pela contribuição.[23] A Madewell usa o Instagram para incentivar os fãs a publicar o seu *look* do dia ao lado do *look* dos influenciadores, fazendo uso bastante estratégico do espaço do Superego.

Nas redes do Superego, a nossa posição social significa tudo, especialmente como marcas. A contagem elevada de seguidores, o forte engajamento com as nossas fotos, as *tags* e os retuítes de contas influentes são maneiras de construirmos credibilidade no espaço do Superego. Como marcas, tendemos a recorrer aos pedidos de desculpas nas mídias sociais. Ao menor sinal de resistência, somos rápidos ao recuar, remover a postagem, apagar o vídeo, desistir da campanha, cair de joelhos e implorar perdão aos deuses das mídias sociais. Como marcas no espaço do Superego, precisamos engrossar o tom de um jeito que talvez não pareça imediatamente confortável. Em meio a um punhado de outras coisas em que estão absolutamente certos, a marca Wendy's é um ótimo exemplo de aceitação das críticas e manutenção do avanço rumo a um resultado estratégico, bem pensado e divertido.

Talvez mais do que as outras marcas, a Wendy's conseguiu se tornar parte da cultura memética. E sem ser "morta pelos habitantes e cozida no caldeirão comunitário". A marca foi genuinamente aceita pela tribo. A cultura memética e as redes do Superego têm uma relação interessante, e, de forma um tanto anti-intuitiva, boa parte do humor que prospera nas redes do Id também consegue se propagar nas redes do Superego. Às vezes, é porque o humor autodepreciativo seja um aspecto do Superego de muita gente; outras vezes porque conhecer a cultura memética de vanguarda seja um ideal para muita gente; outras ainda porque as redes do Superego tendem a uma representação significativa de perfis anônimos. Seja como for, a Wendy's consegue promover um volume imenso de engajamento por entender e contribuir para a cultura memética.

Para as marcas, um dos modos mais fáceis de falhar na cultura dos memes é usar de forma incorreta a máquina de memes. Seja por estragar a cadência do texto, por usar a fonte errada ou adotar de um jeito totalmente incorreto o clima do meme original, acertar a máquina de memes exige paciência e atenção aos detalhes. Quando a Wendy's demonstra que dominou um meme por adaptá-lo com sucesso a um novo formato, as pessoas que se engajam com o meme da marca exprimem duas coisas. Primeiro, a Wendy's fez um meme divertido que é relevante para a cultura memética. Segundo, eu também estou na piada. Como a cultura memética usa ideias e máquinas de memes para definir fronteiras e como esses memes evoluem constantemente, as pessoas identificadas com a cultura memética têm um incentivo para continuar demonstrando que pertencem à tribo. A Wendy's aprendeu a falar a língua fluentemente.

Na verdade, a cultura memética constitui uma língua nova, e aprender a falar uma língua nova não é fácil. Quando aprendemos algo novo, estamos fadados a cometer gafes. Inevitavelmente, enquanto aprimorava a voz da marca e o conteúdo ligado à cultura memética, a Wendy's cometeu erros. E, sem dúvida, a equipe da marca recebeu mensagens do tipo "Saiam da cultura memética; aqui não é o seu lugar." Há muitas equipes de mídia social que recebem esse *feedback* algumas vezes e abandonam a estratégia. Mas não a Wendy's. A marca não volta atrás quando o seu conteúdo é criticado, e isso é absolutamente fundamental para manter um comportamento respeitável no espaço do Superego. Isso não é dizer que a Wendy's não cuide dos clientes que receberam pedidos errados. Quando algo não dá certo, a marca responde com uma mensagem sincera, como "Não é esse o serviço que esperamos. Por favor, nos envie em particular a localização e os seus dados de contato para examinarmos melhor a questão." Mas a Wendy's é conhecida pelas lacrações no Twitter.

Quando um usuário provocou a conta da Wendy's dizendo "Se vocês responderem, comprarei todo o cardápio da Wendy's agora mesmo", a marca respondeu: "Prove".[24] A pessoa retorquiu com a foto de um saco de lixo e a legenda: "Eis a prova". A Wendy's bateu de volta com "Obrigado por nos mandar a sua foto quando bebê". Só essa resposta gerou mais de três mil retuítes e mais de quinze mil curtidas. Embora a tática seja engraçada e envolvente na execução, a mentalidade é realmente importantíssima no espaço do Superego. Ela diz: "Confiamos na nossa marca. Não seremos intimidados." E que não haja dúvida: as marcas são intimidadas o tempo todo no Twitter.

Infelizmente, a maioria delas pede tantas desculpas nas mídias sociais que parecem culpadas só por ocupar espaço. Algumas pessoas reagem negativamente aos memes postados pela Wendy's, mas ela recebe o *feedback* na esportiva e, quando apropriado, não tem medo de retrucar. Como marcas, precisamos entender a diferença entre reação contrária genuína e generalizada e um punhado de comentários negativos. Para exigir respeito dentro da cultura, precisamos nos manter

As redes do Superego e a expressão do Eu ideal

firmes no que dizemos e exibir comportamentos da marca que se alinhem ao que dizemos que a marca é.

Quando nos organizamos em torno de perfis que facilitam a autorrepresentação, estamos conectados à nossa identidade *offline* e a muitos amigos fora da internet e temos o potencial de alcançar um mundo de gente que ainda não conhecemos; é natural que manifestemos uma versão ideal nossa. Não somos falsos no espaço do Superego. Só tendemos a incorporar uma persona mais selecionada do que nas redes baseadas em conexões mútuas e na exploração anônima. Como marcas que buscam engajar o público no espaço do Superego, precisamos dar um jeito de nos alinhar com o eu ideal das pessoas — ou encontrar um caminho que permita à nossa marca representar algo ligado ao eu ideal do nosso público.

O espaço do Superego nos deixa no modo de autorrepresentação emergente. As fotos que compartilhamos, o conteúdo com que nos engajamos e os amigos com quem interagimos são a maneira de nos definirmos para a rede mais ampla. Como marcas, além de encontrar modos de agregar valor ao eu ideal do nosso público, também temos de manter a autenticidade e a coerência. Dar um jeito de agregar valor no espaço do Superego exige a compreensão estratégica de quem é o público e de quem ele ambiciona ser. Se conseguirmos encontrar um caminho para ajudar o nosso público a exprimir o seu eu ambicionável, o engajamento virá naturalmente.

PRINCIPAIS LIÇÕES

- É nas redes do Superego que, em geral, somos identificados como o nosso eu offline, alimentamos alguma conexão com as pessoas que nos conhecem offline e, ao mesmo tempo, temos o potencial de atingir toda uma rede de pessoas que ainda não conhecemos. Representamos uma versão idealizada nossa.
- Para promover engajamento nas redes do Superego, temos de criar conteúdo que se alinhe com algum aspecto do eu ideal das pessoas. Isso exige um entendimento sincero e autoconsciente do que a nossa marca representa.
- Quase todo conteúdo com que alguém se engaja no espaço do Superego é, de certa maneira, exibível.
- O status social é importantíssimo nas redes do Superego, e podemos demonstrar o nosso status por meio de um nível elevado de engajamento, do cultivo dos nossos seguidores e de parcerias com outras marcas e outros influenciadores conceituados.
- As integrações com influenciadores podem ser uma tática potente para construir relevância e elevar o status social, mas têm de parecer orgânicas para influenciar as opiniões de forma significativa.

CAPÍTULO

7

O PODER NÃO PERCEBIDO DAS REDES DO EU VERDADEIRO
O Id e o Ego inconsciente

"A anonimidade envenenou a vida *online*", diz o subtítulo de uma reportagem de 2016 da revista *The Atlantic* intitulada "Como consertar a internet".[1] O texto começa assim:

> Temos de consertar a internet. Depois de quarenta anos, ela começou a corroer-se e a nos corroer. Ainda é uma invenção milagrosa e maravilhosa, mas agora há *bugs* no alicerce, morcegos no campanário e *trolls* no porão. [...]
> Amo a internet e todos os seus ramos digitais. O que lamento é o declínio.

A reportagem registra a atitude predominante nos meios de comunicação em relação à anonimidade *online*. A lógica parece ser que, se conseguirmos tirar a anonimidade da internet, resolveríamos os problemas da trolagem, do bullying e das más ações em geral. Não há escassez de retórica para transformar a anonimidade em bode expiatório e fonte do comportamento problemático *online*. Em 2012, os legisladores do estado de Nova York chegaram a ponto de propor uma lei que exigiria que os sites sediados em Nova York removessem todo e qualquer conteúdo que não estivesse ligado diretamente a uma identidade *offline*.[2]

Pior ainda, a maioria desses argumentos não cita nenhuma pesquisa real sobre o efeito da anonimidade sobre o comportamento *online*; quando cita, a conexão entre a pesquisa e a conclusão é tênue, na melhor das hipóteses. Vejamos uma reportagem da BBC intitulada "O perigo da anonimidade *online*", por exemplo. O texto afirma que "estudos mostram que as pessoas têm mais probabilidade de se comportar de forma desonesta ou moralmente questionável quando podem se esconder atrás disso".[3] A citação: uma pesquisa de 2012 sobre alunos que tendem a colar com mais frequência quando a tecnologia possibilita a cola.

Raramente, se é que isso acontece, ouvimos argumentos a favor da anonimidade *online*, apesar da popularidade das redes anônimas. O Reddit está entre os dez sites com mais tráfego nos Estados Unidos, de acordo com o Alexa Rank da Amazon, e há uma cauda compridíssima de comunidades anônimas de estrutura semelhante baseadas em interesses.[4] Quando ouvimos alguma defesa da anonimidade *online*, em geral é em reação a casos relativamente periféricos, embora envolventes, como denúncias ou revelação de notícias que seriam suprimidas. Em "Disrupções: um submundo digital coberto pela anonimidade", o *New York Times* credita à anonimidade o vazamento de documentos do governo por dissidentes do Irã e do Egito, o que parece... bom... importantíssimo.[5] Mas esse toque positivo é rapidamente desfeito pela linha seguinte: "traficantes de drogas e contrabandistas de armas também preferem a anonimidade".

A anonimidade é uma coisa estranha. Não é algo que nos dão naturalmente. Em toda a história, nós, seres humanos, usamos objetos como as máscaras para encobrir o rosto por várias razões: proteção, expressão artística, ritual, entretenimento e, sim, para não sermos pegos. A anonimidade *online* é bem parecida. O modo como as pessoas usam a anonimidade é variado, e ela traz um risco embutido. Dá proteção ao nosso eu, um espaço mental para respirar que é separado seguramente da nossa identidade selecionada. A anonimidade permite a expressão e a vulnerabilidade criativas sem ramificações sociais. Ela nos dá espaço para explorar interesses e ideias novos que ainda não integramos à nossa identidade social. É a liberdade de aprender algo sem anunciar "é nisso que acredito".

Quando participamos de redes anônimas, tendemos a nos organizar em torno de ideias e interesses em comum porque... bom, em torno do que nos organizaríamos no lugar da nossa identidade *offline*? Como as pessoas se organizam em torno de tópicos, as redes do Id também tendem a facilitar as experiências em comum entre usuários (Figura 7.1). Não há dois *feeds* iguais no Facebook, mas todos os que visitam a comunidade r/Sneakers do Reddit veem os mesmos tênis. A combinação de experiências compartilhadas nas redes organizadas em torno de ideias em comum gera uma noção de comunidade que é bem diferente do modo como as pessoas se relacionam nas redes baseadas em identidade. Dessa identificação com a comunidade *online* vem uma sensação profunda de confiança, algo escasso entre os profissionais de marketing.

FIGURA 7.1 **Estratégia de conteúdo do Id**

A confiança *online* também é uma coisa estranha. Provavelmente não surpreende que, na hora de obter informações confiáveis sobre marcas e produtos, as resenhas do Google e da Amazon fiquem no alto da lista. Uma pesquisa de 2018 mostrou que 88% e 89% dos usuários dessas respectivas plataformas confiam nas informações que recebem.[6] Provavelmente não surpreende que plataformas como Facebook, Twitter e Instagram fiquem bem atrás: respectivamente, 58%, 64% e 66%. Mas o que pode surpreender é que 86% dos usuários do Reddit confiam nas recomendações de marcas e produtos de outros Redditors. Fora a unanimidade, as comunidades *online* promovem uma noção mais profunda de confiança do que as redes sociais baseadas em identidade.

O CONTEÚDO ONLINE PODE TER CONSEQUÊNCIAS SOBRE O COMPORTAMENTO NO MUNDO REAL

Hoje, a nossa identidade nos segue em toda parte. A maioria dos sites nos permite fazer login com a nossa identidade do Facebook ou do Google. É fácil esquecer que a anonimidade caracterizou a maior parte da vida na internet durante todo o início da sua evolução. Se a anonimidade fosse uma força tão destrutiva, a internet nunca teria se tornado a potência cultural e econômica que conhecemos hoje. A maior parte das críticas à anonimidade também deixa de abordar uma parte importante da equação. A anonimidade não cria pensamentos problemáticos. As pessoas, sim. É ingênuo pensar que livrar a internet da anonimidade apagaria as ideias prejudiciais. A verdadeira pergunta que deveríamos fazer é: qual é a relação entre essas ideias prejudiciais, a expressão anônima e as suas consequências no mundo real?

Um estudo em nível macro sobre o feito da anonimidade *online* aconteceu quase sem notarmos que era um estudo. Em 2006, o professor Todd Kendall, da Universidade Clemson, publicou um artigo de pesquisa que descrevia os Estados Unidos como um conjunto de cinquenta estudos de caso individuais sobre o que acontece quando as pessoas obtêm acesso à internet.[7] (Alerta de conteúdo sensível: o parágrafo seguinte discute um estudo sobre crimes violentos, especificamente estupro. Levo esse assunto muito a sério e não entro em detalhes sobre nenhum caso específico, mas, se for delicado demais para você pessoalmente, é melhor ir direto para o outro parágrafo.)

Embora controvertido, o que Kendall encontrou foi espantoso. Conforme cada estado obtinha acesso à internet, o número de estupros na área diminuía. De acordo com Kendall, um aumento de 10% do acesso à internet estava associado a uma queda de 7,3% dos crimes de estupro registrados. A hipótese era que "o acesso à internet parece um substituto do estupro". Mais especificamente, a internet oferece acesso livre à pornografia. Esse achado provocou críticas das comunidades de sociologia e psicologia. Karen Cimini, psicóloga especializada em problemas sexuais, observou que o estupro "tem mais a ver com controle e poder".[8] Essa ideia também é controvertida entre os psicólogos, e alguns estudiosos sugerem que uma parte dos crimes de estupro têm realmente natureza sexual. Outros teorizam que o ato de assistir à pornografia pode, em si, satisfazer a ânsia de poder e, portanto, ser coerente com as propostas tanto de Cimini quanto de Kendall. Seja como for, constatou-se que esse aumento do acesso à internet não teve efeito sobre outros tipos de crime, e Kendall observou que a redução das denúncias de estupro foi mais acentuada entre os homens de 15 a 19 anos, para quem o acesso à pornografia antes da internet era mais difícil.

Steve E. Landsburg, colunista da revista *Slate*, observou uma conexão entre a pesquisa de Kendall e um estudo realizado pelos professores Gordon Dahl e Stefano DellaVigna, da Universidade da Califórnia.[9] Nesse estudo, os pesquisadores examinaram o efeito do lançamento de filmes sobre os crimes violentos. Eles constataram que, quando filmes violentos são lançados, os crimes violentos tendem a diminuir. Os pesquisadores compararam dois filmes com público semelhante nos cinemas — *Hannibal* e *Wallace & Gromit: a batalha dos* vegetais —, ambos com 12 milhões de espectadores no cinema, lançados em fins de semana diferentes. Dahl e DellaVigna observaram uma queda de 2% dos crimes violentos a cada milhão de pessoas que assistia a filmes violentos. Mesmo semanas depois, o estudo não encontrou indícios de recrudescimento para compensar a redução inicial.

"Estamos tirando muita gente violenta das ruas e colocando-a dentro do cinema", explicou Dahl num artigo publicado no *New York Times*. Isso me parece uma análise muitíssimo rasa de um fenômeno que, mais provavelmente, é profundamente psicológico. Por acaso, Freud e os psicanalistas teorizaram bastante sobre isso.

Carl Jung, aluno de Freud, dá uma explicação que acho muito mais convincente para os fenômenos descritos nesses estudos. Jung conceituou uma parte da mente, muitas vezes igualada ao Id de Freud, que chamou de "sombra" — o inconsciente, as partes inexploradas da psique. Para Jung, a prática de se tornar uma pessoa consciente e plenamente integrada envolvia o confronto voluntário com essa sombra: "Todos levam consigo uma sombra, e, quanto menos ela se incorpora à vida consciente do indivíduo, mais negra e densa fica."[10]

Talvez seja o confronto com a sombra — ou uma válvula de escape para ela — que aconteça em grande escala na anonimidade *online*. Em vez de ideias tabus repugnantes reprimidas em massa, a internet anônima oferece uma válvula de escape para a expressão dessas ideias sem incidentes *offline*. Quando abrimos espaço para a expressão das partes reprimidas do eu, conseguimos liberar parte dessa tensão acumulada. Se simplesmente continuamos a reprimir essas partes, nos arriscamos a fazê-las crescer e apodrecer. Como o modelo freudiano já mencionado de ideias reprimidas que atuam como bolhas de ar presas embaixo d'água, a anonimidade permite a sublimação dessas partes reprimidas sem manifestação física.

Isso não é dizer que todos os crimes violentos e comportamentos indesejáveis possam ser resolvidos com acesso a conversas anônimas *online*. Na verdade, se filmes violentos reduzem parte da violência e se o acesso à internet reduz parte dos crimes sexuais, então talvez algu-

O Id e o Ego inconsciente

ma porção de outros comportamentos problemáticos também possam ser evitados se permitirmos a sua expressão em recipientes simulados, como as comunidades anônimas *online*. Sentimos aversão moral à pornografia e aos filmes violentos, mas se realmente houver uma correlação negativa demonstrável entre a expressão *online* e os seus correlatos no mundo real, deveríamos no mínimo investigá-la.

Dizer que a sombra e o inconsciente só se caracterizam por desejos sombrios é profundamente incorreto, tanto na leitura psicológica quanto nessa metáfora da anonimidade *online*. As plataformas como o 4chan, inerentemente menos estritas na imposição das regras da própria plataforma, realmente promovem conversas ofensivas, nojentas e problemáticas, mas até nas partes mais escuras da internet os usuários com má intenção são a exceção e não a norma. Como autoridade no marketing para Redditors, as pessoas que não conhecem a plataforma costumam me perguntar: "com a anonimidade, as pessoas não ficam simplesmente odiosas, racistas, misóginas, nojentas etc.?" Fico sempre tentado a responder com outra pergunta: "Você ficaria assim?" Para a maioria, a resposta é um enfático "Não!". A anonimidade simplesmente nos oferece uma nova lente para ver o mundo, bem mais flexível do que as personas movidas a Ego e Superego que construímos nas outras plataformas sociais. As plataformas anônimas abrem espaço para a exploração, tanto do mundo quanto do eu.

A ANONIMIDADE PERMITE QUE AS PESSOAS MUDEM DE IDEIA SEM CUSTO PARA O EGO

Esse espaço sem Ego é importante para os usuários e vital para nós como marcas: as pessoas têm espaço para mudar de ideia. Quando participamos de redes sociais como Facebook e Instagram, é raro ver discussões nuançadas, principalmente sobre temas pesados ou tabus como política e religião. No espaço do Ego e do Superego, estamos mais interessados em defender as nossas crenças (e a noção de eu que as nossas crenças sustentam) e menos curiosos para explorar ideias novas. Por padrão, a nossa postura é defensiva. O conteúdo que desafia nosso senso de odentidade parece uma ameaça. Se o nosso oponente nos supera numa conversa política, somos mais propensos a nos desligar do que a voltar nossa análise crítica para dentro.

No espaço do Id, a conversa sobre tabus prospera, inclusive os políticos. O debate político não está em exposição pública, pelo menos não entre os eus. A conversa política no espaço anônimo é mais uma batalha de ideias sem corpo do que de pessoas que acreditam nelas. Assim, embora possamos achar certas retóricas enfurecedoras, frustrantes ou deploráveis, quando a discussão acontece no espaço anônimo o foco permanece nas ideias discutidas. Talvez a melhor ilustração desse sentimento em ação seja a comunidade do Reddit chamada r/ChangeMyView. Como o nome indica ("mude a minha opinião"), a comunidade foi construída para os usuários porem à prova as suas crenças mais caras num debate construtivo. As discussões tendem a permanecer educadas e vivas dentro de limites intelectuais e raramente evoluem para os xingamentos e ataques *ad hominem* que vemos nos espaços mais centrados no Ego.

A comunidade r/ChangeMyView usa uma estrutura específica para facilitar a conversa. Primeiro, o postador original (*original poster* ou OP) escreve um cabeçalho que descreve a crença que gostaria de debater; depois, expande o título com alguns parágrafos que explicam por que a pessoa chegou àquela conclusão. Se os colegas da comunidade aprovarem a postagem e afirmarem que há terreno fértil para a conversa, os outros membros participam e dão pontos de vista diferentes. Às vezes, isso significa partir de um lugar de total discordância, mas, com bastante frequência, a divergência de pontos de vista ocorre em partes mais nuançadas da declaração inicial do OP. As postagens da r/ChangeMyView tendem a ser longas, assim como os comentários, o que comprova a saúde da comunidade. Além de se disporem a ler blocos longos de texto, as pessoas o fazem com pleno conhecimento de que essas postagens são escritas por adversários intelectuais. Quando um respondente apresenta um ponto de vista que muda a opinião do OP ou o faz pensar de forma diferente sobre um problema, o OP premia o comentário com um "delta". A letra grega delta (Δ), sinônimo de mudança na física e na matemática, é exibida como insígnia pelos participantes da r/ChangeMyView.

Na r/ChangeMyView, os tópicos vão da política governamental a política empresarial, religião, ética, moralidade e assim por diante. A comunidade ostenta quase um milhão de membros, mas o seu espírito é sentido muito mais amplamente em toda a plataforma Reddit. É comum que comunidades com visões opostas desenvolvam um território intermediário com mecânica similar à de r/ChangeMyView. Ateus criaram a comunidade r/DebateAnAtheist para facilitar a discussão cética e, do mesmo modo, cristãos desenvolveram a r/DebateAChristian. Os libertários criaram uma comunidade chamada r/AskLibertarians, Redditors do espectro LGBTQ+ formaram uma comunidade chamada r/AskLGBTQ e Redditors veganos têm uma comunidade chamada r/DebateAVegan. Em todo o Reddit, existem comunidades semelhantes nas "falhas geológicas" existentes entre crenças arraigadas.

ENGAJAR AS PESSOAS NO ESPAÇO ANÔNIMO EXIGE AGREGAR VALOR NO NÍVEL DA COMUNIDADE

Como marcas, estamos no negócio de mudar mentes. Mudar mentes está no centro de tudo o que fazemos: publicidade, marketing, relações públicas, embalagem, posicionamento etc. Tentamos levar as pessoas a pensar na nossa marca como relevante para elas, a reconhecer que o nosso produto resolve um problema que tenham, a concordar que o nosso produto é melhor do que todos os outros ou que representamos algo diferente dos seus preconceitos. Mudar mentes está no centro da construção da marca. E os nossos Egos e Superegos não gostam da mudança. Quando engajamos estrategicamente as redes do Id, conseguimos levar a mensagem rio acima até os pontos em que a internet em geral forma opiniões ativamente.

Como resultado dessa liberdade de expressão e do senso de identidade mais fluido, as pessoas tendem a ser mais espontâneas nas redes do Id. Também esperam que as marcas sejam mais genuínas. O conteúdo que vai aos bastidores, que faz as pessoas se sentirem envolvidas em algo maior e que desperta discussões genuínas será extremamente eficaz para produzir engajamento significativo no espaço do Id. Ter sucesso no espaço do Id também exige uma flexibilidade da persona que costuma ser desconfortável para as marcas tradicionais. A UNIQLO é um ótimo exemplo do valor da espontaneidade e da flexibilidade quando a marca se engaja numa conversa. Em 2015, postagens orgânicas no Reddit levaram mais tráfego à loja *online* da UNIQLO do que todos os outros canais sociais, e as postagens individuais responderam por mais de 20% de todas as vendas *online*.[11] E não foi uma vez só; a marca declarou que, quando publicou ofertas ou vendas especiais, as postagens individuais do Reddit foram regularmente responsáveis por um quinto de todas as compras *online*.

Mas não foi aí que a UNIQLO começou. Como muitas marcas, ela notou conversas orgânicas sobre si nas comunidades de moda do Reddit. Alguns influencers defendiam o preço razoável, a boa qualidade e a estética elegante da UNIQLO e incluíram a marca em *lookbooks* e álbuns inspiradores. Em 2012, a UNIQLO viu picos de tráfego orgânico dirigidos pelo Reddit e começou a promover o relacionamento com comunidades relevantes da plataforma, como r/MaleFashionAdvice, comunidade dedicada a compartilhar inspirações da moda para ajudar os homens a se vestirem melhor. Na verdade, seria um pouco enganoso dizer que "a marca" notou, porque o que se seguiu não foi uma série refinada de novas peças publicitárias criativas e uma estratégia férrea para capitalizar esse sinal inicial. Em vez disso, a UNIQLO designou uma gerente de comércio eletrônico para publicar no Reddit como ela mesma. Arielle Dyda construiu um relacionamento tão forte com as comunidades de moda que o nome UNIQLO tem a mesma

O Id e o Ego inconsciente

probabilidade de aparecer em sátiras sobre a moda no Reddit e de surgir quando a marca faz uma liquidação. E, quando os Redditors começam a satirizar os outros Redditors que amam a sua marca, você sabe que acertou.

A conta de Dyda no Reddit era a antítese da presença tradicional das marcas nas mídias sociais. As suas respostas não eram enlatadas; eram construídas do zero. Não eram uniformes nem pré-aprovadas. A aspereza e a abordagem espontânea eram características da sua interação. Quando alguém fazia uma pergunta e Dyda não conseguia dar uma resposta ideal, ela explicava: "Estou no celular e não posso acessar a do ano passado (ainda não carrega no aparelho). Se você procurar 'camisa de linho UNIQLO' no Google, a do ano passado ainda deve estar lá".[12] Você consegue imaginar a maioria das grandes marcas admitindo uma falha do seu site *antes* que as pessoas se irritem com ela? Nem eu. Dyda também participava do Reddit em outros lugares além das comunidades de moda. Ela respondia perguntas em r/AskReddit, compartilhava fotos fofas dos seus animais de estimação na r/Aww e publicou o vídeo do seu casamento numa comunidade de planejamento de casamentos frugais pra demonstrar por que achava que não era bom cortar custos com vídeo.[13] As pessoas no Reddit notaram e a adoraram por isso. Ela passou a fazer parte da comunidade, assim como a UNIQLO.

Quando a UNIQLO distribuiu cupons de peças grátis da sua linha mais recente de Heattech, que prontamente se esgotaram, os Redditors não ficaram contentes com a marca. Numa série de mensagens intitulada "Aviso ao público: a Uniqlo da 5ª Av. diz que não aceita mais os cupons gratuitos de Heattech", projetada para alertar (e talvez atiçar) outros Redditors para o marketing enganoso da marca, o nome de usuário de Dyda logo foi mencionado nos comentários.[14] Em contraste gritante com a resposta social típica das marcas, "Sentimos muito saber disso, obrigado por avisar. Por favor, entre em contato conosco em naolemosnuncaesseemail@marca.com ou ligue para800-seiláoquê", Dyda foi direta e imediata a respeito da situação. Ela postou: "As letrinhas miúdas dizem 'enquanto durar o estoque'. Quem deu o golpe do 'sou anônimo, vou pegar logo cinco camisetas' arruinou a promoção para todos vocês." O comentário dela recebeu mais de 170 curtidas, mais do que a própria postagem inicial. O publicador original respondeu: "Eu estava com a camisa na mão, [outro usuário] também. Havia muito estoque." Dyda explicou:

> É claro que temos muito estoque para *vender*, mas tínhamos uma quantidade específica para distribuir gratuitamente.
>
> Francamente, você não estava achando que íamos doar todas as unidades de Heattech que temos na loja, não é?
>
> Sei que é muito decepcionante ser um dos que estavam lá e, de repente, acabou, mas chegamos ao limite das peças que podemos doar.
>
> Obrigada pelos agradecimentos <3. Neste fim de semana, será um pesadelo no Twitter por causa desse /cry.
>
> Vou ver o que posso fazer por vocês aqui.

Nota: Para referência, o "<3" representa um coração, relíquia da internet pré-emoji. E "/cry" é para invocar uma ação, como num videogame; digitar "/cry" numa caixa de diálogo fazia o personagem gritar em muitos jogos *online*.

A resposta dela recebeu 196 curtidas, mais do que todos os outros comentários da *thread* — e ainda mais do que a postagem em si. Com sinceridade, espontaneidade e um pouquinho de sarcasmo, as postagens de Dyda transformaram o que seria uma revolta da comunidade em mais uma vitória para a UNIQLO. Mas não foi só o estilo do texto que deu a vitória a Dyda. Essa resposta é incisiva. Não usa o mesmo truque de tirar coelho da cartola, de "pedir desculpas e passar a comunicação para as mensagens privadas" aprendido pela maioria dos gerentes de comunidades. Como lidava com uma comunidade, ela respondeu à comunidade. E o fez de um jeito respeitoso e com bom senso que explicava e defendia a posição da marca. O Reddit adoraria que Dyda oferecesse a todos camisas Heattech gratuitas? É claro. Mas esse tipo de generosidade exagerada é uma combinação de relações

O Id e o Ego inconsciente

públicas e estratégia de marketing e tem um custo. A abordagem de Dyda de esvaziar a indignação oferecendo simplesmente o ponto de vista sensato da marca — algo que muitas marcas têm medo de fazer em público nas mídias sociais — mudou a ideia das pessoas sobre o fiasco e impediu um potencial frenesi da mídia.

Isso não é dizer que a estratégia de surpresa e encanto não fizesse parte da presença da UNIQLO no Reddit. Mas a marca teve o bom senso de separar os momentos de genuína generosidade da aversão às crises de relações públicas. Na r/AskReddit, comunidade projetada para permitir que os Redditors façam perguntas abertas à comunidade maior, um usuário perguntou: "Professores do Reddit, qual é a coisa mais triste que você já descobriu sobre um aluno?".[15] Inevitavelmente, a seção de comentários se encheu de histórias de cortar o coração de professores, pais e colegas. Entre as mais populares, estava esta:

Acabei de descobrir isso hoje, na verdade.

Uma das minhas alunas mais brilhantes de anatomia (vamos chamá-la de Molly) vai fazer a viagem à França das férias de primavera da escola. Hoje, conversando com a professora acompanhante da viagem, a professora de francês mencionou que comprou roupas para Molly e queria saber se Molly estava usando alguma delas. Quando perguntamos por que a professora comprara roupas para Molly, ouvimos esta história:

A mãe de Molly morreu quando ela estava no fundamental II. O pai de Molly é dependente químico. Molly, os dois irmãos e o pai moravam todos com o avô (que divide o ano entre os estados de Indiana e Flórida). No ano passado, o avô e o pai brigaram; o avô expulsou o pai da casa e chamou o Serviço de Proteção à Criança para cuidar dos netos. Desde então, Molly e os dois irmãos estão em lares provisórios.

A única razão para Molly participar da viagem à França é porque o avô se sente culpado e está tentando aliviar a culpa financiando a viagem.

De volta às roupas: Molly tem três roupas que veste em rodízio. Para passar dez dias na França, ela precisa de mais do que isso.

Além do caos que é sua vida doméstica, Molly tinha economizado dinheiro para levar na viagem — uns trezentos euros. O pai a visitou no fim de semana passado e furtou o dinheiro. Agora ela vai usar o cheque do seguro social do mês.

A professora lhe comprou roupas, vai comprar os produtos de higiene para a viagem e pagar a "gorjeta" do guia [...]

E, quando a professora dá essas coisas a Molly, ela nem sabe como reagir ou aceitar. As palavras dela foram: "Por quê? A senhora não precisa fazer isso."

Molly é uma excelente aluna, tem muito potencial, é muito doce e motivada, uma pessoa incrível. Saber do seu passado cortou o meu coração hoje e está me pesando desde então [...]

A nossa querida Dyda, cujo nome de usuário aparecia na subcomunidade r/FrugalMaleFashion com o estilo de "Nosso Senhor e Salvador", mas que é simplesmente mais um Redditor em quase todos os outros cantos do site, publicou uma resposta: "Trabalho para uma grande varejista de roupas. Pode me mandar o manequim de Molly? Gostaria de enviar algumas roupas a ela". Pouco depois, os Redditors das comunidades de moda notaram quem tinha feito a oferta e publicaram uma nova *thread* dentro da comunidade r/MaleFashionAdvice para agradecer a Dyda: "Um alô a u/midnightl214 (nossa amiga representante da Uniqlo) pelo gesto bondoso em AskReddit", linkando o comentário e a oferta de mandar roupas a Molly.[16] A pessoa que publicou a história original de Molly logo atualizou o comentário:

EDIT: A manifestação de amor e apoio a Molly me levou às lágrimas esta noite! Obrigado a todos pela bondade e generosidade! Gostaria de poder continuar respondendo a cada comentário, mas este professor precisa dormir! PUBLICAREI MAIS NOTÍCIAS AMANHÃ E FALAREI NO PRIVADO COM QUEM FEZ PERGUNTAS.

OBRIGADO, COLEGAS REDDITORS!! Vocês restauraram a minha fé na humanidade depois de uma história tão comovente!

O Id e o Ego inconsciente

Logo em seguida, Dyda também atualizou a sua resposta:

EDIT não esperava que isso explodisse. Reddit, vocês são bons demais. As suas palavras me fizeram chorar. Preciso me deitar. OP está planejando me mandar os detalhes. Não sei se vou postar atualizações, mas devemos respeitar a privacidade de Molly, que está numa péssima situação. Não é uma questão de carma, é garantir que uma mocinha faça uma viagem fantástica à França para se concentrar em aprender e vivenciar, sem se preocupar com o que vai vestir no dia seguinte.

Centenas de Redditors responderam à história de Molly e à oferta de roupas de Dyda. O publicador original da história de Molly mandou nova postagem depois de incentivado a contar a história na comunidade r/Donate. O título era "A viagem de Molly à França":

Olá, r/donate!

Postei um comentário ontem em r/AskReddit e recebi um número avassalador de respostas de gente que queria doar dinheiro, roupas e outros recursos a uma aluna em necessidade. Eis o link.

Para todos os que se ofereceram para doar, que deram conselhos e que contaram as suas histórias à luz da história de Molly, obrigado. As palavras não podem exprimir como sou grato a cada um e a todos vocês. O dinheiro será usado para financiar a viagem de Molly à França, conseguir roupas para ela e os irmãos e permitir que ela vivencie a imensa generosidade da humanidade. Obrigado nunca será suficiente!

O seu apoio a essa aluna e a tantos como ela é o que torna o ensino só um pouquinho mais fácil. A comunidade que construímos é importantíssima em muitos aspectos, e estou realmente assombrado com a generosidade da comunidade do Reddit.

Obrigado, obrigado, obrigado!

EDIT Por favor, tenham paciência comigo na atualização das quantias... Agora, a Diretora de Relações da nossa comunidade me repassa todos os e-mails que recebe (um por doação), e estou acrescentando pessoalmente para saber o total. Coitadinha da caixa de entrada da nossa Diretora de Serviços da Comunidade... O Abraço da Morte do Reddit...

QUANTIA ATUALIZADA US$ 2.093,98!!!!

Como a bolsa foi criada para essa viagem à França, decidimos usar os recursos da seguinte maneira:

(1) A professora conseguiu acrescentar e pagar uma ida pela manhã a Versailles para todos os alunos que vão.

(2) A gorjeta do guia de todos os alunos será coberta.

(3) O almoço de todos os alunos será pago com o dinheiro.

(4) Uma bela lembrança para cada aluno que será comprada.

Por causa da sua generosidade, Molly poderá guardar o cheque do seguro social, e recomendamos que ela abra uma conta bancária no verão, assim que fizer 16 anos (e não precise mais da assinatura do guardião, até onde sabemos). Isso a ajudará a cuidar melhor da sua poupança e protegê-la das circunstâncias infelizes que ocorreram com as primeiras economias.

As caixas de doações estão começando a chegar, e estamos mais do que espantados com a sua generosidade!

Roupas da Uniqlo!

Câmera e filme Instax![17]

Se essa não for uma das interações mais genuínas, humanas, autênticas, insira a palavra do momento que você quiser, entre uma marca e uma comunidade, não sei qual seria. Mais uma vez, a recepção positiva e a generosidade inesperada se deveram, em grande parte, à abordagem de Dyda. Ela não caiu matando com uma resposta redigida por profissionais de relações públicas nem tentou inserir o jargão da marca. Ela só foi uma pessoa legal, um membro da comunidade Reddit que representava a UNIQLO. A resposta breve e simples de Dyda e o oferecimento de doar algumas peças de roupa geraram mais de 13.000 reações positivas dos Redditors e atraiu graus de magnitude a mais de visualização.

Com o tempo e com momentos bem pensados como esse, Dyda criou uma conexão genuína entre a marca UNIQLO e as comunidades de moda do Reddit. Anos depois, bem após Dyda deixar o trabalho com a UNIQLO, os Redditors continuaram a postar coisas favoráveis sobre a marca, frequentemente mencionados em guias criados por usuários, como "The Basic Bastard: British Budget Edition", que se tornou uma das principais postagens entre os 2,2 milhões de assinantes da r/MaleFashionAdvice.[18] A UNIQLO é tão recomendada pelos Redditors que os que não conhecem as comunidades de moda do Reddit costumam provocar *threads* como "Best of Uniqlo", uma postagem em r/FemaleFashionAdvice que diz:

> Há alguma *thread* dos melhores da Uniqlo que não consigo achar? Por favor, me contem os seus favoritos, se houver! Vou a uma loja física pela primeira vez esta semana e estou de olho nos suéteres de lã merino, a gola rulê heattech e as leggings. Alguma outra peça que eu precise experimentar?[19]

A postagem gerou mais de 300 curtidas e mais de 150 comentários.

Como se pode deduzir de muitas dessas postagens, os Redditors falam do Reddit de um jeito bem diferente de como as pessoas no Facebook falam do Facebook. Os usuários do Reddit se sentem "Redditors" de um jeito que os usuários do Facebook nunca serão "Facebookers". A noção de comunidade dentro do Reddit existe em grande parte graças à forma como a plataforma organiza as pessoas. Por ser anônimo por padrão, o Reddit organiza as pessoas em torno de ideias e interesses e não de conexões *offline*, o que gera mais experiências compartilhadas entre os membros. O mesmo princípio existe num número imenso de outros fóruns baseados em interesse, redes anônimas como 4chan e Tumblr e, em casos raros, chega até a alguns grupos baseados em interesse nas redes do Ego e do Superego. Quando organizadas em torno de ideias e interesses, as pessoas tendem, naturalmente, a formar uma noção de comunidade. Elas estão expostas ao mesmo conteúdo, engajam-se em conversas em grupo e as fronteiras são traçadas em torno do que têm em comum. Elas formam costumes e piadas internas — memes compartilhados que diferenciam os habitantes locais dos turistas.

AS PESSOAS SÃO MAIS AUTÊNTICAS QUANDO ESTÃO ANÔNIMAS E ESPERAM QUE AS MARCAS TAMBÉM SEJAM MAIS ESPONTÂNEAS

Nas redes do Id, as pessoas se dispõem a discutir problemas e questões que não conseguiriam nem começar a abordar nas redes baseadas em identidade. A comunidade r/Relationships—Advice está cheia de *threads* como "Meu amigo está prestes a pedir a namorada em casamento, e só eu sei como ela é infiel. Digo alguma coisa?[20] A comunidade r/AskWomen está cheia de homens que fazem às mulheres perguntas espontâneas como "Quais comportamentos das mulheres que os homens interpretam errado como 'ela está interessada em mim'?'?", e a comunidade r/AskMen facilita um conjunto de conversas desse tipo.[21] A comunidade r/PersonalFinance permite que as pessoas discutam de tudo, de empréstimos e dívidas a descobrir o que fazer com o dinheiro ganho na loteria. Isso mesmo; uma *thread* famosa de 2015 se intitulava "Sério; ganhei na loteria, paguei todas as dívidas, com muito medo de investimentos e assessores financeiros. Algum conselho?"[22] Caso tenha ficado curioso, o usuário foi encaminhado a uma comunidade chamada r/FinancialIndependence, que contém informações para ajudar a calcular uma "taxa segura de retirada" que permita se aposentar cedo e com conforto.

Para as marcas financeiras, comunidades como r/PersonalFinance oferecem um tipo inigualável de engajamento, dado o conforto dos Redditors ao discutir detalhes íntimos de sua vida financeira. A marca Charles Schwab adotou uma abordagem interessante para agregar valor a essas comunidades de conversa financeira abrindo vias de diálogo com perguntas desafiadoras. Com a plataforma publicitária "Own your tomorrow" ("Seja dono do seu amanhã"), a Charles Schwab provocou os Redditors com uma pergunta aberta: "O que você faz hoje para se preparar para o sucesso amanhã?".[23]

Ao incentivar os Redditors a responder com base em todos os aspectos da vida, a marca gerou um *thread* envolvente de escolhas de vida construtivas. Os Redditors falaram de praticar yoga, pôr mais

O Id e o Ego inconsciente

dinheiro na poupança, iniciar portfólios de investimento, contribuir para o fundo da universidade dos futuros filhos e coisas assim. Mas, como tende a acontecer com essas *threads* abertas, o comentário principal não foi uma resposta direta à pergunta. O comentário mais curtido pela comunidade Reddit foi esse, de u/esotericendeavor:

> Só quero aproveitar esta oportunidade para agradecer a vocês por serem um banco tão bom. Com o meu histórico de viagens, o simples uso da minha conta Schwab tem sido de uma utilidade inacreditável. Nunca precisei me preocupar em achar um caixa eletrônico que me aceitasse, e, mesmo quando tive problemas, embora possa soar clichê, o serviço de atendimento ao cliente sempre se esforçou ao máximo. Certa vez, fiquei um minuto sem saber o que fazer num país estrangeiro e esqueci de acrescentar com antecedência um aviso de viagem. Por sorte, a equipe do chat ao vivo salvou o dia e conseguiu fazer o meu cartão voltar a funcionar sem a complicação de uma ligação internacional. Assim, para ser franco, "o que faço hoje para tornar [o meu] amanhã melhor" é ficar no Schwab. Como vocês provaram que me dão cobertura, assim que sair da faculdade não pensarei duas vezes em investir com vocês também.

É o tipo de resposta que não dá para dizer que a equipe de marketing da Charles Schwab inventou num devaneio grupal. Mas lá estava, e esse comentário saudava cada novo usuário que entrava na *thread*. A marca Charles Schwab desenvolveu uma série editorial de perguntas semelhantes, projetada para gerar discussões interessantes, indo de perguntas elevadas e concentradas no engajamento como essa a outras mais específicas e informativas, como "O que 'riqueza' significa para você? Eis onde algumas cidades importantes dos EUA traçam a linha entre 'conforto financeiro' e 'riqueza'" e "Qual é a sua abordagem para acompanhar lucros e prejuízos no seu histórico no mercado e aprender com o passado?".[24, 25]

Inevitavelmente, a Charles Schwab tem respostas para muitas perguntas que surgem naturalmente nessas *threads*, mas eles brandem a sua autoridade com cuidado, porque a marca reconhece a nature-za comunitária do Reddit. Os Redditors confiam na opinião de outros Redditors e, quando relevante, a equipe da Charles Schwab interpõe informações úteis e conteúdo do site da financeira ou encaminha as pessoas para os canais de atendimento ao cliente da empresa. Como utiliza a verba de marketing para agregar valor oferecendo uma pla-taforma de discussão financeira, a marca Charles Schwab continua a merecer o seu lugar nas comunidades de finanças do Reddit.

O Reddit não é o único exemplo dessa noção de comunidade que se manifesta nas redes do Id. Até os fóruns ousados e contro-vertidos do 4chan promovem uma noção de comunidade entre os membros. Às vezes, isso se manifesta de um jeito estranho, como na vez em que o 4chan desviou um concurso do Walmart no Facebook para mandar o *rapper* Pitbull para uma das menores cidades dos Es-tados Unidos.[26,27] No entanto, Pitbull aceitou a trolagem com estilo e encantou os moradores de Kodiak, no Alasca, com seu show. Todos os seis mil.[28] E houve a vez em que o refrigerante Mountain Dew fez um concurso para dar nome ao novo sabor maçã, e o 4chan votou em massa em nomes como "Hitler não fez nada errado" e "Diabee-tus", dando fim ao mito de que toda divulgação é boa.[29] Ou a vez em que a cantora Taylor Swift se ofereceu para fazer um show na escola mais votada num concurso no Facebook, e o 4chan conseguiu pôr a Escola Horace Mann para Surdos no alto da lista.[30] A artista acabou doando 50.000 dólares à escola mesmo assim, dando um final feliz à treta, que ainda permitiu algumas manchetes hilariantes de humor sombrio. Em geral, as peças pregadas pelo 4chan não pretendem ser malvadas demais. Em termos do 4chan, a trolagem é feita "pelas risa-das"; as peças acontecem quando um exército dedicado acompanha o "não seria engraçado" meia-boca que alguém pensou no chuveiro.

Quando o 4chan realmente acha uma causa para investir, a co-munidade se mobiliza. Um dos meus exemplos favoritos do 4chan do bem começou em 1º de setembro de 2010 quando alguém mostrou a foto de um folheto achado num supermercado de Ashburnham, no estado de Massachusetts. Era o convite para a festa de aniversário de um homem chamado William J. Lashua, veterano da Segunda Guerra Mundial de 90 anos.[31,32] "Procurado", dizia o título do folheto, sob o qual havia uma foto inexpressiva de Lashua sentado numa cadeira de cozinha. "Pessoas para Festa de Aniversário. Data: 4 de setembro de 2010. Horário: Das 13h às 16h. Ashburn American Legion." Se o surto súbito de empatia foi provocado pela ideia de um veterano idoso passando o aniversário sozinho ou pelo fato de que Lashua era parecidíssimo com o velho do desenho *Up - Altas Aventuras* da Disney, o movimento ganhou impulso da noite para o dia.

"Incrível! Todo mundo lhe manda cartões legais, vai ser incrível, sem falar que faria bem ao 4chan um pouco de pura publicidade boa e sincera", ressaltou um usuário. Como um breve aparte, esse é um jeito interessante de um usuário anônimo pensar na plataforma onde está postando. Em toda a minha carreira observando a atividade das mídias sociais, nunca vi ninguém buscando estratégias para atrair publicidade boa para o Facebook, o Twitter, o Instagram, o Pinterest ou o Google. Esse comentário alude a uma relação muito diferente entre usuário e plataforma do que no que tradicionalmente achamos que é uma mídia social. Os usuários do 4chan, por mais problemáticos que sejam, se consideram uma comunidade.

Centenas de bilhetes escritos a mão e milhares de postagens depois, o 4chan e outras comunidades que conseguiram recrutar cumpriram a promessa. Reprises dos vídeos do aniversário de Lashua geraram centenas de milhares de visualizações e mostravam cartões grupais, assinados por pessoas do mundo inteiro.[33] Chegaram felicitações da Austrália, da Irlanda, de todos os Estados Unidos e de todos os países. Surgiram fotos comoventes de Lashua ajoelhado ao lado de pilhas imensas de cartões, com um ar de leve confusão finalmente superada pela alegria da surpresa; Lashua batendo continência ao lado de uma bandeira americana; e até uma foto de Lashua imperturbável mostrando o dedo para a câmera.

Não é provável que o 4chan apareça no mix de marketing das marcas e talvez nunca venha a ser um ponto importante de conexão entre as marcas e o público, mas a noção de comunidade que o 4chan promove e a relação entre a plataforma e os seus usuários indicam que as redes do Id diferem das plataformas tradicionais de mídia social. Não importa o que sentimos sobre o 4chan e as suas travessuras; a comunidade tem um ponto de vista e uma cultura em comum com os membros. Eles abraçam a sua condição de rejeitados e sentem que a sua bússola moral é mais afinada graças ao seu ponto de vista "de fora". É o mesmo sentimento dos grupos rejeitados de toda a história; a internet simplesmente oferece a essa comunidade um modo inigualável de organizar e exprimir essa identidade.

Para muitas marcas, entrar no espaço voltado às comunidades soa bem em teoria, mas difícil (ou impossível) na prática. Poucos profissionais de marketing social ignorarão o poder de uma plataforma como o Reddit quando as suas comunidades se coordenam para fazer alguma coisa. O problema que a maioria das marcas enfrenta é aproveitar essa energia para algo construtivo, intencional e mutuamente benéfico. Entrar no espaço anônimo da internet e tentar guiar os usuários rumo a uma meta é como pular na piscina e tentar guardar um pouco d'água no bolso para depois. Quando entramos no espaço das comunidades, precisamos entender que não podemos comandar todas as partes da conversa que cercam a nossa marca e a nossa categoria. Quando alguém nos joga água dentro da piscina, a reação certa é rir e jogar água de volta. Quanto mais lutamos para dobrar as comunidades à nossa vontade, mais energia desperdiçamos e mais frustrados ficamos. É por isso que precisamos canalizar o nosso pensamento para comportamentos orgânicos que possamos amplificar, em vez de tentarmos definir nós mesmos esses comportamentos.

Quando entrei no Reddit em 2016 para montar a equipe de estratégia de marcas, a pergunta por trás das minhas conversas com quase toda marca grande era: "Por que correr o risco?" Se não podemos controlar toda a nossa narrativa no espaço das comunidades, por que nos dar ao trabalho? A resposta tem duas partes. Primeiro, a comunidade falará sobre a sua marca, quer você esteja lá, quer não. Segundo, nesses lugares as pessoas tomam decisões sobre a sua marca. Para algumas marcas, isso funciona muito bem; a comunidade simplesmente ama os seus produtos. Mas, para a maioria, a conversa é heterogênea. Algumas pessoas têm ótimas experiências, outras não. Infelizmente, a internet tende a se interessar mais pelas últimas do que pelas primeiras, e, como consumidores, tendemos a falar mais das segundas, de qualquer modo. No mínimo, deveríamos escutar o que essas conversas espontâneas dizem sobre a nossa marca e procurar um jeito construtivo de também participar desse espaço.

No início deste capítulo, discutimos algumas estatísticas sobre a confiança *online*. Amazon e Google ficaram nas primeiras posições, o Reddit ficou alguns pontos percentuais abaixo e o grupo de redes tradicionais de mídia social ficaram uns 20 a 30 pontos percentuais atrás do Reddit. A confiança construída dentro do Reddit se deve, em parte, à cultura comunitária de valorizar mais a verdade do que a influência. No Reddit, você é julgado pelo que diz, mais do que por quem é *offline* ou pela sua foto de perfil. O Reddit, além de mostrar conteúdo democraticamente, também garante que a hierarquia das conversas seja ditada por um processo democrático paralelo. Isso significa que os usuários escolhem coletivamente que conteúdo é visto e que conversa acontece em torno desse conteúdo. Essa atitude é algo de que os Redditors têm consciência, e eles costumam falar sobre a sua confiança na comunidade. Em teoria, todas as opiniões têm o mesmo peso no Reddit.

Quando espiamos o caminho rumo ao futuro da confiança *online*, cheio de buracos como *deep fakes*, *fake news*, escândalos políticos, vieses da mídia, algoritmos opacos e todo o resto, parece natural que a confiança retorne aos espaços *online* voltados ao usuário, meritocráticos e centrados em comunidades. Somado ao fluxo natural de conteúdo das redes do Id para as do Superego e do Ego, construir relações positivas entre essas comunidades e as nossas marcas deve ser prioridade nas nossas estratégias digitais mais amplas. Como marcas, precisamos reconhecer que temos uma pegada dentro dessas comunidades anônimas e que as pessoas confiam na impressão que formam dentro delas. Não deveríamos estar lá para participar, nos exprimir e corrigir o curso quando necessário? Com isso, seríamos capazes de afetar o sentimento sobre a marca mais perto da nascente, de onde é provável que as impressões positivas corram para o resto do ecossistema social.

Como em todo marketing de engajamento, nas redes de Id o foco primário deveria ser agregar valor. Em geral, o que agrega valor no espaço anônimo centrado em comunidades é muito diferente do que agrega valor em redes sociais baseadas na identidade. A abordagem da UNIQLO para agregar valor envolveu uma combinação de atendimento ao cliente, surpresa e deleite, com ofertas baseadas em valor, como descontos e liquidações. Enquanto a UNIQLO escolheu transferir esse valor com uma presença orgânica envolvente, a Charles Schwab transmitiu a sua série de temas editoriais por meio de promoção paga. As duas estratégias têm vantagens. A estratégia da participação orgânica em primeiro lugar traz resultado mais perene e constante, que se acumula com o tempo. A participação orgânica em comunidades como o Reddit também exige força de trabalho e processo para manter a presença da marca coerente e dinâmica. Anunciar nas redes do Id exige praticamente a mesma mentalidade de manter uma presença orgânica, mas oferece um caminho mais claro para aumentar a participação com mais flexibilidade de moderação, o que é muito útil para os profissionais de marketing que se preocupam com a segurança da marca.

AGREGAR VALOR NO ESPAÇO ANÔNIMO SIGNIFICA PROVOCAR INTERESSE GENUÍNO E DEPOIS, SATISFAZÊ-LO

Quer abordemos esses canais pelo ponto de vista da mídia paga, quer da presença orgânica, sempre visamos a agregar valor. Um modo de fazer isso é simplesmente ser divertido. Em geral, podemos prever o que será divertido para uma comunidade se observarmos o que ela faz organicamente e procurarmos um modo de aprimorar ou refinar essa experiência. A marca Audi fez exatamente isso com a sua série Think Faster ("pense mais depressa") no Reddit.[34] A marca notou uma comunidade engajadíssima chamada r/iama, na qual celebridades e pessoas com experiências geralmente interessantes se ofereciam para conduzir o chamado Ask Me Anything ("pergunte-me qualquer coisa" ou AMA). No AMA, a pessoa dedica algumas horas para responder todas as perguntas mais curtidas pela comunidade Reddit. Barack Obama, Bill Gates, Edward Snowden, Jane Goodall e um técnico de aspiradores de pó estão entre os AMA mais destacados do Reddit com o passar dos anos.[35,36,37,38,39,40] Sim, vale a pena ler o técnico de aspiradores de pó; ele é hilariante. Basta procurar no Google "iama vacuum repair technician".

A marca Audi decidiu passar o AMA pelo seu filtro. O resultado foi o Think Faster, uma série de AMAs ao vivo conduzidos em carros esporte de alto desempenho em pistas de corrida reais. Parceiros famosos foram levados à pista, instalados num Audi TT RS e levados para um passeio por pilotos de corrida profissionais a mais de 200 km/h, enquanto tentavam responder às perguntas malucas da internet. Os dois primeiros episódios de Think Faster apresentaram Adam Scott e Elizabeth Banks, atores com grandes comunidades de fãs no Reddit. Os dois AMA tiveram mais de mil comentários durante as três horas de transmissão. A campanha gerou 75,6 milhões de impressões na mídia e 10,4 milhões de impressões sociais. A Audi produziu mais quatro episódios de Think Faster, que continuaram a atrair público e engajamento imensos nas comunidades do Reddit.

Ao trabalhar com uma tendência orgânica com tanta popularidade e tanto rigor quanto os AMA, é vital seguir a fórmula orgânica, a não ser nos casos em que temos razões muito boas para divergir. A Audi equilibrou isso perfeitamente com a atenção aos detalhes da cultura que cercava os AMA. Organicamente, nas dezenas de AMA que acontecem todo dia no Reddit, os apresentadores dão uma "foto-prova" para esclarecer quem são. A Audi criou fotos-provas semelhantes para a promoção dos AMA, vestindo as celebridades com macacões de corrida brancos com a marca da empresa. E, embora fosse funcionalmente mais fácil separar a fase de coleta das perguntas da transmissão ao vivo, a marca entendeu a importância da sensação de tempo real. Como nos AMA tradicionais, os comentários do Think Faster se abriam para perguntas algumas horas antes de realmente começar, dando à campanha a empolgação de um evento ao vivo. Preservar a estrutura essencial do AMA permitiu à Audi entrar naturalmente na comunidade do Reddit, embora toda a experiência fosse transmitida por meio de anúncios.

Nas redes do Id, é importantíssimo demonstrar que a marca entende a cultura local. Como esses espaços são mais voltados às comunidades e desenvolvem costumes, memes, vernáculo e outros aspectos próprios, nesse espaço precisamos proceder como marcas com certa humildade e começar escutando. Depois de entendermos a cultura e o modo como as pessoas participam organicamente, fica mais fácil entender que tipos de comportamento da marca podemos exibir para agregar valor à experiência das pessoas de um modo que seja mutuamente benéfico. Embora pareça muito trabalhoso, a verdade é que a relevância cultural — algo a que a maioria das marcas aspira, de acordo com as suas estratégias sociais — exige trabalho. Os seres humanos são complexos. As comunidades são ainda mais complexas. Ter sucesso nesse ecossistema da internet exige reflexão e observação. Não levaríamos a nossa marca a outro país sem considerar meticulosamente como o nome, o visual, os lemas e os anúncios se traduziriam no idioma local. Deve-se aplicar a mesma consideração ao modo como pensamos nas culturas *online*.

Talvez o melhor exemplo de uma marca que realmente escuta e reage à cultura do Reddit seja o da equipe The Lodge, da agência Wieden+Kennedy, em nome de uma empresa de robótica chamada Anki. The Lodge resolveu apresentar à comunidade do Reddit um robozinho de brinquedo com muita personalidade chamado Cozmo.

Cozmo conseguia reconhecer rostos e participar de alguns jogos e agia como um bichinho de estimação digital com um certo excesso de atitude. Ele não tinha nenhum propósito funcional, mas, depois de expor a sua personalidade, ficava óbvio que podia ser engraçado.

Assim, um dia Cozmo se perdeu no Reddit. Essa era a narrativa por trás da campanha; a equipe de criação trabalhou com cenógrafos profissionais e artistas de *stop motion* para construir uma série elaborada de salas de fuga com o tema das subreddits.[41] Cozmo foi colocado na primeira sala e transmitido ao vivo para a comunidade do Reddit — mas com um detalhe. A transmissão ao vivo era uma experiência interativa do tipo "escolha a sua aventura", na qual os Redditors tinham de se juntar para resolver charadas, orientar-se nas salas de fuga e ajudar Cozmo a encontrar o caminho da página inicial. Cozmo começou a sua jornada numa sala com o tema da r/HailCorporate, num cenário que lembrava o centro de uma Nova York escura, suja e pós-apocalíptica para representar uma comunidade de Redditors dedicada a denunciar publicidade ruim. Imediatamente, esse toque autodepreciativo deu o tom certo para os Redditors. A única coisa que o Reddit gosta mais do que zombar de anunciantes é quando os anunciantes zombam anunciantes.

Em que sala ele entraria em seguida? O que fazer quando chegasse lá? Como resolver o quebra-cabeça? Que bloco deveria ser levado para onde? Os comentários da transmissão ao vivo se inflamaram com o debate sobre aonde levar Cozmo. Numa sala com o tema da comunidade r/RarePuppets, Cozmo passou por entre cãezinhos de verdade para lhes liberar petiscos. Nos comentários, um Redditor cético disse que "Só acredito que é ao vivo quando um cachorro cagar", e, como obra do destino, outro logo respondeu: "Tem um cocô ali!"[42] Na sala r/WhatCouldGoWrong, os Redditors tiveram de ajustar um trabuco que lançaria Cozmo pelo cenário até (tomara) a segurança de uma rede. Atenção: alguns Cozmos de machucaram durante as filmagens. A comunidade r/WhatCouldGoWrong é um acúmulo de vídeos que levam os espectadores a se perguntar, retoricamente, "O que poderia dar errado...?", e a sala reproduzia o éthos da comunidade. O próprio trabuco (*trebuchet*) era citação de outra piada interna entre os Redditors. A comunidade r/TrebuchetMemes é uma fatia esquisita da cultura memética na qual os assinantes se reúnem em torno do fato de que os trabucos eram armas de sítio mais eficazes do que as catapultas. Um conselho: não mencione catapultas no Reddit. Não me pergunte por quê. (Porque não sei mesmo.)

Cozmo, um robô de alta qualidade, navegou pela sala r/ShittyRobots ("robôs de bosta"), onde lidou com alguns irmãos robôs menos capazes. Cozmo ativou e desativou partes de um imprevisível robô-tubarão com mãos para evitar a destruição e destrancar a sala seguinte. Depois de prolongadas seis horas resolvendo oito salas de fuga, os Redditors finalmente resolveram todos os enigmas. Foi a primeira vez que alguém — e logo um *anunciante* — devolveu aos Redditors, com tanto valor de produção e consciência cultural, uma experiência baseada nas comunidades que construíram. Na época, foi a campanha de maior engajamento a ser lançada no Reddit, e os Redditors foram enfáticos sobre o seu amor.

"Esse é o melhor uso da publicidade óbvia na internet!!! Antes disso, eu não tinha nenhuma utilidade para um robô minúsculo, mas agora quero muito!!!!", escreveu um jogador.[43] Inevitavelmente, alguns tiveram coisas desagradáveis a dizer sobre a publicidade, mas a maioria dos Redditors quis garantir que a equipe do Cozmo soubesse que tinha feito um belo trabalho. "Comentadores, vocês estão fazendo um serviço incrível. Afinal de contas, foi um esforço bem impressionante fazer isso acontecer. Sei que é marketing, mas realmente mostra que vocês pensaram e se esforçaram muito. Não deixem que comentários desagradáveis estraguem tudo. Mal posso esperar pelos erros de gravação."[44] Cozmo conseguiu conquistar os Redditors mergulhando na cultura e refletindo essa cultura com algumas surpresas e uma experiência geral divertida. A transmissão ao vivo foi tão cativante que alguns Redditors, incapazes de acessar o conteúdo, começaram a dar instruções de como desativar os bloqueadores de anúncios para poderem ver a experiência e participar.

Os caminhos para engajar as comunidades das redes do Id na verdade são ilimitados, com os melhores exemplos indo de Cozmo Gets Lost in Reddit, superrefinado e produzido, e da série Think Faster da Audi a simples perguntas interessantes, como fez Charles Schwab. Para algumas marcas, a capacidade de interagir com essas comunidades influentes e profundamente engajadas sem ativos refinados da marca é uma grande oportunidade. Quando observamos espaços como Reddit, Twitch, 4chan, 9gag, Tumblr e o resto da internet anônima, essas comunidades tendem a criar e fazer circular organicamente conteúdo de pouco refinamento e sem frescuras. Como anunciantes, deveríamos ter confiança para seguir o exemplo. Em contraste, para as marcas que se orgulham do refinamento e da ostentação, essa norma de conteúdo criado por amadores pode ser o pano de fundo perfeito para experiências muito produzidas que surpreendem e impressionam o público, quando feitas com pertinência cultural. A regra mais importante para engajar as comunidades *online* anônimas é começar de um lugar de observação visando ao entendimento cultural. As comunidades *online* podem ser facas de dois gumes para as marcas. Do jeito certo, a construção do relacionamento com as comunidades *online* significa criar um motor de endosso constante, um conjunto de fãs apaixonados e barulhentos com um grupo de foco integrado. Quando mal elaborada, as comunidades podem se organizar para criar problemas que as pessoas nas plataformas de mídia social geralmente não criam.

Quando entram anônimas no espaço *online*, as pessoas são mais abertas, francas, espontâneas, criativas, expressivas e verazes. Como marcas, às vezes a veracidade fere os nossos sentimentos. No entanto, essa priorização da verdade à custa da influência continuará a promover a noção fugidia de comunidade construída nas redes anônimas. E com a comunidade vem a confiança. Se estivermos verdadeiramente decididos a tornar a nossa marca relevante na cultura digital, a receber *feedback* aplicável e a nos tornar mais dignos de confiança, o espaço do Id é exatamente o que precisamos olhar. As comunidades anônimas captam as partes mais criativas, altruístas, esquisitas e malucas das pessoas. Elas estão longe do poço do inferno que a mídia popular diz que são. Não são perfeitas, mas estão entre os modos de expressão mais espontâneos e verdadeiros disponíveis aos seres humanos. Quer escolhamos, quer não nos engajar diretamente nesses espaços, manter a relevância cultural *online* depende de entender essas comunidades.

PRINCIPAIS LIÇÕES

- As redes do Id são aquelas em que nos desconectamos de nossa identidade offline e nos organizamos em torno de interesses e ideias em comum. Ficamos mais expressivos e mais dispostos a explorar ideias novas.
- Por nos organizarmos em torno de interesses em comum e ficarmos expostos a experiências mais compartilhadas, as redes do Id promovem uma sensação de comunidade bem diferente das plataformas sociais baseadas em identidade.
- Para promover engajamento significativo nas redes do Id, temos de apelar à comunidade em vez do indivíduo, ou seja, incentivar conversas em grupo e criar conteúdo com profundidade.
- Os membros das comunidades das redes do Id confiam nas opiniões e nas informações levantadas pelo grupo. Para mudar a percepção da marca, temos de nos dirigir à comunidade, não só aos membros individualmente.
- Como os usuários mostram o seu eu mais espontâneo e transparente nas redes do Id, como marcas deveríamos aspirar a ser o nosso eu mais espontâneo e transparente também. O papo de marketing e divulgação quase sempre sai pela culatra nas relações comunitárias das redes do Id.

PARTE III

O CÉREBRO DIREITO E ESQUERDO DAS MÍDIAS SOCIAIS

CAPÍTULO

8

REDES CEREBRAIS DIREITA E ESQUERDA
O conhecido e o desconhecido

É o seu primeiro dia de férias. Você está num lugar novo. E não é do tipo "ah, as placas dos carros são um pouco diferentes aqui". Você nem consegue ler as placas das ruas, muito menos reconhecer o alfabeto. Você se senta num restaurante que serve pratos que nunca provou. O cardápio não ajuda muito, mas pelo menos há algumas fotos de referência. O garçom vem perguntar se você quer fazer o pedido; vocês dois conversam sobre pratos específicos e a quantidade adequada, e você faz o pedido. Os cheiros do restaurante são novos e desconhecidos; até o pão que puseram à mesa é diferente de tudo o que você já comeu. Você está empolgado para experimentar algo novo, mesmo que uma parte sua se pergunte se vai gostar da comida que acabou de pedir. Talvez parte sua fique pensando a que horas fecha o restaurante ao lado do hotel... sabe, só para garantir. Mas não foi essa parte sua que o trouxe aqui.

A comida chega e você percebe que pediu o dobro do que conseguiria comer. Mas tudo isso fazia parte do plano, na verdade. Cada prato é um novo penhasco de onde pular, e você mergulha de boa vontade nas águas desconhecidas. De que é feito? Você comeria esses ingredientes se soubesse quais são? O cérebro está extremamente sintonizado com o fluxo de novidade vivenciado no momento presente. Você gosta de quase tudo. Adora incrivelmente um dos pratos e mal tocou alguns outros. Assim que decide pousar o talher, o garçom volta trazendo um potinho de sorvete de baunilha.

Quais são as suas emoções? Surpresa? Gratidão? Felicidade? Talvez toques de nostalgia e saudades de casa? Supondo que sorvete de baunilha seja um alimento com o qual você esteja bem acostumado, esse gostinho conhecido em território pouco familiar é um alívio bem-vindo. Traz algumas emoções fortes e positivas. Se estivesse na sua sorveteria preferida, talvez você nunca tomasse um simples sorvete de baunilha, mas aqui, entre sabores novos e exóticos, esse potinho de sorvete não tem nada de simples. É um gostinho de ordem no meio do caos.

Agora, imagine que você voltou para casa. Depois de viajar pelo exterior e vivenciar tantas coisas novas que nem dá para contar, você visita o seu restaurante favorito. Pede um prato que já comeu dezenas de vezes. Se estrelasse uma série cômica de TV nos anos 1990 e pedisse "O de sempre!", é o prato que apareceria. É um prato que você consegue imaginar com clareza quase total com a língua da mente. Quando chega, você come uma garfada e nota algo diferente. Talvez tenham trocado um ingrediente ou o acompanhamento seja desconhecido. Você pede ao garçom que confirme o pedido, e ele confirma; só que fizeram algumas mudanças no cardápio.

Quais são as suas emoções dessa vez? Surpresa de novo? Desapontamento? Frustração? *Traição?!* Você é meio dramático, hein? Nem chegou a decidir ainda se gosta ou não dessa nova versão do seu antigo prato, mas uma coisa é certa: não recebeu o que esperava. E isso é chocante, mesmo quando a mudança é boa.

Em nenhum caso fizemos julgamentos explícitos de valor sobre a experiência da novidade. No primeiro exemplo, estamos mergulhados no desconhecido. Estamos num lugar desconhecido comendo pratos desconhecidos, e o nosso cérebro está afinado com essas experiências novas e cruas. Mesmo que fiquemos um pouco apreensivos com toda essa falta de familiaridade, não temos conhecimento prévio para comparar, e a única opção é estar presente na experiência de algo novo e processar as coisas conforme nos forem apresentadas. Quando estamos nesse modo de exploração, o costumeiro se torna exótico, e até algo simples como um potinho de sorvete de baunilha vira um refúgio bem-vindo de familiaridade.

Quando estamos cercados pelo mundo conhecido, a nossa visão de mundo muda. Quando nos sentimos familiarizados com um lugar, situação ou pessoa, o nosso cérebro já criou representações internas disso tudo, processando as nossas experiências passadas. Colocamos os nossos temas já conhecidos em categorias e arcabouços que nos permitem entender o mundo que nos cerca. Senão, teríamos de tratar cada experiência como nova e única, ou seja, não conseguiríamos aprender nada útil sobre o mundo. Quando a nossa simulação interna não combina com o modo como a realidade se desdobra, somos forçados a repensar o nosso modelo. Quando estamos mergulhados no que conhecemos, até uma sugestão de algo inesperado parece chocante. Um novo conjunto de processos mentais é posto em funcionamento.

O modo como o nosso cérebro lida com o que é conhecido e com o que é novo tem muito a ver com o contexto em que vivenciamos essas coisas. O modo como interagimos com coisas familiares tem diferenças fundamentais do modo como interagimos com algo novo. Na verdade, alguns psicólogos teorizam que o nosso cérebro se estrutura em torno dessa linha divisória. Sabemos, por exemplo, que em pacientes cujo corpo caloso (feixe de nervos que conecta os hemisférios esquerdo e direito) foi cortado, os dois lados começam a funcionar de maneira quase independente um do outro.[1] Também descobrimos que o corpo caloso parece tanto inibir quanto transferir informações entre os hemisférios, pois os dois lados do cérebro se mostram capazes de realizar tarefas sobrepostas.[2] Estamos equipados com duas mentes em perfeito funcionamento e com visões de mundo drasticamente diferentes.

O NOSSO HEMISFÉRIO DIREITO TRATA DO DESCONHECIDO CAÓTICO, A PARTIR DO QUAL O HEMISFÉRIO ESQUERDO CRIA UMA NOÇÃO DE ORDEM CONHECIDA

Em toda a nossa luta evolutiva, foi fundamental os nossos ancestrais manterem dois pontos de vista separados sobre o mundo. E não só os nossos ancestrais; a estrutura hemisférica do cérebro é encontrada na maioria dos vertebrados.[3] No livro *The Master and His Emissary*, o psiquiatra Dr. Iain McGilchrist dá uma explicação de como as duas consciências evoluíram.[4] Mesmo em criaturas mais simples, como as aves, as duas consciências separadas são necessárias para a sobrevivência. Primeiro, o pássaro precisa da consciência ampla do quadro maior do ambiente para evitar perigos. O perigo pode vir de qualquer lugar a qualquer momento e se apresentar sob várias formas. Segundo, o pássaro precisa de um facho concentrado de atenção para encontrar comida, pousar em galhos e bicar com precisão. O primeiro é responsabilidade do hemisfério direito; o outro é responsabilidade do esquerdo. McGilchrist identifica essas como as condições primordiais das quais surgiram os hemisférios esquerdo e direito mais complexos dos seres humanos.

O nosso hemisfério direito é o domínio da experiência crua do mundo, enquanto o esquerdo cria uma representação viável do mundo com base na experiência do direito. O nosso hemisfério direito evoluiu para lidar com o conceito abstrato e onipresente de perigo. O cérebro direito vivencia o mundo diretamente pelos sinais sensoriais, e cada uma das suas experiências é tratada como nova e única. Também temos mais matéria branca no hemisfério direito, associado à coordenação da comunicação entre as regiões cerebrais. Como o perigo se apresenta de várias formas, o hemisfério direito tende à consciência mais ampla do mundo, mas com menos resolução. Ele vê o quadro maior e consegue conectar ideias aparentemente disparatadas em conceitos parecidos com metáforas.

O hemisfério direito tende a ver o mundo como uma experiência complexa, fluida e viva. É no hemisfério direito que reconhecemos as outras coisas vivas como mais do que parte do ambiente. A pesquisa mostrou que entre 70% e 80% das mães preferem levar os filhos no lado esquerdo do colo, fazendo contato ocular com o olho esquerdo controlado pelo hemisfério direito.[5] E isso não é verdadeiro só entre os seres humanos; leões-marinhos, orcas, cangurus e vários outros animais demonstram a mesma preferência. O processamento emocional do hemisfério direito está associado à nossa capacidade de ter empatia, de entender a experiência de algo que reconhecemos como um ser vivo como nós.

Em contraste, o hemisfério esquerdo adota uma visão mais mecanicista do mundo. Ele tende a ver o mundo como um acúmulo de partes pequenas e separáveis e se concentra em aspectos específicos. O hemisfério esquerdo se baseia nas informações experienciais do hemisfério direito para desenvolver a sua visão de mundo reapresentada. O cérebro esquerdo é o domínio da categorização, da análise e da manipulação. É o hemisfério esquerdo que reconhece os objetos como ferramentas e nos permite manipular o mundo para o nosso bem. Enquanto o cérebro direito vivencia o mundo como um conjunto de instâncias únicas, o esquerdo categoriza cada instância num modelo funcional do mundo, algo que possamos examinar e do qual possamos abstrair verdades mais amplas. Ao montar esse modelo reapresentado do mundo, o hemisfério esquerdo cria um domínio de familiaridade; afinal de contas, se toda experiência fosse completamente nova e única, nunca conseguiríamos prever o que aconteceria depois. O cérebro esquerdo classifica as experiências do direito para que possamos aproveitar esses aprendizados no futuro.

Boa parte do que aprendemos sobre as funções dos hemisférios direito e esquerdo vem do estudo de efeitos de lesões aos dois lados. Às vezes, os pacientes com lesão no hemisfério direito, por exemplo, desenvolvem a chamada *síndrome de Capgras*, em que acreditam que alguém íntimo, geralmente o cônjuge ou algum membro da família, foi substituído por um impostor idêntico.[6] O paciente é incapaz de conectar a pessoa que conheciam antes — uma representação interna — com a pessoa diante dele. Alguns tipos de lesão do hemisfério direito chegam a deixar os pacientes incapazes de reconhecer rostos, porque as partes individuais que formam o rosto se distorcem constantemente quando nos comunicamos.[7] Franzimos os olhos, erguemos as sobrancelhas, dilatamos as narinas e distorcemos o formato da boca para exprimir emoções específicas. Enquanto o facho de atenção concentrada do cérebro esquerdo vê cada parte, é o cérebro direito que reconhece que essas partes separadas pertencem a um todo único e vivo.

O HEMISFÉRIO DIREITO É EXPRESSIVO, O ESQUERDO É REPRESENTATIVO

Fiel à caricatura da cultura pop, o hemisfério direito realmente lida mais com as emoções do que o esquerdo, e é comum igualar a capacidade do esquerdo de classificar e analisar à sua função de centro lógico, embora a relação não seja tão simples assim. Como é o domínio da representação, o hemisfério esquerdo tem mais capacidade de classificar e analisar o mundo. A capacidade do cérebro esquerdo de realizar um processamento lógico de alto nível levou os primeiros neuroanatomistas a identificá-lo como o hemisfério dominante. No entanto, McGilchrist vê essa designação com cautela. Na realidade, até o processamento aparentemente frio e lógico passa pelo centro emocional do cérebro direito e, depois que o processamento lógico ocorre, retorna ao lado direito. Tudo é processado pelo hemisfério direito, enquanto o esquerdo se limita a funções específicas. Dado o propósito de cada hemisfério, essa estrutura deveria fazer sentido intuitivo. O mundo, por padrão, é desconhecido para nós. Há muito mais desconhecido do que conhecido.

Um modo de entender a distinção entre os hemisférios direito e esquerdo é pensar no direito como expressivo e no esquerdo como representativo. Embora por muito tempo se pensasse que a linguagem estaria contida exclusivamente no hemisfério esquerdo, tipos diferentes de linguagem são armazenados em ambos os hemisférios. O cérebro esquerdo é responsável por entender a gramática, armazenar o nosso vocabulário mais amplo e, em geral, manter representações de regras aprendidas de nível mais alto, enquanto o direito contém a linguagem expressiva e metafórica essencial, conectada diretamente ao processamento emocional e à experiência do mundo.

Embora os dois hemisférios representem visões de mundo muito diferentes e, talvez, até incompatíveis, a relação entre os dois é profundamente nuançada. Raramente, se é que acontece, usamos um lado ou outro exclusivamente. Passamos informações de um lado para o outro constantemente — e inibimos a transmissão de determinadas informações — entre os hemisférios direito e esquerdo. Enfatizo aqui as nuances porque, enquanto discutimos essas características, é tentador conceituá-los como sistemas fechados e separados. Na realidade, os hemisférios estão em comunicação constante. Um sempre afetará o outro.

O hemisfério direito também tende a ser associado aos processos de pensamento inconsciente, enquanto o esquerdo controla o que em geral consideramos a ordem mais elevada da expressão consciente, como falar e escrever. Quando revisamos essas qualidades dos hemisférios esquerdo e direito, começamos a reconhecer características que se superpõem às do Id, Ego e Superego — e as estruturas das redes sociais às quais correspondem.

O Id, que contém o nosso eu inconsciente não filtrado, parece ter muitas características do cérebro direito — é expressivo, experiencial e explorador. O Ego, por ser uma representação do eu no contexto do mundo exterior, e o Superego, por ser uma representação das regras sociais aprendidas, parecem se encaixar confortavelmente no domínio da categorização e da análise do mundo representado do cérebro esquerdo.

Nas redes do Ego e do Superego, criamos representações literais nossas em mundos sociais simulados e nos conectamos a pessoas num ambiente que selecionamos — um mundo de familiaridade. Quando rolamos a tela cheia de conteúdo de pessoas que conhecemos, geralmente estamos em território conhecido do cérebro esquerdo. Quando procuramos novas informações ou exploramos um novo tópico, como fazemos nas redes do Id, caminhamos com dificuldade pelo desconhecido, no território do cérebro direito. Não estamos preocupados em criar uma representação do nosso eu *offline* porque tendemos a ser anônimos e a nos engajar diretamente com as informações quando as encontramos.

Intuitivamente, as redes do Ego e do Superego parecem as candidatas mais prováveis para a conexão pessoal genuína, porque são espaços em que estamos conectados às pessoas que conhecemos fora da internet. Mas, novamente, lidamos com mais frequência com as representações públicas de nossos amigos, não com os nossos amigos diretamente. Quando algo trágico nos acontece, os nossos amigos podem fazer postagens públicas oferecendo condolências numa rede do Ego, mas os amigos íntimos provavelmente (tomara) também farão contato conosco por um meio mais direto, como telefone, mensagens ou e-mails. A postagem pública é uma representação do seu apoio e da sua amizade, enquanto a comunicação direta é uma expressão emocional crua entre seres vivos. Como a empatia é uma função do processamento emocional do cérebro direito, segue-se que as comunidades tendem a ser formar de maneira mais natural nas redes do Id adequadas à expressão do cérebro direito.

Podemos até pensar nas redes do Ego e do Superego como um tipo de ferramenta. Nós as usamos para criar e manter representações do nosso eu social. Como criaturas sociais, construímos o tempo todo as nossas "marcas pessoais", consciente ou inconscientemente. Quando participamos das redes do cérebro esquerdo baseadas em identidade, nas quais nos conectamos com os nossos amigos, geralmente sabemos o que esperar — ou, pelo menos, gostamos de pensar que sabemos.

AS REDES DO ID SÃO EXPRESSIVAS, ENQUANTO AS REDES DO EGO E DO SUPEREGO SÃO REPRESENTATIVAS

Quando participamos das mídias sociais, criamos representações nossas configuradas tanto pelo nosso eu interior quanto pelos ecossistemas sociais complexos nos quais entramos. Essas marcas pessoais que construímos para nos representar não são expressões de vaidade ou narcisismo. Elas têm uma utilidade real nos ambientes sociais complexos. Se você espera que eu me comporte de um jeito coerente com o modo como me representei para você e se eu puder esperar de você a mesma coisa, temos uma base comum de interação. Enquanto o cérebro direito é responsável por reconhecer a constância da personalidade — entender que você é a mesma pessoa que era ontem, apesar do novo corte de cabelo, dos novos piercings no nariz e daquela nova tatuagem facial da hora (é o Gonzo, dos Muppets?) — provavelmente navegar pela autorrepresentação é uma função do cérebro esquerdo. Com isso, criamos para os outros um território "conhecido" sobre nós. Nas redes do cérebro esquerdo do Ego e do Superego, as nossas conexões esperam que mantenhamos uma versão nossa representada com coerência (Figura 8.1).

Cérebro esquerdo: Representação
Nas redes do cérebro esquerdo (Ego e Superego), criamos representações nossas para nos definir diante do mundo.

Cérebro direito: Experiência
Nas redes do cérebro direito (Id), estamos no modo de exploração e nos engajamos diretamente com o mundo conforme o encontramos.

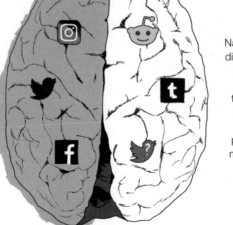

Nas redes do cérebro esquerdo, somos identificados como o nosso eu *offline* e nos conectamos com quem conhecemos. Criamos representações nossas para nos definir socialmente.

Nas redes do cérebro direito, estamos livres da identidade e nos organizamos em torno de ideias. Isso nos dá licença para nos exprimir sem preocupação com o modo como a nossa expressão vai nos representar para os outros.

Quando usamos anonimamente uma rede do cérebro esquerdo como o Twitter, ela pode se tornar uma rede do cérebro direito para nós como indivíduos. Do mesmo modo, se nos engajarmos com uma plataforma como o Reddit usando a nossa persona *offline*, ele pode se tornar uma rede do cérebro esquerdo.

FIGURA 8.1 **Cérebro esquerdo e direito**

Embora possamos conceituar as redes do Ego e do Superego como espaço conhecido, não é preciso muito para mergulharmos no caos. Sabe aquela sensação quando você acha uma aranha no seu quarto e, de repente, tem *certeza absoluta* de que acabou de sentir algo rastejando nas suas costas? O mesmo acontece quando vemos um discurso político inesperado no Facebook ou quando alguém lava a roupa suja em público sobre o ex no Instagram. O desconhecido ergue sua feia face. Quando estamos no território do cérebro esquerdo, o desconhecido e o inesperado ameaçam dilacerar as nossas estruturas representadas; assim, sempre que possível, tentamos ignorá-los. Não queremos mudar a nossa mente no território do cérebro esquerdo, porque isso significa descartar um conjunto de pressupostos que usamos ativamente para navegar pelo mundo.

Só quando o desconhecido se apresenta de maneira positiva e gerenciável conseguimos aceitá-lo como novidade inofensiva — como o amigo que aparece no nosso *feed* fazendo o desafio do balde de água gelada da ELA ou uma subcelebridade respondendo a um tuíte (porque, sejamos francos, Jeff Goldblum não vai ~~me~~ responder a você porque o nome do ~~meu~~ seu aspirador-robô é "Jeff Goldblum"). Como o cérebro esquerdo lida com um mundo caracterizado pela representação e pela categorização, o que não se encaixa no arcabouço é automaticamente registrado como ameaça. Esperamos que as nossas conexões ajam de maneira coerente com a versão que temos armazenada na cabeça e resistimos às informações novas que não se encaixam perfeitamente na nossa representação do mundo.

Quando nos libertamos do nosso eu representado, nos desconectamos dos amigos e entramos no modo de exploração, mergulhamos no desconhecido — redes do Id, do cérebro direito. Mesmo quando estamos familiarizados com um espaço específico da rede do Id, como a comunidade que frequentamos, nunca temos certeza de quem está postando, de como os outros membros da comunidade reagirão ou do que pode surgir depois. O nosso cérebro direito está numa busca constante de algo incomum. Embora geralmente o raciocínio sequen-

O conhecido e o desconhecido

cial seja função do cérebro esquerdo, as ideias que ocorrem quando não estamos conscientemente concentrados num problema acontecem no direito. Há uma relação entre o conhecido e agradável momento epifânico da percepção e a atividade da amígdala direita, que ajuda a processar emoções.[8] Parece que as emoções são um fator importante até mesmo no processamento lógico, exatamente como o ponto de vista do cérebro esquerdo está enraizado no direito. A nossa participação nas redes do Id visa menos apresentar uma imagem ao mundo e mais à interação entre o nosso eu essencial e um mundo de coisas desconhecidas.

Até aqui neste livro, falamos de como conteúdos específicos atuam como replicadores — memes — e das características dos memes que se propagam com sucesso pela internet. Também examinamos o modo como as diversas estruturas das redes sociais afetam a nossa representação e o tipo de meme com que é mais provável nos engajarmos. Nesta seção final (Parte III), começaremos a encaixar essas peças num contexto mais holístico para entender a relação entre esses espaços psicológicos, a expressão de aspectos diferentes do nosso eu e as partes essenciais com as quais exprimimos esse eu.

Como marcas, gastamos muita energia nos representando, não só ao mundo exterior como até dentro das nossas empresas. Criamos "estratégias de marca" e "guias de estilo" para articular quem é a nossa marca, como ela se comporta no mundo, que características são mais importantes e assim por diante — em outras palavras, o que as pessoas deveriam esperar da nossa marca. Criamos um território "conhecido" para sermos previsíveis e acessíveis para o nosso público. O desconhecido surge da nossa marca quando o inesperado acontece. Na manifestação negativa, isso pode significar uma má experiência do cliente, um comportamento da marca incoerente com o nosso posicionamento, um anúncio desafinado, o recolhimento de um produto. A novidade também pode se manifestar de maneira positiva para a marca quando aproveitamos a tática de surpresa e encanto, nos superamos no atendimento ao cliente, apoiamos de forma altruísta uma causa importante ou quando demonstramos fluência numa cultura ou tendência específica.

Para atingir as pessoas com eficácia nas diversas redes sociais, precisamos entender o modo como elas interagem. Que espaço ocupam? Conhecido ou desconhecido? Ao entender como esse contexto psicológico afeta o nosso público, podemos ser mais estratégicos nas mensagens que direcionamos a cada canal e no modo como as incorporamos. Quando queremos semear uma ideia nova ou mudar a cabeça das pessoas sobre a nossa marca, precisamos alcançá-las onde estarão abertas a receber informações novas. Do mesmo modo, quando queremos reforçar a nossa identidade ou aumentar a coerência da marca, é bom alcançar as pessoas no espaço representado onde elas formam e reforçam as categorias em que nos encaixamos. Nas redes do Id e do cérebro direito, queremos criar conteúdo que atice a curiosidade natural, o apetite pela exploração e a autoexpressão genuína. Nas redes do Ego ou do Superego e do cérebro esquerdo, queremos oferecer conteúdo que se preste à autorrepresentação e à expressão da identidade.

No espaço do cérebro esquerdo, a quantidade certa de novidade ajuda a nos dar destaque e a chamar a atenção — o que, por acaso, também é o que o nosso público quer fazer. Para criar o tipo certo de novidade, além de engajar as pessoas no espaço conhecido, nós mesmos também temos de *ser* o espaço conhecido. E, se formos uma marca relativamente desconhecida, precisamos nos cercar de apego suficiente para que o conhecível seja plausível. É por isso que as paredes com logotipos, o "Saiu na mídia" e o endosso de celebridades são especialmente úteis para as empresas novas; tudo isso empresta credibilidade conhecida à marca desconhecida. Nas marcas estabelecidas, o nosso "território conhecido" é um acúmulo do que já fizemos e dissemos no mundo e, embora em geral não sejam suficientes para chamar a atenção sozinhos, embalagens, logotipos, textos no site e outras ações tradicionais do profissional de marketing são um pano de fundo importante para o nosso engajamento como entidade conhecida.

APRESENTAR NOVIDADE NO TERRITÓRIO CONHECIDO DO CÉREBRO ESQUERDO AJUDA A CHAMAR A ATENÇÃO

Assim que pisamos no conhecido, podemos começar a apresentar o desconhecido de um jeito novo e divertido para manter a marca viva e dinâmica. A marca Target é um ótimo exemplo de construção forte e tradicional da marca que conseguiu se diferenciar de Walmart, Kmart, Lowe's e outros varejistas de moda e decoração por apresentar exatamente a quantidade certa de novidade. Quando a Target cria um anúncio, mesmo que venha de uma campanha nova em folha, ele é claramente da Target. Os anúncios da marca aproveitam o famoso logotipo branco e vermelho, a estética limpa e a música animada, e são estudos de caso clássicos de coerência da marca. Do material de marketing à aparência real das lojas, a Target criou uma marca conhecida pela maioria dos americanos. Esse é o território conhecido e fundamental pelo qual a maioria das marcas batalha.

A Target também acrescenta novidades estratégicas à experiência de compra, principalmente no varejo de roupas. A marca seguiu os passos de varejistas mais especializados no setor, como H&M e UNIQLO, e começou a formar parcerias com designers de alto nível em 1999.[9, 10] Graças à integração notável com designers como Missoni, Jason Wu, Alexander McQueen, Michael Graves, Jacques McAllister e todo um rol de nomes conhecidos, a Target se inseriu nas conversas de alta moda, antes completamente inatingíveis para o varejista médio de moda e decoração. (Ah, aliás, inventei o nome Jacques McAllister para ver se você estava prestando atenção. Ele não existe. Bom, pode existir, só que não é um designer de alto nível. Viu como uma coisinha inesperada chama a sua atenção?)

De acordo com Rick Gomez, diretor de marketing da Target, "o design sempre fez parte do DNA da empresa. Das lojas e dos produtos que criamos às parcerias que cultivamos, o nosso foco no design acessível destaca a Target e é uma das razões para os clientes adorarem comprar conosco". Para um varejista conhecido pelo preço acessível, as parcerias com designers de alto nível são um complemento perfeito, ainda mais quando o design faz parte da estratégia de diferenciação. De repente, blogs de design, comunidades de moda e os seguidores desses designers de alto nível têm uma razão para falar sobre a Target. Criar essa associação com o design de alto nível e chegar aos influencers do setor de moda e decoração eleva a marca Target de um modo também conhecido e coerente.

A estratégia de colaboração *high-low* é muito adequada para engajar o território do hemisfério esquerdo e do direito. A *colaboração high-low* acontece quando uma marca conhecida pela produção em massa ou pelo preço acessível faz parceria com uma marca mais artesanal, geralmente conhecida pelo acabamento, pela qualidade e pelo prestígio no setor. Em essência, é um empréstimo de credibilidade, como uma integração com influenciadores, só que mais profunda. As colaborações *high-low* da Target desafiam a categoria interna da marca só o suficiente para elevá-la, sem nos forçar a reconstruir totalmente a percepção.

As colaborações *high-low* têm o benefício adicional de induzir conversas nas redes do cérebro direito, onde as pessoas se reúnem em torno dos seus interesses, paixões e designers favoritos. Se Jacques McAllister realmente existisse e tivesse um público engajado de entusiastas da moda, eles inevitavelmente discutiriam a sua parceria com a Target; mais uma vez, o contexto é importante. Um pico de conversa orgânica sobre a Target entre colecionadores de cupons de desconto não ajuda muito a elevar a marca Target, mas o aumento de conversas sobre a Target entre formadores de opinião sobre a moda eleva toda a seção de varejo de roupas da Target e cria um impacto que vai muito além das peças da parceria com Jacques. Ter peças de designers de alto nível — ou mesmo só *falar sobre querer* peças de designers de alto nível — é, em si e por si, um tipo de insígnia. Isso cria uma ponte perfeita entre a conversa do cérebro direito e a representação exibível do cérebro esquerdo. Quando dizemos que "mal podemos esperar pela linha outono-inverno de McAllister", transmitimos, em primeiro lugar, que sabemos quem é Jacques McAllister (não, você não sabe) e, em segundo, que o seu estilo é representativo do nosso.

A Nike promove uma estratégia parecida com o seu aplicativo SNKRS, nos Estados Unidos, e SNEAKRS, no Reino Unido. Durante anos, os *sneakerheads* do mundo inteiro idolatraram de forma absurda os lançamentos de edições limitadas de tênis. Esses amantes fanáticos de tênis são famosos por acordar em horas heréticas, fazer filas que dobram quarteirões e até acampar na frente das lojas em busca dos lançamentos muito promovidos. Alguns pares de tênis mais raros da Nike alcançam preços de revenda na faixa de dezenas de milhares de dólares. E, embora o amor aos tênis dentro da comunidade *sneakerhead* seja profundo, esses fanáticos são uma proporção minúscula da receita da Nike. A empresa não tentou capitalizar o mercado explosivo de revenda de tênis. Em vez disso, no aplicativo SNRKS a Nike tornou a cultura dos fãs mais inclusiva com a criação de experiências personalizadas para os amantes de tênis.

Muitas marcas de varejo têm aplicativos. Francamente, a maioria delas não deveria ter. Pouquíssimas pessoas são tão leais a uma marca específica de roupas que baixam proativamente o aplicativo, e muito menos abrem o aplicativo regularmente. Além disso, a maioria dos aplicativos de varejo simplesmente contém as linhas de vestuário — as mesmas disponíveis no site da empresa. A Nike adota uma abordagem muito diferente. Na Nike.com, dezenas, talvez centenas de calçados, roupas e outros tipos de equipamento estão disponíveis em qualquer dia, a qualquer momento. Mas o aplicativo SNKRS gira em torno de "*drops*" — lançamentos de edições limitadas de calçados muito procurados, só disponíveis em horários específicos. Esses *drops* geralmente são desenvolvidos em colaboração com *designers*, atletas, artistas e outras marcas, ampliando o seu alcance e o potencial do boca a boca.

Para aproveitar um *drop*, o usuário do SNKRS tem de fazer login numa hora exata para ter a possibilidade de comprar o calçado. Essa mecânica traz benefícios estratégicos para a Nike. Primeiro, cria demanda em torno de momentos específicos, o que provoca uma quantidade imensa de conversas orgânicas entre os *sneakerheads*. Em plataformas como o Reddit, é natural que os lançamentos muito procurados façam as conversas transbordar para a roupa de rua, a moda, os esportes e outras comunidades que possam ser relevantes para a colaboração.

Em segundo lugar, o aplicativo cria escassez. As colaborações muito esperadas costumam ser produzidas em tiragens de 50.000 a 100.000 pares, e a matemática básica do *sneakerhead* prevê uma probabilidade de menos de 1% de vencer a loteria competitiva do SNKRS. Em resposta, as pessoas criam *bots* e contas falsas para aumentar as suas chances e se engajam numa corrida armamentista evolutiva com o sistema de verificação de contas da Nike. Já mencionei que, se ganhar, você terá de pagar pelos tênis...?

Em terceiro lugar, o aplicativo SNKRS permite que pessoas nos arredores da cultura *sneakerhead* se convertam. Esperar na fila que contorna o quarteirão às seis da manhã é uma barreira elevada para se tornar um *sneakerhead*. Logar num aplicativo para tentar um golpe de sorte é uma barreira muitíssimo mais baixa. É a tática ideal para permitir que os superfãs atuais influenciem os colegas e os levem para uma comunidade exibível que eleva toda a linha Nike.

Como a Target, a Nike seleciona colaborações que ajudam a levar a marca a novas categorias. A parceria com marcas de roupa esporte como a Off-White e artistas de hip-hop como Travis Scott mantém a Nike na vanguarda da cultura popular. Para uma marca com mais de cinquenta anos, manter-se na crista da onda de geração em geração não é pouca coisa. As parcerias novas impedem que as gerações mais jovens categorizem a Nike como a marca de calçado dos pais — embora seja exatamente o que a Nike é. Quero dizer, com exceção daquela tendência dos "*dad shoes*" de 2018 — a vez em que a Nike quis que parecessem os tênis da geração dos pais. Mas ironicamente. Acho.

Criar novidades para o nosso público pode ser simples. Nem sempre temos de fazer parcerias com os maiores designers e influen-

O conhecido e o desconhecido

ciadores do mundo para isso. Às vezes, correr um pequeno risco criativo para melhorar uma parte que seria normal da experiência do público conosco traz dividendos. Essa questão é bem ilustrada por Dan e Chip Heath no livro *O poder dos momentos: o porquê do impacto extraordinário de certas experiências.*[11] Os autores enfatizam a importância de considerar a jornada do cliente pelo ponto de vista do cliente. Isso nos permite identificar onde pequenas mudanças podem ter um grande impacto.

Os autores usam como exemplo o Magic Castle Hotel, em Los Angeles, o mais bem cotado da cidade em 2017. O Magic Castle Hotel gerou 94% de *feedback* positivo em mais de três mil resenhas no site TripAdvisor, apesar de parecer "um respeitável hotel barato", de acordo com os autores. O Magic Castle Hotel encanta os fregueses com momentos de novidade — como um telefone vermelho-vivo junto à piscina do hotel chamado Popsicle Hotline, a linha direta do picolé. Quando o hóspede pega o telefone, um funcionário pergunta se ele quer picolé de cereja, laranja ou uva, que é entregue prontamente numa bandeja de prata por um garçom de luvas brancas... de graça.

O hotel poderia cobrar dois dólares por picolé e ainda alardear a oferta divertida? Poderia pôr um *freezer* junto à piscina e permitir que os hóspedes se servissem para reduzir o tempo gasto pela equipe para entregar os pedidos? Poderia deixar totalmente de lado o serviço e ainda funcionar como hotel? É claro. Mas o que acontece com aquele momento absurdamente maravilhoso de novidade quanto o garçom aparece? O que acontece com a experiência do cliente? Ela se derrete toda naquela bandeja de prata não usada.

Com a criação dessas experiências novas e encantadoras para os hóspedes, o Magic Castle Hotel chegou a superar as notas do luxuoso Four Seasons, em Beverly Hills, e do renomado Hotel Bel-Air. A nossa experiência com pequenos momentos de novidade bem pensada supera a experiência que esperamos, por mais grandiosa que seja. Quando o nosso público acredita que sabe o que esperar de nós — quando as suas vozes internas avisam "lá vamos nós de novo" —, criar momentos pequenos, divertidos e inesperados desorganiza o arcabouço do cérebro esquerdo e forma uma impressão duradoura.

QUANDO AS MARCAS NÃO CONSEGUEM MANTER O SEU TERRITÓRIO CONHECIDO, SEGUE-SE O CAOS

Para que essa estratégia de novidade controlada seja eficaz, precisamos já ter uma base estabelecida de credibilidade e coerência da marca. Não podemos surpreender e encantar um cliente furioso nem criar um momento de novidade se o nosso público vagueia no desconhecido. Mudar a marca, alterar o logotipo e lançar novas campanhas são todos pontos em que jogamos o público no desconhecido, torcendo para que o seu cérebro direito consiga passar do nosso eu velho para o novo. Quando faz uma alteração, mesmo que pequena, a marca causa algum caos para o público. E, seja equivalente a um novo corte de cabelo, seja uma cirurgia de reconstrução facial, é importante contarmos ao público uma história transparente e franca sobre as mudanças. Se a sua amiga fez uma plástica de nariz e lhe disse que foi porque tinha dor nas costas, provavelmente você vai criar uma narrativa própria, porque a dela não faz sentido. Com muita frequência, tentamos dar um lustro na justificativa por trás da renovação da marca ou da nova campanha sem sermos sinceros com o público — e, na era da internet, o público percebe.

A Gap cometeu o erro de "evoluir" o seu famoso logotipo sem explicar por quê, e a maioria de vocês provavelmente sabe direitinho como isso acabou.[12] Quando os clientes reagiram negativamente ao novo logotipo, a Gap mudou de ideia e disse que era tudo parte de um exercício de *crowdsourcing* para criar um logotipo novo e pediu propostas às pessoas. Então, depois da revolta dos designers que viram o valor de seu ofício diminuído por uma grande marca que pedia trabalho gratuito, a Gap retornou ao logotipo original. Foi um baita caos, e, embora eu não estivesse na construção das conversas para a mudança da marca Gap, parece claro que o caos era tanto interno quanto externo. Nunca se transmitiu ao público uma visão clara e, quando o público reagiu negativamente, nenhuma explicação foi dada. *Isso* é caos.

Quando a British Petroleum (BP) decidiu atualizar a sua marca com nome e logotipo novos, a princípio as pessoas ficaram céticas. O conhecidíssimo logotipo da BP era um simples campo verde onde ficavam as letras amarelas "BP", em tipologia serifada — logotipo que a empresa usava havia quase setenta anos (embora a versão mais coerente só fosse finalizada em 1989).[13] Com o máximo possível de desafinação numa empresa só, em 2000 a BP mudou o logotipo para um *"helios"* — um símbolo com o nome do deus grego do sol — e declarou o novo nome da empresa: Beyond Petroleum ("além do petróleo"). É a nova marca perfeita para a empresa, porque as iniciais continuavam as mesmas, ou seja, não seria preciso arrumar nada que já existisse.

A BP declarou que a nova marca representava a sua transformação numa empresa ecológica; passaria de ser "parte do problema" a ser "parte da solução".[14] Você teve uma sensação gostosa? Nem eu. Os logotipos podem fazer coisas poderosas, mas transformar uma petrolífera numa defensora do meio ambiente não é uma delas. O novo logotipo da BP deu munição para céticos e detratores em cada esquina. No vazamento de petróleo da sonda Deepwater Horizon e em outras crises ambientais, os opositores criaram versões do *helios* da BP mergulhado em petróleo ou coberto de animais moribundos. Às vezes, substituíram as iniciais BP por BS (*shit*, bosta) e assim por diante.[15] A justificativa simplesmente não combinava com a realidade da marca, e as pessoas não a engoliram.

A Tropicana, marca americana de suco de laranja, decidiu mudar a embalagem e o logotipo em 2010 com resultado absolutamente desastroso.[16] Com uma fonte mais moderna, estética minimalista e mais ênfase na mensagem "100% laranja" do que na marca Tropicana, a agência por trás do projeto explicou que a justificativa das mudanças era "pegar essa marca e levá-la a um estado mais atual ou moderno". Sente falta de substância? Eu sinto. Os clientes tiveram dificuldade de reconhecer a nova embalagem e, mesmo quando reconheciam, não sabiam se estavam comprando o mesmo produto. O novo foco em "100% laranja", que pretendia dar mais ênfase ao atributo "natural" do produto, realmente fez os fãs leais da marca se questionarem se isso representava ou não uma queda de qualidade. Por que outra razão a marca sentiria necessidade de pôr aquela mensagem grande na frente da nova embalagem? A Tropicana nunca explicou a decisão aos clientes com profundidade, e assim os clientes desenvolveram narrativas próprias. Quando lançados no caos, criamos a nossa própria ordem. E quanto se trata de marcas e intenções de empresas capitalistas, não somos muito generosos na hora de dar o benefício da dúvida. Entre o custo da agência e a subsequente queda das vendas, estima-se que a nova marca custou à Tropicana cinquenta milhões de dólares.

A maioria das nossas marcas deveria se esforçar em obter um efeito semelhante a dar uma volta num brinquedo do Disney World. As pessoas que embarcam na marca deveriam se sentir seguras e confiantes de que terão uma experiência positiva. Não deveria ser como subir de elevador nem como andar numa antiga montanha-russa. Criar pequenas novidades ajuda a tornar as experiências agradáveis e memoráveis. Eles permitem que nos libertemos do mundo representado e vivenciemos o mundo de forma presente e direta. Os brinquedos da Disney World tendem a conseguir um equilíbrio elegante entre uma narrativa coerente e elementos de surpresa. Do mesmo modo, quando criamos momentos de novidade para o público, esses momentos deveriam decorrer naturalmente da plataforma da marca. Deveriam parecer coerentes com a marca e fazer sentido no contexto em que os criamos.

DESCONHECIDO. O TERRITÓRIO DO CÉREBRO DIREITO OFERECE UMA AMPLA TELA CRIATIVA PARA O ENGAJAMENTO DA MARCA

Nas redes do Id e do cérebro direito, as marcas tendem a estar menos presentes. Com muita frequência, as marcas são representadas por conversas orgânicas entre usuários. As pessoas também tendem a conversas mais espontâneas sobre as suas crenças no território do cérebro direito, e a falta de presença oficial da marca nessas redes permite que as conversas de usuários mantenham controle quase total das percepções da marca. Essa é uma oportunidade imensa para as marcas dispostas a adotar o território inexplorado. Mesmo para as marcas que não se dispõem a se engajar diretamente, as redes do cérebro direito oferecem um tesouro de noções na escuta social. Como os usuários do espaço do cérebro direito estão no modo de exploração, temos a oportunidade de engajar as pessoas com experiências mais profundas e imersivas. Isso também significa que o nosso sucesso depende da capacidade de atiçar a curiosidade dos usuários. Até táticas simples como as perguntas ligadas a finanças da Charles Schwab aproveitam naturalmente o comportamento exploratório das redes do Id.

Se já usou plataformas como Twitter, Facebook, Instagram e até o LinkedIn em campanhas de marketing, provavelmente você notou que os links para conteúdo externo raramente trazem tanto engajamento quando o conteúdo dentro da plataforma, como imagens e vídeos. Mesmo no espaço orgânico, as redes do Ego e do Superego estão cheias de manchetes do tipo *clickbait* projetadas para afastar as pessoas dos seus *feeds*, mas em geral há uma forte resistência dos usuários a desorganizar o seu modo de consumo. Como usuários, preferimos interagir com coisas que nos mantenham dentro do nosso *feed*, principalmente no espaço do cérebro esquerdo. No entanto, esse fenômeno de seguir os links e entrar na toca do coelho está embutido em muitas redes do cérebro direito. Quando um usuário vê na comunidade r/AskReddit uma *thread* que pergunta "Agora que a década de 2010 está acabando, quais são as tendências mais lamentáveis?", clicar na *thread* é um comportamento exploratório. É a entrada da toca do coelho. É assim que até perguntas simples podem acumular milhões de visualizações e dezenas de milhares de comentários em poucas horas, o que aconteceu com essa. E, caso você fique curioso, as respostas mais votadas foram (1) Canais de pegadinhas do YouTube se fingindo de "experimentos sociais", (2) a cultura dos desafios condenáveis e (3) a teoria da Terra plana. Aposto que você não esperava que isso ainda fosse debatido em 2019, não é, Copérnico?

Como marcas, quando fazemos uma pergunta envolvente, criamos território para a exploração. Melhor ainda, o conteúdo é criado em parceria com o nosso público. A Coca-Cola usou essa estratégia numa campanha do Super Bowl no Reddit em 2016.[17] A marca fez uma parceria com a Marvel Studios para desenvolver o seu anúncio de TV para o Super Bowl e, antes de lançá-lo, a Coca-Cola pediu a entusiastas e blogueiros que divulgassem um confronto "nunca visto" entre dois personagens Marvel. Para atiçar ainda mais a conversa, a Coca-Cola criou uma *thread* aberta e pediu aos Redditors que fossem criativos com o seu conhecimento do universo Marvel: "Que confronto entre super-heróis Marvel seria o melhor comercial para o Grande Jogo?".

A marca semeou a *thread* primeiro nas comunidades Marvel, depois aumentou o direcionamento para a página inicial do Reddit e criou uma postagem cheia de histórias exclusivas geradas por usuários. Alguns até escreveram roteiros sobre os seus personagens Marvel favoritos brigando por coca-colas. Depois que o anúncio real foi ao ar durante o Super Bowl, a equipe da Coca-Cola publicou o vídeo, fazendo os Redditors compartilharem o anúncio organicamente em várias comunidades Marvel e confirmando que um Redditor realmente adivinhara corretamente o confronto — Hulk contra o Homem-Formiga. A Coca-Cola deu aos fãs da Marvel licença para serem criativos com o anúncio de um jeito que não seria muito confortável nas redes do cérebro esquerdo. Por estarem cercados de colegas fãs da Marvel, os usuários engajados sabiam que o público tinha o mesmo interesse que eles. E, embora não fossem redatores profissionais, os participantes conseguiram se exprimir criativamente sem patrimônio social a perder. A Coca-Cola aproveitou essa tendência natural à criatividade e à conversa para promover um volume enorme de compartilhamento orgânico e engajamento profundo.

Para as campanhas terem sucesso no território do cérebro direito, a profundidade da experiência é um fator importante. Considere os exemplos já mencionados de campanhas bem-sucedidas na rede do Id: Cozmo Gets Lost in Reddit, o Think Faster da Audi, Charles Schwab, Coca-Cola. Cada campanha se concentrou primariamente na experiência das pessoas que participaram e ofereceu profundidade real para os usuários engajados. Essa ânsia natural de experiências exploráveis também se reflete nas marcas que as redes do Id elevam organicamente. Quando se trata de marcas de jogos e entretenimento, as redes do cérebro direito são o lugar natural para a formação de comunidades de fãs. E com as comunidades de fãs vêm a *fan art*, a ficção, as teorias, as discussões e assim por diante. O efeito é tão poderoso que, quando Jonathan Nolan e Lisa Joy estavam escrevendo a segunda temporada de *Westworld*, da HBO, Nolan revelou numa mesa-redonda: "O Reddit já descobriu a virada do terceiro episódio, portanto agora estamos mudando tudo".[18]

NO TERRITÓRIO DA REDE DO CÉREBRO DIREITO, SE ESFORCE PARA CRIAR TERRITÓRIO EXPLORÁVEL

A profundidade da experiência não é algo que levemos em conta na maior parte do marketing em mídias sociais. A maioria das plataformas sociais nos instrui a criarmos conteúdos que sejam o mais curtos e "petiscáveis" possível — e, sim, petiscável ou *snackable* é uma palavra que os agentes das plataformas usaram para descrever as melhores práticas. Embora a lente "petiscável" possa efetivamente nos levar a pensar no modo de chamar a atenção num *feed* competitivo, para realmente capitalizar a captura bem-sucedida da atenção nas redes do Id temos de nos esforçar para direcionar o público para algo executável e significativo. Se compartilharmos um macete, é melhor garantir que dê certo; se oferecermos uma receita, é melhor que esteja completa. Se quisermos engajar o público no espaço do cérebro direito, teremos uma ampla tela criativa para trabalhar, mas é preciso cumprir o prometido.

PSICOLOGIA OCULTA DAS REDES SOCIAIS

Antes do lançamento da terceira temporada da série *Stranger Things*, na Netflix, a sorveteria Baskin-Robbins construiu um jogo de realidade alternativa (ARG, na sigla em inglês) para engajar de novo os fãs das duas primeiras temporadas.[19] O ARG é uma forma de contar uma história em que a narrativa em rede é descoberta resolvendo pistas sutis, em geral escondidas no mundo real, *online* ou *offline*. A trama da terceira temporada de *Stranger Things* girava em torno de uma sorveteria fictícia chamada Scoops Ahoy, e a Baskin-Robbins encontrou formas divertidas de montar conexões com o seriado — como sorvetes especiais sobre o tema e anúncios no clima da série.

Dado a ambientação do seriado na década de 1980, o diretor de criação Curt Mueller observou: "Percebemos que havia uma ótima oportunidade para um ARG ou uma gincana extravagante que só usasse tecnologia de 1985. [...] [Os jogadores] teriam de usar coisas como fax e telefone. Não podem usar a internet que temos hoje." A entrada do ARG estava escondida num falso anúncio da Scoops Ahoy. Dois personagens principais apresentam um novo sabor de sorvete que vai "direto para a Baskin-Robbins", seguido rapidamente por um número 0800. O anúncio foi ao ar por acidente antes do lançamento real do ARG, e, quando o jogo foi oficialmente lançado, uma *thread* do Reddit com mais de mil comentários já começara a se coordenar para resolver o quebra-cabeça.

Tenho uma confissão a fazer. Muitos desses mil comentários são de comentadores repetidos. Ao contrário da maioria das táticas de marketing, os ARG não são feitos para lançar a rede mais ampla. Pode parecer contraintuitivo para nós, como profissionais de marketing; criar uma narrativa completamente separada num ARG para promover um seriado de TV que em si é uma narrativa, parece um enorme excesso de trabalho. "Uma maratona para um sanduíche de presunto", como um dos meus diretores de criação favoritos costumava dizer. Mas nessa estratégia não há só a criação de uma experiência divertida para alguns milhares de jogadores.

O conhecido e o desconhecido

Do ponto de vista da eficiência, nosso esforço de marketing visa ampliar a nossa mensagem até o maior público possível, mas campanhas amplas e adequadas para as massas não inflamam os fanáticos pela marca. É aí que essas campanhas centradas na profundidade da experiência, como um ARG, realmente brilham. Em geral, provocar conversas entre fanáticos da marca gera compartilhamento orgânico e alcance conquistado em toda a cobertura da mídia, e isso é algo que o departamento de marketing da Netflix aproveita regularmente. Embora o ARG da Baskin-Robbins só fosse jogado por alguns milhares de pessoas (engajamento do cérebro direito), a história do ARG sendo jogado e resolvido pela comunidade da internet gerou reportagens em *The Drum, Mashable, Adweek*, publicações sobre jogos e vários outros sites noticiosos. Essas reportagens transformaram a experiência real de jogar o ARG numa narrativa fácil de digerir, adequada à representação do cérebro esquerdo.

O enigma em si recebeu muitos elogios de comunidades do Reddit e do Discord pelo projeto e pela narrativa, e são esses os elementos importantes para quem jogou. No território do cérebro direito, em geral nos dirigimos a comunidades com interesses em comum, em vez de indivíduos isolados, e para promover o engajamento significativo precisamos oferecer algo que seja envolvente no nível da comunidade. Um ARG bem projetado que vise aos fãs de um seriado popular é um exemplo perfeito. Para ser justo, *Stranger Things* é meio atípico por ter um exército de fãs fanáticos, ou seja, a Baskin-Robbins não precisou provocar muito para pôr as coisas em movimento. Seria muito mais difícil executar um ARG sem a relação com a série; não há imensas comunidades de fãs publicando todo dia sobre a Baskin-Robbins, e é assim com a maioria das marcas. Nas marcas tradicionais, campanhas como os ARG ainda podem dar certo. Mas exigirão cenouras mais suculentas no fim das varas metafóricas. Sempre que possível, a cenoura deve atrair mais a comunidade do que o indivíduo.

Oferecer uma experiência profunda nem sempre exige produções enormes e narrativas complexas de ARG. Além de levar novidade ao território do cérebro esquerdo, podemos criar profundidade de maneira sutil que indica mais território explorável. A marca Honey Nut Cheerios conquistou um importante resultado orgânico no Reddit em 2017 pela campanha sobre flores silvestres boas para abelhas.[20]

Uma postagem na comunidade r/pics chegou à página inicial do Reddit e gerou mais de 50.000 votos com o título "Cheerios lhe mandará de graça 500 sementes de flores silvestres para ajudar a salvar as abelhas (link nos comentários)". A linguagem parecia tão adequada que não pude deixar de verificar o histórico do usuário para ver se a pessoa era representante da marca. Continuo convencido de que era apenas um usuário comum em quem a mensagem reverberou, e se você é da equipe de marketing da Cheerios e está rindo sozinho por ter me pregado essa peça, parabéns. O comentário no alto da *thread* levava ao site da Cheerios, que fazia a conexão entre o mascote "Buzzbee" do Honey Nut Cheerios e a iniciativa de distribuir sementes de flores silvestres. O Reddit tem uma grande representação de comunidades ligadas à ciência, e a comunidade mais ampla da plataforma adora ver soluções inteligentes para problemas ambientais.

Esse tipo de pensamento estratégico, fragmentado e impactante é exatamente o tipo de iniciativa em torno da qual as comunidades do cérebro direito adoram se juntar. É o exemplo perfeito de uma marca que usa a sua verba de marketing para promover a consciência de um problema real, defender a solução desse problema e criar uma ação objetiva que permita às pessoas ajudar. Essa não é só a minha percepção, também. A linha de comentários estava cheia de elogios aos profissionais de marketing: "Parabéns à equipe de marketing da General Mills". "Se é assim que as empresas querem anunciar, dou todo o apoio."

O ENGAJAMENTO DO CÉREBRO DIREITO DEVERIA SER TÃO DIVERTIDO DE OBSERVAR QUANTO DE PARTICIPAR

Nas redes sociais do cérebro esquerdo, nós nos treinamos para apelar ao mínimo denominador comum do público. Fazemos perguntas

O conhecido e o desconhecido 195

como "Qual é sua música favorita?" porque sabemos que um número imenso de pessoas consegue responder rapidamente. No território do cérebro direito, é preciso ajustar esse pensamento. Em vez do mínimo denominador comum, precisamos encontrar o *máximo fator comum* — algo que desafie os indivíduos e especialistas dentro da comunidade a apresentar pontos de vista únicos, úteis e interessantes. No território do cérebro direito, nossa *thread* não será julgada pelo número de respostas. Será julgada com base no nível de interesse das respostas. Em vez de perguntar "Qual é a sua música favorita?", podemos perguntar: "O que você sabe sobre o seu músico favorito que a maioria não sabe?". Ainda queremos que um grande número de pessoas possa responder, mas também queremos montar uma conversa cuja leitura seja interessante.

As redes do cérebro direito também oferecem a oportunidade inigualável de inflamar os fãs de interesses, *hobbies* e até programas de TV específicos, geralmente dispersos demais para ter alcance eficaz em redes do cérebro esquerdo. Quando o desenho *Rick and Morty* do Cartoon Network fez referência a um molho obscuro do McDonald's que só esteve disponível numa promoção de 1998 durante o lançamento de *Mulan*, os fãs do desenho começaram a procurar a equipe de marketing do McDonald's com uma oportunidade. Depois de alguma conversa sem compromisso no Twitter, a marca alistou seus *chefs* residentes para recriar o molho de quase vinte anos antes sem confirmar publicamente o seu retorno. Quando chegou a hora de semear o anúncio, o McDonald's foi ao Reddit e postou uma mensagem enigmática dentro da comunidade r/RickandMorty.[21] A mensagem dizia "SOS 073017 2130 EST TWTR 3x.5GAL" e estava acompanhada de uma foto de três recipientes de dez litros de molho Szechuan. Não era exatamente um ARG, mas continha algumas referências ao desenho que revelava que havia fãs de *Rick and Morty* no McDonald's. Os Redditors curtiram a postagem até o topo da comunidade, e o McDonald's continuou a engajar os fãs nos comentários.

O que começou como uma postagem única do McDonald's na comunidade relativamente pequena r/RickandMorty pôs em andamento uma onda de conversas em várias outras comunidades do Reddit. Uma postagem com quase 40.000 curtidas na r/television observou que o McDonald's deu um dos recipientes de molho Szechuan a Justin Roiland, criador de *Rick and Morty*. Uma postagem na r/videos mostrou um dos *chefs* domésticos favoritos do Reddit tentando recriar o molho na sua cozinha. Uma postagem na r/OutOfTheLoop, que permite aos Redditors fazer perguntas sobre tendências que não entendem bem, explicou por que o site inteiro enlouquecia com alguns garrafões de molho do McDonald's.

Não é sempre que uma marca grande como o McDonald's tem um sucesso além até de seus próprios meios, mas foi exatamente aí que a empresa se viu depois de tentar os fãs de *Rick and Morty*. Embora tivesse de fato recriado o molho elogiado no desenho, a marca só forneceu algumas dezenas de pacotes às lojas que participaram. Assim, quando os fãs de *Rick and Morty* compareceram em massa às lojas do McDonald's para a pilhagem, muitos se decepcionaram. E quando digo "decepcionados", quero dizer que simplesmente enlouqueceram. Várias lojas do McDonald's tiveram de chamar a polícia.[22]

O vídeo mais famoso mostra um rapaz pulando o balcão de um McDonald's, gritando pelo molho Szechuan, pisando forte como uma criancinha petulante e depois caindo no chão, berrando referências a *Rick and Morty* e rolando até finalmente sair da lanchonete reproduzindo a famosa fuga de Naruto.[23] Como referência, Naruto é um personagem de animê cujos animadores o mostram correndo com os braços jogados para trás. Virou sinônimo da cultura *cringe* da internet. Fosse ou não uma "peça" autoconsciente, não houve escassez de fãs infelizes de *Rick and Morty*. A profundidade da experiência é importante. Quando se faz uma promessa a comunidades do cérebro direito, é melhor cumprir. Faça molho Szechuan suficiente. A internet nunca esquece.

Muitas marcas tentaram a abordagem de surpreender e encantar nas mídias sociais, principalmente quando plataformas como Facebook e Twitter explodiram no palco do marketing. Distribuir pro-

O conhecido e o desconhecido

dutos e valor relacionado pode chamar a atenção e promover engajamento quando há algo a ganhar para as pessoas que se engajam, mas o verdadeiro momento do herói da marca em geral passa despercebido nas redes do cérebro esquerdo. Esse é outro diferencial importante da priorização da comunidade em relação ao usuário individual nas redes do cérebro direito. Os membros da comunidade se importam com o que acontece com os colegas, mesmo em grande escala.

Na preparação do lançamento do filme *Logan*, a Fox Studios usou a estratégia de surpresa e encanto no Reddit e demonstrou o poder da publicidade no nível comunitário. *Logan* seguiu o nosso tema de ativação de anúncios não tradicionais em momentos publicitários tradicionais e, em 2017, ocupou a página inicial do Reddit com um anúncio do Super Bowl que dizia "Wolverine mostra as garras pela última vez" e perguntava aos Redditors "O que você quer ver?".[24] Pouco depois de aberta a *thread*, um superfã veio do nada responder com alguns pedidos específicos. E um toque de sarcasmo:

O que queremos ver é irrelevante, pois o filme já foi feito e montado. No entanto,
- A roupa azul e amarela vista no fim de Wolverine 3 / Days of Future Past
- Uma dica da madura Mystique (Mísitica, personagem de HQ), talvez retratada por Jennifer Coolidge
- Fastball Special, com Logan lançando X-23 na posição dos adversários.
- Deadpool jogando um piano em Logan, como em Wolverine Origins # 21

O que vocês não veem nesta reprodução do comentário de u/Spencerforhire83 são os links meticulosamente pesquisados e inseridos em cada bullet, que levam a várias cenas dos quadrinhos, referências e atores para demonstrar o ponto de vista do autor.

Quando outro usuário sondou, "parece que esse sujeito sabe do que está falando", u/Spencerforhire83 detalhou a sua paixão pela Marvel e o amor por Hugh Jackman:

Três décadas lendo quadrinhos, tenho todos os filmes MARVEL e DC que saíram em vídeo e alguns que não (Quarteto Fantástico original de 1994). Sei o que quero nos meus filmes de super--herói.

Na verdade, conheci Hugh Jackman no World Trade Center de Seul, no Quiznos, ouvi murmúrios das pessoas atrás de mim quando estava na fila, me virei e lá estava ele, mais de 1,80 de altura e mal vestido.

Eu disse: SR. JACKMAN! o que está fazendo aqui?

Ele responde, estou aqui para ver o filme. (Wolverine Origins estreando naquela noite). O que há de bom aqui? (isso mesmo Hugh Jackman me pediu conselhos sobre os sanduíches) eu indiquei o italiano com cebola-roxa, queijo azul tostado com azeitona) Ele responde com Tudo bem então, parece bom.

Não lhe pedi autógrafo nem foto, achei que não seria de bom tom.

E acho que também fiquei meio atordoado.

Além disso o World Trade Center de Seul é o único lugar para pedir Queijo Azul no sanduíche em Seul, os outros Quiznos da cidade não têm Queijo Azul em estoque.

Outros usuários participaram da *thread* pedindo a u/OfficialLoganMovie, o nome de usuário da Fox Studios por trás da promoção, para tomar nota. A Fox finalmente respondeu à postagem com um comentário simples. "Pode nos passar suas informações em particular?" Só a resposta recebeu mais de 3.800 curtidas, e o Reddit só precisou disso para enlouquecer coletivamente.

No fim, u/Spencerforhire83 atualizou o comentário original: "EDIT: Parece que a FOX Studios descobriu isso e está me mandando de avião a Nova York para encontrar Hugh Jackman, e ver Logan numa estreia com TAPETE VERMELHO! Obrigado, REDDIT!". Ele continuaria a publicar notícias da viagem em todas as comunidades pertinentes do Reddit. Nas de moda, pediu *feedback* sobre sua roupa "casual para tapete vermelho".[25] Em r/Movies e r/Xmen, contou a história da *thread* original e cobriu de elogios o filme em si.[26,27] Outro Redditor publicou a *thread* original do anúncio numa comunidade chamada r/BestOf, que seleciona momentos icônicos da história da comunidade Reddit, e chegou à página inicial.[28] De novo. Dezenas de postagens depois, a história correu toda a plataforma do Reddit pelo custo de uma passagem de avião para Nova York e uma poltrona na estreia. Não foi um mau negócio para a Fox.

Como se sentem irmãos por fazerem parte da mesma comunidade, os Redditors se preocupam com o que acontece com os outros. Quando algo ótimo acontece aos indivíduos de uma comunidade como o Reddit, é comum que toda a comunidade se reúna para comemorar. Imagine a Fox tentando uma ação semelhante no Twitter. Talvez tuitassem algo como "Conte por que você é o maior fã de Wolverine e podemos levá-lo de avião à estreia!", o que passa a ideia mas parece comercial. Ou talvez encontrassem organicamente alguém no Twitter realmente empolgado com o filme e levassem essa pessoa à *première*. Quem se importa? Seus duzentos seguidores, talvez? Se não fosse coordenada com promoções adicionais, a história simplesmente não ganharia impulso. Mas, como os Redditors estavam empenhados em ver a experiência de u/Spencerforhire83 como algo único e pessoalmente significativo, a história se espalhou muito além do anúncio pago da Fox.

Como marcas, é importante entendermos as nuances desses ambientes digitais e a mentalidade promovida pelas diversas estruturas das redes sociais. Mas também operamos com recursos finitos e expectativa geralmente elevada. É importante equilibrar relevância para canais específicos com eficiência na produção criativa. À medida que ampliamos nossa visão da paisagem digital, começamos a entender que tipo de tática e campanha se adequa ao engajamento do cérebro direito e esquerdo.

Nas redes do cérebro esquerdo, estamos cercados pelo mundo do que conhecemos — ou do que representamos do nosso próprio conhecimento. Quando o caos se introduz nesse espaço, é fácil ir além da noção precária de território conhecido. O mundo do que é conhecido empalidece progressivamente diante do mundo do desconhecido, e é facílimo que a nossa fachada de conforto conhecido seja derrubada. Ao mesmo tempo, ordem demais entedia o nosso público. Em geral, no espaço do cérebro esquerdo o nosso papel como marca é criar novidade suficiente para chamar a atenção e transmitir a percepção da marca sem destruir o que as pessoas já sabem sobre nós.

No espaço do cérebro direito, o nosso público está no modo de exploração, de expressão sem filtro e de conexão comunitária. Como marcas, a nossa meta deveria ser a oferta de território novo e interessante para a exploração, a criação de experiências profundas e a oferta de plataformas em que o nosso público possa criar sentido junto conosco de forma dinâmica. Se construímos espaço exploratório com uma produção de orçamento alto ou se propomos simplesmente uma discussão interessante, o nosso papel como marca passa de criar conteúdo exibível e adequado à expressão individual para participar de uma comunidade maior. Podemos chamar a atenção aproveitando a diversidade natural presente na maioria das comunidades e criando plataformas de conversa que homenageiem pontos de vista diferentes ou permitam que diversos tipos de conhecimento se exprimam de maneira interessante.

Embora valha a pena analisar separadamente as redes e os hemisférios cerebrais direito e esquerdo, os dois se complementam em aspectos importantes. Como marcas à procura da máxima eficiência possível, é importante entender a relação entre os dois. No próximo capítulo, começaremos a encaixar essas estratégias numa abordagem holística e coerente desse engajamento digital da marca.

PRINCIPAIS LIÇÕES

- Os hemisférios direito e esquerdo do cérebro são adequados para lidar com dois grandes problemas evolutivos: a experiência direta de um mundo de coisas vivas (direito) e a interpretação desse mundo sob forma representada para aprendermos sobre esse mundo (esquerdo).
- Nas redes do Ego e do Superego, criamos representações nossas que usamos como ferramentas para nos definir em ambientes sociais complexos. As redes do Ego e do Superego podem ser consideradas redes do cérebro esquerdo.
- Nas redes do Id, estamos no modo de explorar informações novas e de nos engajar diretamente com um mundo de coisas desconhecidas. As redes do Id podem ser consideradas do cérebro direito.
- Nas redes do cérebro esquerdo, deveríamos nos esforçar para encontrar o equilíbrio entre a coerência da marca e a introdução de novidade suficiente para chamar a atenção e melhorar a percepção da marca.
- As redes do cérebro direito exigem uma profundidade de experiência que se apoia naturalmente no apetite das pessoas por exploração, expressão espontânea e tendência a se organizar em comunidades com ideias semelhantes.

CAPÍTULO

9

O FLUXO DE MEMES
Cérebro direito, cérebro esquerdo e cérebro direito outra vez

Há dois modos básicos de falar das nossas crenças mais profundas. Um deles é se engajar numa discussão genuína de boa-fé em que começamos com a mente aberta e buscamos a verdade. Apresentamos o nosso ponto de vista sobre um assunto e prestamos atenção aos outros pontos de vista apresentados, caso tenhamos deixado de ver alguma coisa. Numa conversa dessas, é improvável que alguma opinião continue a mesma; com mais frequência, o mero ato de se engajar com um ponto de vista externo ajuda a dar dimensão ao problema de um jeito simplesmente impossível para o nosso ponto de vista único.

A outra maneira de falar sobre as nossas crenças profundas é representá-las. Transmitimos algo sobre nós e representamos esse eu para o mundo. Pomos partes nossas no espaço social para nos definir e usamos as nossas crenças para encontrar pessoas que pensem do mesmo jeito — ou, pelo menos, para que os outros reconheçam essas partes nossas. Quando representamos as nossas crenças, é improvável mudarmos de ideia, não só porque não estamos engajados no nível que desafia as nossas crenças, mas também porque mudar a nossa mente significaria alterar partes da nossa identidade.

Numa situação, estamos engajados diretamente com o mundo e permitimos que a nossa experiência afete o nosso ponto de vista. Na outra, as ideias se tornam representações do eu e da identidade. No primeiro caso, manifestamos qualidades do hemisfério direito; no segundo, do esquerdo. Não admira que o diálogo sobre política, religião e a maior parte dos outros tópicos polarizadores não cheguem a nenhum lugar produtivo nas redes do cérebro esquerdo, como Twitter e Facebook.

Às vezes, procuramos informações e formamos a nossa opinião com base no que encontramos. Esses são momentos vulneráveis para nós, porque as novas informações ameaçam as estruturas que construímos em cima do que já sabemos. Não queremos que a estrutura toda despenque. Mas esses momentos vulneráveis são importantíssimos para nós como marcas, porque é aí que afetamos o modo como as pessoas realmente pensam em nós. Alcançar com eficácia as pessoas que representam as suas crenças exige uma estratégia diferente de engajá-las quando estão formando ativamente essas crenças.

Na Parte I, "Memeologia", discutimos as qualidades que as peças criativas que visam promover o compartilhamento tendem a exibir. Num eixo, examinamos de que modo o conteúdo pode ser *exibível* para ajudar as pessoas a se representar para os seus amigos, como uma roupa digital, ou *favoritável* — ou seja, útil, que vale a pena salvar. No outro, o conteúdo pode ser *comiserativo*, relacionado à nossa vida cotidiana e que nos inspira a fazer algo aqui e agora, ou pode representar algo que *ambicionamos* fazer algum dia. Essas qualidades também se ligam ao ponto de vista do cérebro direito e esquerdo sobre o mundo.

Quando é exibível ou é algo que ambicionamos fazer algum dia, o conteúdo se relaciona com uma representação nossa. O conteúdo

Cérebro direito, cérebro esquerdo e cérebro direito outra vez

que exibimos aos amigos nos ajuda a definir quem somos. O conteúdo voltado ao que ambicionamos se relaciona com uma simulação interna nossa em algum momento futuro, uma versão otimista de quem podemos nos tornar. Quando o conteúdo é favorável, comiserativo e nos inspira a agir de forma real na vida cotidiana, ele fala aos processos do cérebro direito ligados à nossa experiência imediata e ao nosso engajamento com o mundo diante de nós.

Em geral, essa pode ser uma consideração útil para criar conteúdo adequado às redes do cérebro direito e esquerdo (Figura 9.1). Quando as pessoas estão em modo de representação, temos de armá-las com conteúdo que seja exibível e ambicionável. Quando estão em modo de exploração, devemos nos esforçar para lhes dar conteúdo

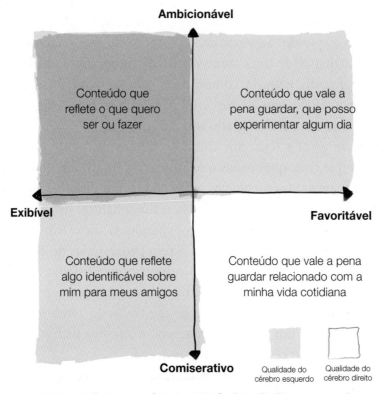

FIGURA 9.1 **Agregar valor para o cérebro direito e esquerdo**

que se conecte com os seus interesses e inspire ações aqui e agora. Isso não é dizer que as qualidades do cérebro esquerdo devem ditar todos os conteúdos que desenvolvemos para as redes do cérebro esquerdo nem que só devemos criar conteúdo do cérebro direito para as redes do cérebro direito. Na vida cotidiana, estamos constantemente engajando os dois hemisférios, mudando o ponto de vista de forma fluida entre eles. Só porque participamos de uma rede do cérebro direito não quer dizer que um conteúdo não chame a atenção do cérebro esquerdo e vice-versa.

Embora o conteúdo que demonstra as qualidades do cérebro esquerdo de ser exibível e ambicionável tenda a prosperar nas redes do cérebro esquerdo, o conteúdo inspirador também pode atrair a nossa atenção e nos pôr no ponto de vista do cérebro direito. Do mesmo modo, o conteúdo útil e inspirador que descobrimos na exploração do cérebro direito também pode nos servir como expressão exibível do cérebro esquerdo. Se parte da exploração do meu cérebro direito envolve participar de uma comunidade de fotografia e encontro um meme engraçado naquela comunidade, posso muito bem publicá-lo no território do cérebro esquerdo para exibir: "Sou fotógrafo e, no meu ponto de vista de fotógrafo, isso é engraçado". No entanto, eis um bom macete geral a levar em conta no desenvolvimento do conteúdo: aquilo que tiver qualidades que atraem o cérebro direito tenderá a prosperar mais naturalmente nas redes do cérebro direito e vice-versa.

De acordo com Iain McGilchrist, o fluxo natural de informações entre os hemisférios começa com a experiência no cérebro direito e leva as informações relevantes para serem processadas no cérebro esquerdo.[1] Depois de analisadas, as informações processadas são devolvidas ao hemisfério direito para reintegração, e daí vem a metáfora de McGilchrist do cérebro direito como "mestre" e do cérebro esquerdo como "emissário". Em escala mais ampla, o mesmo padrão funciona nas redes sociais do cérebro direito e esquerdo.

Boa parte do conteúdo original criado na internet vem das redes do cérebro direito; afinal de contas, são essas as redes que conectam pessoas com base em interesses, promovem uma noção de comunidade e, consequentemente, satisfazem as condições necessárias para os memes se formarem e se espalharem. Com frequência, os membros de comunidades do cérebro direito levam esse conteúdo para as redes do cérebro esquerdo, como modo de representar alguma parte da sua identidade. As redes do cérebro direito tendem a se ver como observadoras nos bastidores da cultura da internet, e muitas vezes a atividade da rede do cérebro esquerdo é discutida num metanível dentro das comunidades do cérebro direito — um tipo de reintegração. Algumas comunidades populares do cérebro direito são organizadas para fazer exatamente isso, como r/BlackPeopleTwitter, que cataloga "capturas de tela de pessoas negras sendo engraçadas ou inspiradoras nas mídias sociais", ou r/OldPeopleFacebook, que acumula capturas de tela de idosos que não entendem direito como usar as mídias sociais.

Como marcas, é fácil atingir as pessoas com a mensagem certa no momento errado. Ou com a mensagem errada no momento certo. Quando nos abordam a partir do ponto de vista do cérebro direito, as pessoas procuram genuinamente informações ou uma interação útil conosco. Quando começam a formar uma opinião sobre a nossa marca ou a comparam com as outras, as pessoas estão diretamente engajadas com a sua experiência conosco. O que dizemos, como agimos e o modo como sentem essa interação conosco criarão uma impressão duradoura. As interações do atendimento ao cliente, as mensagens diretas e as perguntas que buscam respostas genuínas são momentos de engajamento do cérebro direito com as nossas marcas, e esses são os sinais proativos que as pessoas nos dão para sabermos que estão receptivas a se conectar conosco. Mas, quando tuítam em geral sobre nós para os seus seguidores, usam o nosso produto num meme ou publicam uma foto e nos marcam no Instagram, as pessoas não estão *realmente* tentando se engajar conosco diretamente. Elas estão usando a nossa marca para representar algo sobre elas ou sobre a sua vida. Os dois momentos podem ser importantes, mas exigem tratamentos diferentes de nós.

Tanto o topo quanto o fundo do funil de compra tendem a ser momentos de engajamento do cérebro direito. A consciência, sendo o topo do funil, é um momento do cérebro direito, a nossa primeira impressão. As pessoas não podem representar algo de que não têm consciência; assim, quando nos notam de verdade pela primeira vez, a expressão da nossa marca configura como elas nos representam mentalmente. Os pensadores da maioria das marcas entende a importância vital da primeira impressão, e, conforme o nosso setor se desloca para a automação e a eficiência, corremos o risco de subestimar que essa primeira impressão é importantíssima. Onde as pessoas ouviram falar de nós? Com quem? Em que contexto? Entre que outras marcas? Favorável ou desfavoravelmente? São esses os momentos que codificamos nos nossos *slides* da "jornada do consumidor", mas que no fundo sabemos que não podemos controlar nem fabricar de forma confiável. Em alguns casos, a nossa primeira exposição pode ser por um anúncio ou por outra comunicação oficial da marca, mas, para a maioria das marcas médias e grandes, é impossível dizer exatamente qual foi o primeiro ponto de contato real da pessoa conosco. É aí que a importância intangível e incomensurável do estilo e da reputação da marca causa o primeiro impacto: criamos uma marca com magnetismo suficiente para atrair as pessoas? E quando elas nos procuram, o que encontram?

O meio do funil da compra, em geral caracterizado por avaliação e preferência, é mais bem entendido pela lente do cérebro esquerdo. Depois de tomarmos consciência de um novo produto (cérebro direito), passamos essa informação para o cérebro esquerdo para encaixá-la na nossa estrutura de conhecimento representado. Com que marcas ela se parece? O que sabemos sobre essa categoria? O que sabemos sobre a concorrência? Que tipo de gente compra esses produtos? Sou esse tipo de gente? O cérebro esquerdo é responsável por levar a experiência única de encontrar a nova marca hipotética e encaixá-la na nossa representação do mundo em uso.

Como estamos lidando com representações no espaço do cérebro esquerdo, o modo de interação muda. Se formos uma marca ambicio-

Cérebro direito, cérebro esquerdo e cérebro direito outra vez

sa de *streetwear* e alguém publicar uma roupa tentando parecer ousado, podemos desfazer facilmente qualquer marca "cool" que construímos comentando: "Que visual legal!" Se fôssemos realmente *cool*, estaríamos tão acostumados com esse tipo de coisa que mal notaríamos. Ou talvez postássemos algum emoji obscuro ou falássemos com a pessoa em particular para ver se ela gostaria de ver sua foto exibida na nossa conta. Isso não pretende desincentivar as marcas de interagir com o conteúdo orgânico. Só precisamos ficar atentos ao que a pessoa que publica o conteúdo espera obter.

Por mais sem graça que a expressão tenha se tornado, o atendimento ao cliente é outro momento fundamental da interação do cérebro direito conosco. A pessoa tem um problema com um pedido, o produto parou de funcionar, ela precisa fazer uma troca. A não ser em casos de ostentação nas mídias sociais em que uma pergunta de "atendimento ao cliente" é feita em público e em voz alta, as interações do atendimento ao cliente tendem a ser pessoais e individuais. Elas não são representações da experiência; são encontros em primeira mão conosco que acabarão classificados e armazenados. Num estudo da McKinsey sobre a importância do atendimento ao cliente, 85% dos clientes que tiveram experiências positivas em interações emocionalmente carregadas com a marca aumentaram o seu investimento, enquanto 70% dos que tiveram más experiências mostraram uma redução importante.[2] As janelas de engajamento do cérebro direito, ainda que breves, são momentos fundamentais para causar impressões positivas e duradouras.

Quando as pessoas mencionam a nossa marca numa postagem, é fácil interpretar isso erradamente como pista para a interação pessoal. Mas não é o que está acontecendo, a não ser que elas tenham se esforçado muito para assegurar que a mensagem fosse enviada só e diretamente a nós. Lembra-se do exemplo da Wendy's em que alguém se ofereceu para comprar tudo o que estava no cardápio e postou um saco de lixo como prova? A Wendy's respondeu "obrigado por compartilhar suas fotos de bebê", porque a marca entendeu que a pessoa que tuitava não era o seu público. O público era a combinação dos seus seguidores e dos seguidores do publicador do saco de lixo que veriam a interação nos seus *feeds* do Twitter. É uma batalha entre a representação de si pelas marcas e a representação da marca pela pessoa que publicou.

Quando nos dirigimos ao público e não ao adversário no debate, damos vida ao nosso ponto de vista e à nossa persona e reforçamos as nossas fronteiras. Como as marcas ficaram muito tímidas nas mídias sociais, os detratores barulhentos conseguem importuná-las para que abandonem campanhas e peçam desculpas desnecessárias. As lacrações divertidas mostram às pessoas que defendemos o nosso terreno. Certa vez, a Netflix retuitou um gif de um integrante do elenco de *Ru Paul's Drag Race* dançando num mastro com roupa de leão, e um seguidor respondeu: "É isso mesmo que a Netflix tuíta. É isso mesmo que ela retuíta. Sério. De verdade." A Netflix respondeu simplesmente "É". Essa resposta gerou mais de 100 curtidas — mais do que o tuíte respondido originalmente. Como todos sabemos, o resultado de um debate na internet é julgado pela contagem de curtidas.

No espaço do cérebro esquerdo, sabemos que as pessoas estão no ramo da autorrepresentação, e é exatamente isso que devemos ajudá-las a fazer. Com a criação de conteúdo que represente a nossa marca e as pessoas que gostam da nossa marca, conseguimos aproveitar o tipo de conteúdo com que as pessoas esperam se engajar organicamente. Quando criamos conteúdo adequado para o engajamento do cérebro esquerdo, queremos manter as informações o mais simples e acessíveis possível e usar uma linguagem que nos represente de um modo identificável e fácil de entender. Às vezes pode ser doloroso, porque é comum termos uma narrativa intrincada que queremos compartilhar sobre a nossa marca. Também precisamos exprimir essa informação, só que do jeito direito (ah, entendeu?). Quando alguém é seduzido pelo nosso conteúdo do cérebro esquerdo, é bom nos assegurar de que haja um centro do cérebro direito para pesquisa e coleta de informações sobre nós.

TODA MARCA TEM DE EQUILIBRAR A EXPRESSÃO GENUÍNA DO EU COM UMA REPRESENTAÇÃO ESCALÁVEL

Uma marca que conseguiu um equilíbrio admirável entre o conteúdo superficial do cérebro esquerdo e a profundidade do cérebro direito é a marca Activia, da Danone. O iogurte probiótico Activia se anuncia como produto especializado e adequado à saúde intestinal. O Activia conseguiu se diferenciar no espaço apinhado dos iogurtes em porções individuais divulgando o bem que os "probióticos" fazem à saúde e afirmando, num vídeo do YouTube apresentado no seu site, que "só Activia tem bilhões de nossos probióticos vivos e ativos".[3] A palavra-chave aí é "nossos". O Activia contém uma cepa específica de probiótico chamada *Bifidus regularis*, que ajudaria a manter a saúde do sistema digestório.[4] Na verdade, a maior parte dos iogurtes contém quantidade semelhante de culturas de probióticos, e há centenas de produtos no mercado com cepas diferentes de probióticos.[5] Mas o Activia foi o primeiro a falar disso de um jeito aberto ao público e fácil de entender. O *Bifidus regularis* foi pesquisado com financiamento da Danone e demonstrou alguma melhora em pessoas com síndrome do intestino irritável, mas, de acordo com a gastroenterologista Kirsten Tillisch, os participantes desses estudos consumiram Activia duas ou três vezes por dia — frequência bem maior do que a de uma pessoa comum.

O parágrafo inteiro que você acabou de ler está cheio de informações que, provavelmente, não têm muita importância específica para você. A não ser que você tenha síndrome do intestino irritável, e, nesse caso, sinto muito. Provavelmente, o *Bifidus regularis* não atiça a curiosidade do seu hemisfério esquerdo. Provavelmente você *nem mesmo* tentou pronunciar isso mentalmente. E esse é o brilho da marca Activia. A estratégia da Danone foi pegar esse tópico complexo e condensá-lo em temas simplificados que pudessem reverberar no hemisfério esquerdo. O Activia não é um produto novo. Foi lançado na França na década de 1980 com o nome Danone Bio.[6,7] Nos Estados Unidos, foi lançado em 2006, chegou a 130 milhões de dólares em vendas e cresceu mais 50% no ano seguinte. Em 2009, a venda global de Activia chegou a 2,6 bilhões de euros, e o produto é responsabilizado por fazer crescer as categorias de iogurte saudável e produtos probióticos.

A abordagem do Activia nas mensagens é igualmente simples e brilhante. Num anúncio no Facebook, a marca começa com um close no abdome de uma mulher e depois superpõe o texto: "Saúde intestinal que é bom para todos".[8] A peça continua com uma chamada simples que diz "Probiótico + Prebiótico", sem explicar o que significam essas palavras. A marca supõe que já as ouvimos e sabemos vagamente que nos fazem bem ou que nunca ouvimos falar mas que podemos tirar a mesma conclusão. Outro anúncio da mesma campanha usa um visual semelhante com legendas que dizem: "Procura probióticos? Achou!", enquanto uma mulher bebe um produto Activia. Outro anúncio diz "20 anos de pesquisa em saúde intestinal" e mostra uma série de barrigas femininas de cor e formato diferentes antes de finalmente encerrar com um close do produto.

Além de serem falas perfeitas para atingir o cérebro esquerdo, as peças também contornam o filtro da complexidade do cérebro direito apegando-se a estruturas estabelecidas do cérebro esquerdo. A marca Activia presume que as pessoas preocupadas com a saúde provavelmente ouviram a palavra *probiótico*, mesmo que a definição completa não seja óbvia. Ao se diferenciar como "*o iogurte probiótico*", a marca se ligou a uma categoria preexistente do hemisfério esquerdo, ainda que um tanto vaga, de "alimentos saudáveis que eu provavelmente deveria consumir com mais frequência, mas que na verdade não sei onde encontrar". Na verdade, qualquer iogurte pode se gabar de ter probióticos, ainda que não contenha especificamente *Bifidus regularis*. Se o público tiver uma representação vaga do conceito "probiótico", mas o problema de não saber exatamente onde encontrá-lo, o trabalho duro já está feito. O convencimento do cérebro direito já aconteceu, e Activia é capaz de contornar a complexidade de explicar as nuances dos benefícios.

A maioria não sente necessidade de aprofundar a pesquisa sobre afirmações como "probióticos fazem bem à saúde", porque é muito mais fácil terceirizar a nossa confiança com profissionais treinados — ou a Karen do escritório. Ela vive publicando artigos sobre esse tipo de coisa. Mas, caso fiquemos curiosos, o Activia complementa esses tópicos ligeiros do cérebro esquerdo com um site robusto, cheio de pesquisas e informações sobre probióticos, como funcionam, seus benefícios à saúde, a "conexão cérebro-intestino" e coisas assim.

Como marcas, é vital equilibrarmos os nossos pontos de venda mais breves, que, com toda a probabilidade, constituem o grosso dos anúncios e do conteúdo nas mídias sociais, com uma articulação clara e profunda de por que fazemos o que fazemos ou fabricamos o que fabricamos. Ainda que a maior parte do público não acesse essas informações profundas, elas afastam os céticos. Sem uma fonte confiável de informações sobre a nossa marca, as afirmativas do nosso cérebro esquerdo correm o risco de parecer falsas — não que *algum* profissional de marketing vá *algum dia* afirmar que não eram 100% verdadeiras.

SEM ÂNCORAS NO CÉREBRO DIREITO, AS AFIRMATIVAS DO CÉREBRO ESQUERDO CORREM O RISCO DE PARECER HIPÓCRITAS

Vejamos a marca Goop de Gwyneth Paltrow, por exemplo. A Goop vende itens como "garrafas d'água com infusão de cristal de ametista" que afirmam "ajudar você a aproveitar a sua intuição" e "repelentes de vampiros psíquicos", tão fáceis de usar que basta "borrifar em torno da aura para se proteger de ataques psíquicos e danos emocionais". A Goop.com tenta equilibrar essas afirmativas do cérebro esquerdo com artigos longos sobre como os cristais... usam energia ou, digamos, vibrações? E, sabe, o modo como cristais diferentes trabalham em diferentes... frequências. Ou algo assim. No entanto, e talvez seja uma surpresa para você, os artigos não contêm citações nem *links* para fontes legítimas de terceiros.

A questão é que, em essência, cristais e probióticos são a mesma coisa. São magia. Quero dizer, não são, mas, como não cientistas, todos ouvimos afirmativas positivas sobre ambos. Em geral, tendemos a não vestir o avental do laboratório e refazer nós mesmos as experiências. A diferença é que os probióticos têm disciplinas científicas inteiras engajadas ativamente para descobrir como funcionam e por que fazem bem. As afirmativas sobre os cristais continuam a construir andaimes cada vez mais altos sobre estruturas já abaladas do cérebro esquerdo.

De tantos em tantos meses, parece que a Goop inspira novas manchetes zombeteiras como "A Goop de Gwyneth Paltrow divulga os 'benefícios' de pôr um ovo de jade na vagina — agora vai dar certo" e "Vigilantes da publicidade abrem processo contra a Goop de Gwyneth Paltrow por declarações 'enganosas' sobre saúde". O espantoso é que a marca Goop mantém uma comunidade insular de fiéis e é difícil chamar de fracasso a transformação da Goop de um boletim com 150.000 assinantes em marca de 250 milhões de dólares. É difícil dizer quanto desse sucesso se deve à influência de Paltrow, mas a Goop está numa posição difícil em termos de crescimento nos mercados tradicionais. A marca confia na voz editorial e no endosso de celebridade de Paltrow para manter a relevância e o engajamento. Com a metodologia bem pouco científica de revisar as últimas 100 postagens da Goop até a escrita deste livro, seis das dez postagens mais populares são fotos de Paltrow, apesar de ela só aparecer num total de onze fotos.[9] Assim, as fotos de Paltrow constituem 60% do conteúdo com mais engajamento, embora sejam apenas 11% do conteúdo total.

Não é comum que as marcas sejam lançadas com sucesso quando só apelam ao cérebro esquerdo, embora às vezes isso aconteça se celebridades e influenciadores dão o seu endosso. Com mais frequência, os fundadores de *startups* e marcas novas que tentam explicar o seu valor tropeçam nos próprios pés com mais informações do que o público consegue entender. Elas estão imersas na experiência do cérebro direito de como pensam, do que fazem e de por que isso é importante

Cérebro direito, cérebro esquerdo e cérebro direito outra vez

para as pessoas. A sua tendência natural é transmitir as táticas e os detalhes que, espera-se, as tornarão bem-sucedidas e as diferenciarão no mercado.

Felizmente, é muito mais fácil pegar uma base ampla de qualidades do cérebro direito e processá-las nos tópicos de conversa do cérebro esquerdo que prendem as pessoas. Infelizmente, em geral esse processo se baseia em julgamento e gosto individuais, ainda mais em empresas pequenas, ou seja, é fácil pôr o lide no pé porque o que atrai o fundador de uma *startup* nem sempre é o que atrai o grande público. No entanto, se usarmos as mídias sociais para avaliar a eficácia da mensagem e continuarmos a otimizá-la com base no seu desempenho, acabaremos encontrando o caminho de um resultado que chama a atenção do cérebro esquerdo.

Quando lidamos com pessoas que apresentam as suas crenças políticas no Twitter, é improvável que qualquer volume de pesquisa ou discussão matizada altere a atitude predominante. E deveríamos esperar o mesmo de qualquer crença arraigada que as pessoas apresentem ao mundo como parte da sua identidade. Do mesmo modo, quando nos engajamos numa conversa com uma comunidade de mente aberta como r/ChangeMyView, a apresentação simples de crenças estabelecidas está condenada a parecer desafinada e desconectada. Para alcançar as pessoas com eficácia, nós, como marcas, precisamos entender de que modo a pessoa se engaja e ajustar desse modo a nossa abordagem. No território do cérebro esquerdo, oferecer às pessoas conteúdo que as represente (e nos represente) ajuda a promover o alcance conquistado, a solidificar a conexão com os fãs e a gerar endossos que parecem orgânicos. No território do cérebro direito, precisamos nos afinar melhor com as nuances da conversa que acontece à nossa frente e nos engajar com ela diretamente. Com isso, seremos capazes de criar experiências genuinamente positivas que ditam como e onde nos categorizamos na representação do cérebro esquerdo.

Os ganchos do cérebro esquerdo precisam ser equilibrados com âncoras do cérebro direito. No território do cérebro esquerdo, a mensagem tem mais capacidade de durar quando se conecta com as estruturas de conhecimento preexistentes no público. Essa mensagem deve ser o mais simples e acessível possível, mas sustentada por uma profundidade de informações que embase as nossas breves afirmativas. Para algumas marcas, isso significa criar manchetes que chamem a atenção sobre a nossa tecnologia revolucionária (cérebro esquerdo), ao lado de uma explicação meticulosa de como e por que essa tecnologia funciona (cérebro direito). Para outras, significa usar mensagens curtinhas para indicar uma história profunda e envolvente de quem somos como marcas e por que fazemos o que fazemos.

Toda marca começa com um propósito tangível: resolver um problema, oferecer algo de valor etc. A partir desse quadro holístico de baixa resolução, começamos o exercício que define o marketing como disciplina. Apresentamos ao mundo as características e os elementos que representam bem a nossa marca no mundo. E, se tudo estiver funcionando direito, a reação do público a essas mensagens volta para configurar o modo como a marca opera. O sucesso no território do cérebro direito não é separado do esquerdo. Ele faz parte de um ciclo coerente que se segue naturalmente ao modo como o nosso cérebro vivencia o mundo.

PRINCIPAIS LIÇÕES

- O modo como processamos informações segue um padrão previsível. As novas informações são vivenciadas pelo hemisfério direito; o hemisfério esquerdo extrai detalhes importantes e os encaixa nas suas estruturas de conhecimento; então, as informações extraídas são devolvidas ao hemisfério direito para reintegração.
- Quando engajados com o cérebro direito, estamos no modo de formar e desenvolver as nossas crenças. Essa é uma janela vulnerável e, muitas vezes, breve, caracterizada pelo engajamento único e direto com a marca — como entrar em contato com o atendimento ao cliente.
- No contexto do cérebro esquerdo, representamos as nossas crenças como expressões da nossa identidade em vez de nos engajar com as crenças em si. Com frequência, as menções gerais da marca, sem tentativa de contato direto conosco, são expressões do cérebro esquerdo, e o engajamento em nome da marca deveria levar em conta a meta de autorrepresentação do usuário.

CAPÍTULO

10

CINCO LIÇÕES PARA MONTAR E REFINAR UMA ESTRATÉGIA SOCIAL

Comcast. Para a maioria dos profissionais de marketing, só ler esse nome basta para provocar um arrepio na espinha. Ou na minha, pelo menos. A Comcast é uma daquelas marcas que, além de não gostar dela estar na moda, é só entrar numa sala de gente que lidou com a empresa e praticamente podemos garantir que alguém terá uma história pessoal de horror. Para sermos justos, só notamos a Comcast — empresa americana de telecomunicações que, basicamente, fornece acesso a internet, telefone e televisão — quando algo dá errado. No entanto, o ódio da internet à Comcast é profundo.

Em 2015, numa seleção das melhores postagens de todos os tempos no Reddit — não só uma comunidade específica, mas entre as centenas de milhares de comunidades ativas na plataforma — uma postagem sobre a Comcast ficou na sexta posição.[1] "Comcast", dizia a postagem. "Se vocês curtirem, isso vai aparecer no Google Imagens quando as pessoas procurarem Comcast, provedor de TV a cabo ou de internet."[2] A imagem anexada era de uma bandeira nazista — fundo vermelho, círculo branco no meio e uma grande suástica negra no centro.

A postagem brincava com um conceito conhecido e muito próprio do Reddit. Os Redditors reconhecem que as postagens mais curtidas tendem a obter boa classificação no Google. Com o uso de palavras-chave específicas no título da postagem, há a probabilidade de que ela apareça no resultado das buscas. É uma forma profunda de metaparticipação — uma fronteira que os Redditors não param de ampliar.

A postagem em si se seguia a uma longa onda de críticas à Comcast, dentro e fora do Reddit. Embora as histórias de péssimo atendimento ao cliente já fossem suficientes para enfurecer muitos habitantes da internet, a Comcast apoiou as infames Stop Online Piracy Act (SOPA, lei para deter a pirataria *online*) e PROTECT IP Act (PIPA, lei para proteger provedores de internet), colocando-se bem no centro do desdém internético.[3] Embora a SOPA e a PIPA alegassem visar ao fim da violação de direitos autorais na internet, ambas davam às empresas de telecomunicações o novo poder de determinar a distribuição do uso da banda. Em termos históricos, nos Estados Unidos os provedores de internet foram considerados "meios de transporte comum", como as empresas aéreas, os táxis e as empresas de transporte de carga.[4] Os meios de transporte comum devem servir ao público em geral, sem discriminação, e a SOPA e a PIPA visavam remover essa condição. Os frequentadores da internet temiam que empresas como a Comcast tivessem autoridade para despriorizar sites de que não gostassem, fazer negócios com superpotências empresariais ali entrincheiradas e prejudicar o usuário médio da internet. Em resumo, não havia nenhuma empresa que os Redditors odiassem mais do que a Comcast.

Numa virada chocante, em 2016 a Comcast criou a sua própria comunidade no Reddit, chamada r/Comcast—Xfinity.[5] O que vou lhe contar pode ser alarmante. Talvez você não esteja pronto. Mas é a verdade, e você precisa saber. Apesar das histórias de horror sobre atendimento ao cliente, aceleração da velocidade da internet e até apoio a SOPA e PIPA, a Comcast tem uma presença de alto nível e profundamente estratégica no Reddit. Pronto, falei.

De acordo com a descrição da comunidade, r/Comcast—Xfinity é "a fonte oficial de ajuda no Reddit para os serviços Xfinity" e "se você tiver problemas com os nossos serviços, os nossos especialistas estão aqui para resolvê-los". Em vez de fugir da comunidade que promovia tanta mordacidade contra a marca, a Comcast mergulhou diretamente no âmago da fera e atacou o problema de frente. Bom, não tanto o lado da PIPA e da SOPA, mas pelo menos parou de divulgar seu apoio a elas. É um exemplo brilhante de ação de escuta social e execução de uma estratégia adequada a uma experiência tangível com a marca pelo cérebro direito. O serviço ao cliente foi um modo da marca de reconhecer a preocupação real que ouvia da comunidade. Foi um esforço genuíno de agregar valor.

A comunidade r/Comcast—Xfinity é civilizada, funciona como pretendido e, o mais importante, oferece um lugar para atacar os problemas. Ela se encaixa naturalmente no ecossistema mais amplo do Reddit. Antes da formação da comunidade, era natural que alguém mencionasse uma queixa sobre a Comcast numa série de comentários ligados a tecnologia ou velocidade da internet. Inevitavelmente, uma história de mau atendimento ao cliente gerava outras. Não raro, os comentários se transformavam numa confusão de histórias de horror sobre o atendimento ao cliente da Comcast. Mas agora, como a natureza do Reddit é ser útil aos outros membros da comunidade, quando alguém menciona um problema com a Comcast é natural que os outros usuários direcionem a pessoa à comunidade r/Comcast—Xfinity. E, em geral, a Comcast é muito prestativa e responde prontamente.

A criatividade e a estratégia são igualmente importantes, tanto para formar as estratégias de nosso canal quanto para desenvolver o conteúdo. Não havia pesquisas nem melhores práticas a consultar para gerar essa estratégia para a Comcast, porque em geral esse território ainda não foi desbravado. Os subreddits de marcas são poucos e muito espaçados, e estão cada vez menos ativos. A Comcast chegou a essa estratégia por meio da escuta social estratégica e da consideração genuína do que ouviram.

Neste capítulo, examinaremos algumas diretrizes e sugestões para combinar essa exploração social mais ampla com alguns conselhos aplicáveis. É importante que essas diretrizes gerais sejam sopesadas com os aspectos específicos de sua marca e o desafio enfrentado. O que dá certo para a Comcast provavelmente não dará certo para uma joalheria fina, e vice-versa. Como costumava dizer um estrategista com quem trabalhei, se for possível pegar uma estratégia e usá-la com outra marca sem mudar muita coisa, essa não será uma boa gestão da marca. Como recomendo a todos os meus clientes, o bom marketing começa com a escuta, e o que ouvimos pode variar imensamente entre as marcas.

1. A ESCUTA SOCIAL É FUNDAMENTAL PARA CONSTRUIR UMA MARCA PERITA NAS MÍDIAS SOCIAIS

Uma das pedras angulares da construção da grande estratégia de marketing — e social — é a escuta. Em todo este livro, descrevi diversas redes e comunidades sociais como ecossistemas, reservatórios e culturas mêmicas. É exatamente assim que devemos tratar as redes sociais e as culturas que residem dentro delas. Escutar é importante por algumas razões. No sentido mais tradicional, é assim que obtemos *feedback* de nossos clientes e não clientes: escutamos o que querem e como reagem aos nossos produtos e mensagens.

Mas realmente escutar também significa compreender. Escutar nos ajuda a perceber em que canal obteremos mais valor e como interagir dentro desse canal. Escutar nos permite agir como nativos dentro dessas culturas — ou, no mínimo, como turistas conscientes. É melhor do que sermos invasores estrangeiros, que é como muitas marcas são consideradas hoje nas redes sociais. A não ser que nossa marca seja recém-lançada em categoria própria, a probabilidade é que haja mensagens importantes para descobrimos e ouvirmos em toda a internet.

Aqui há um problema ligado ao feixe concentrado de atenção manifestado pelo hemisfério esquerdo. Quando nos concentramos

Cinco lições para montar e refinar uma estratégia social   223

numa coisa, ignoramos por definição um monte de outras coisas. É assim que funcionam experimentos como o famoso "gorila invisível".[6] Se não o conhece, os psicólogos Christopher Chabris e Daniel Simons desenvolveram uma experiência em que os participantes assistem a um vídeo de dois times passando a bola de basquete de um lado para o outro. Pede-se aos participantes que contem o número de passes dados. E, embora muita gente acerte o número de passes, somente cerca de 50% notam que, durante o vídeo, uma pessoa fantasiada de gorila anda entre os jogadores, bate no peito e sai do enquadramento.

Desde então, o experimento do gorila invisível se tornou sinônimo de "cegueira por desatenção" — quando concentramos a nossa atenção num conjunto de estímulos, é comum ficarmos cegos a outros. Com relação a isso, também devemos ter cuidado para não cair na armadilha da câmara de eco, o "viés de confirmação", no qual só buscamos indícios que sustentem as nossas crenças preexistentes. Como profissionais de marketing, a cegueira por desatenção e o viés de confirmação atormentam o nosso setor. É assim que mantemos as mesmas "ideias" estagnadas ano após ano e nos perguntamos por que a nossa produção criativa não é inovadora. Também é assim que as marcas acabam gastando milhões de dólares e meses de planejamento para produzir anúncios desafinados como "Protestos são bobos, tome um refrigerante com Kendall Jenner", da Pepsi, ou "Meu marido me presenteou com uma bicicleta ergométrica para dizer que o meu corpo é uma vergonha. Por isso, fiz para ele um documentário em selfies", da Peloton. Se começamos o processo criativo com uma pré-concepção de qual deveria ser o resultado final, o nosso ponto de vista perde a integridade, e o processo criativo desmorona.

A verdadeira escuta é mais um exercício do cérebro direito do que do esquerdo. Enquanto o cérebro esquerdo concentra o foco de atenção numa coisa específica e se abstrai do contexto, o direito interpreta o mundo com uma lente grande angular. O cérebro direito, a princípio adequado para perceber predadores, recebe o mundo do modo como nos é apresentado e forma dele um quadro mais completo e contextualizado. Quando pulamos direto para a "escuta" do cérebro esquerdo, em essência ficamos no modo de reconhecimento de padrões. Temos alguns preconceitos sobre o que provavelmente acharemos e, quando encontramos algo que combine, o nosso preconceito se solidifica um pouco mais. Embora certamente precisemos do conjunto de habilidades do cérebro esquerdo de se concentrar em pontos específicos e analisar o que encontramos, necessitamos da consciência espacial do cérebro direito para determinar primeiro o quadro maior. Com demasiada frequência, quando fazemos o exercício de escuta social, descrevemos o que está correndo bem, em vez de pintar um quatro holístico verdadeiro. Isso não surpreende, dadas as restrições apertadas com que a maioria das equipes de mídia social trabalha; a maioria das marcas é rápida para suspender o orçamento social à mínima insinuação de reação contrária. Mas o quadro completo — o bom, o mau e o feio — é fundamental para a nossa capacidade de continuar relevantes e autoconscientes enquanto marcas.

O processo de escuta deveria começar antes mesmo de escolhermos que rede social planejamos priorizar. Idealmente, temos acesso a ferramentas poderosas de escuta social como Radian6, Sysomos, Brandwatch ou qualquer uma das muitas plataformas que nos permitem analisar as tendências das mídias sociais, encontrar padrões no modo como as pessoas falam da nossa marca e categoria e espionar os concorrentes. As plataformas mais robustas de escuta social, como Radian6 e Sysomos, costumam cobrar pelo volume de conversas com os termos monitorados, ou seja, podem ficar caras, principalmente para uma escuta mais ampla. Essas ferramentas tendem a ser mais úteis para marcas com grande pegada orgânica e elevado volume de conversas. Para marcas menores e empresas iniciantes, a escuta social pode ser uma realização orgânica, com ofertas gratuitas como Google Analytics, Facebook Insights, Tweet Deck e outras ferramentas de exploração embutidas nas plataformas.

Como os sites de mídia social, principalmente as redes do Ego e do Superego, tendem a ser preditivos na recomendação de conteúdo

Cinco lições para montar e refinar uma estratégia social

e na personalização da experiência do usuário, é dificílimo encontrar, como usuários, um ponto de vista verdadeiramente agnóstico. Os produtos de escuta social nos ajudam a identificar aquela visão ampla da paisagem social que seria difícil encontrarmos como usuários. Mas até exercícios simples como buscar o nome da marca, palavras-chaves relacionadas com a nossa categoria e o nome das marcas concorrentes podem nos trazer ideias poderosas. Como, na maioria das redes sociais, as contas de marcas nos tratam como se fôssemos um usuário qualquer, podemos aproveitar a funcionalidade nativa para nos ajudar na escuta. Por exemplo, se criarmos para a marca uma nova conta no Twitter, temos de seguir os influenciadores em nosso espaço e nas marcas competitivas, acompanhar as *hasthtags* ligadas ao nosso setor e tentar entender as relações entre elas para ter uma noção do tipo de conversa em que podemos entrar.

Embora as ferramentas de escuta social sejam um modo poderoso de analisar essas informações, os seus relatórios automatizados e os gráficos bonitos podem criar distância demais entre a nossa análise e a realidade. Por mais úteis que sejam, é importante lembrar que nenhum dos usuários que esperamos engajar olha as mídias sociais dessa maneira. Por essa razão, incentivo as minhas equipes e os meus clientes a postarem e interagirem diretamente nas plataformas sociais em vez de usar ferramentas automáticas de postagem. É fácil ficar preguiçoso, programar um mês de conteúdo e deixar a máquina funcionar. O mais que pudermos, deveríamos nos esforçar para participar das redes sociais como os outros usuários.

A escuta deveria acontecer desde os estágios iniciais da seleção de canais até a avaliação de quais peças do nosso conteúdo de marca reverbera melhor. Para promover engajamento, precisamos escolher canais em que o nosso conteúdo tenha o potencial de reverberar. A Goop não vai encontrar muitos fãs no Reddit, e a última versão de zumbis nazistas do jogo *Call of Duty* provavelmente não vai explodir no Pinterest. Devemos procurar o tipo de conteúdo que esperamos produzir em nome da nossa marca e identificar a rede social em que esse tipo de conteúdo prospera. Com isso, além de encontrar reservatórios mêmicos em que os nossos memes possam competir, é possível também aprender, com as nuances de formato, voz, tom e normas culturais, a criar conteúdo que pareça pertinente e natural.

Quais comunidades, influenciadores, páginas e agregadores de conteúdo tendem a criar seguidores naturais nas redes sociais que nos interessam? Se formos uma marca ligada à moda, o Pinterest e o Instagram são candidatos prováveis para os nossos canais sociais prioritários. Se a oferta da nossa marca for complexa ou se a nossa estratégia de conteúdo se basear em profundidade e descoberta, devemos olhar redes como Reddit, Twitch, Imgur, Tumblr, Quora e até fóruns menores baseados em interesses ligados ao território da nossa marca. Quando sabemos que o nosso público-alvo se encaixa numa faixa etária específica — ou que a mídia paga e os objetivos do fundo do funil ditarão o nosso sucesso no meio social —, as redes publicitárias mais estabelecidas, como Facebook e Google, podem estar no alto das nossas prioridades como canais.

A escuta também deveria ser prioridade no nível do meme e da máquina de memes. Se tivermos alguma noção da mensagem que queremos transmitir e do conteúdo que planejamos divulgar, deveríamos prestar muita atenção às máquinas de memes que se propagam melhor. Que características encontramos em comum entre as peças de conteúdo viral dentro da rede social? Aqui, a nossa meta é tirar a máquina de memes do seu ambiente, preenchê-la com o nosso próprio meme e atrelar o processo evolutivo para manifestar as nossas ideias com o máximo efeito. Quando liberarmos as nossas máquinas de memes na natureza, provavelmente começaremos a ver que caem no conhecido princípio de Pareto: 20% do nosso conteúdo provavelmente gerará 80% do resultado.

A avaliação de desempenho é outra forma importantíssima de escuta. O que podemos ouvir do nosso público sobre o que fizemos? E não quero dizer apenas selecionar os comentários das nossas postagens. Depois de ser gerente de comunidade durante vários anos para

Cinco lições para montar e refinar uma estratégia social

várias marcas, posso dizer que nada fará a gente perder mais depressa a esperança na humanidade do que ler os comentários das postagens sociais das marcas. A maioria das redes com plataformas publicitárias estabelecidas nos oferece análises robustas e exportáveis do desempenho das nossas peças. Infelizmente, a maioria das marcas não usa direito esses relatórios.

Imagine que, um mês depois de lançar a presença social da nossa marca, cheguemos a uma modesta taxa de engajamento de 1,5%. Se criarmos um lote de peças sociais por mês e se aprendermos o suficiente com o lote de conteúdo anterior para melhorar apenas 5% ao mês, quase dobraremos a nossa taxa geral de engajamento até o fim do ano. O aprendizado incremental é uma parte importantíssima do processo criativo, e não basta relegar a tarefa aos analistas. Simplesmente há vários jeitos de fatiar os dados. Texto mais curto funciona melhor do que texto mais longo? Uma peça publicitária reverbera melhor com uma faixa etária ou com outra? As cores mais quentes chamam mais a atenção do que as cores frias? Um pilar de conteúdo teve desempenho melhor do que os outros? Um redator, um diretor de arte, um planejador de mídia, um gerente de comunidade e um estrategista encontrarão maneiras diferentes de fatiar os dados de desempenho se os examinarem com atenção suficiente. Foi Isaac Asimov (provavelmente) que disse: "A frase mais empolgante ouvida na ciência, a que anuncia novas descobertas não é 'Eureca!' ('Achei!'), mas 'Que engraçado'".[7]

A avaliação de desempenho das peças publicitárias não precisa ser complicadíssima. Em geral, o formato preferido dessas reuniões nas minhas equipes era casual, quase um *brainstorm*. Para cada reunião, um analista preparava uma revisão simples das peças do mês anterior. Capturas de tela de cada postagem eram acompanhadas por uma ou duas métricas importantes — taxa real de engajamento, taxa de compartilhamento, taxa de conversão, as que foram consideradas indicadores prioritários de desempenho. Então, com tudo na parede, a equipe só... conversava. O que deu certo? O que não deu? O que foi mais surpreendente? Quem tem uma teoria do porquê?

Eis alguns aprendizados dessas reuniões:

- Quando o texto está superposto na postagem para contextualizar uma imagem — quando a máquina de memes está completamente encapsulada —, a postagem gera 46 vezes mais cliques no botão Compartilhar.
- Receitas e artesanato com "fotos do processo" promovem engajamento significativamente maior do que imagens estáticas do produto final.
- Fotografias da natureza tendem a gerar mais engajamento quando acompanhadas de uma citação ou história pessoal.
- Esquemas de cor complementares tendem a atrair mais atenção e gerar mais ações sociais.
- Gifs e imagens estáticas tentem a promover mais alcance conquistado do que os vídeos.
- Animais fofos superam todo o resto.

Esse último é bom senso, mas espero ter deixado claro que esse tipo de aprendizado ajuda a equipe de publicidade social a encontrar o caminho do aprimoramento constante.

O relatório tradicional de desempenho da publicidade é um cadáver. É difícil aplicar o seu aprendizado ao mundo dos vivos, porque raramente é desenvolvido sob o ponto de vista das pessoas que realmente fazem o conteúdo. Com mais frequência, as métricas de desempenho são usadas como vantagem para provar o seu valor a um cliente ou interessado. Quando a avaliação de desempenho se torna uma parte ativa do processo criativo, as noções e os aprendizados são vivos e tangíveis. Além disso, ela deixa a publicidade social mais divertida. Todos conhecemos aquela dose de dopamina recebida quando postamos algo que recebe certa atenção num perfil de mídia social. Se conseguirmos alinhar toda a nossa equipe de criação à mesma avaliação de sucesso, todos nós sentiremos um aumento de dopamina quando uma postagem da marca explodir.

Quando chegamos a um novo aprendizado, é importante codificá-lo num documento vivo. Não é suficiente colocar os dados uma vez por mês em um documento compartilhado do Google. O aprendizado passado deveria fazer parte de todo *briefing* criativo para as rodadas de criação de peças. Embora os membros veteranos da equipe possam achar o exercício redundante, manter um conjunto de melhores práticas específicas da marca nos impede de cometer o mesmo erro várias vezes. Também ajuda os novos membros da equipe e oferece uma impressão imparcial quando há discordância sobre estilo e direção. Embasar as equipes em aprendizados obtidos democraticamente e baseados em dados minimiza o choque de egos e ajuda a alinhar as diversas disciplinas à mesma meta. Se já trabalhou numa agência de publicidade, você sabe que minimizar choques entre egos é metade da batalha.

2. ESCOLHA O MÁXIMO DE CANAIS EM QUE POSSA ATUAR BEM E DESIGNE PAPÉIS SEPARADOS PARA CADA UM DELES.

Quando uma nova rede social começa a ficar popular, surgem conversas paralelas em praticamente todas as marcas. Deveríamos estar lá? Como seria a nossa presença? Um dos estagiários conseguiria assumir mais um site de mídia social? Ele só está cuidando de sete agora, então... provavelmente sim, não é? Vi isso acontecer com Facebook, Twitter, Instagram, Pinterest, Vine, Tumblr e o pobre Google+ (tá, vocês tentaram). Depois, encontrei as mesmíssimas conversas quando entrei no Reddit em 2016, que é mais ou menos a mesma época em que as marcas começaram a adotar o Snapchat. Obtive outro nível de consciência da minha própria ingenuidade enquanto via marca após marca jogar dinheiro no Snapchat, aplicativo originalmente projetado para mandar *nudes* discretamente, enquanto ouvia que o Reddit era uma "preocupação para a segurança das marcas". Anos depois, muitas marcas grandes romperam a sua hesitação com a plataforma Reddit e obtiveram ótimo resultado, mas o que mais me surpreendeu na disposição das marcas de embarcar no Snapchat foi a falta de justificativa estratégica.

Entrar como marca numa nova rede social é um grande passo que deveria ser dado de forma ponderada e estratégica. Não me entendam mal; o Snapchat é um canal estratégico para algumas marcas. As marcas que encontram uso criativo para as lentes e as experiências de realidade aumentada e as marcas cujo conteúdo se encaixa muitíssimo bem na forma de vídeos extremamente curtos combinam perfeitamente com a plataforma. Mas, para as marcas que se esforçam em conquistar alcance, integrar-se à cultura e obter um número significativo de seguidores, em geral o Snapchat é uma batalha difícil.

Parece que a empolgação com o surgimento de um canal novo provoca um curto-circuito na nossa fiação estratégica. Quando a revista *AdAge* publica uma reportagem elogiando a adoção precoce por uma marca de um canal recém-surgido, muitas outras marcas tendem a perseguir o mesmo sucesso. Quase sempre, perseguir a condição de "adotante precoce" é uma batalha perdida, a menos que executada com consideração total das consequências de médio a longo prazo para a marca. O que esse novo canal nos permitirá fazer que os canais atuais não permitem? Como avaliaremos o sucesso — ou o fracasso — da nossa participação no novo canal? Quantos recursos e que orçamento de mídia podemos alocar de forma sensata?

Até as marcas jovens têm a tendência de se espalhar demais por um grande número de canais sociais. Nas marcas menores sem grandes verbas, essa abordagem, além de exaurir os recursos, praticamente garante o baixo impacto. Quando criamos conteúdo que tenta agradar a todos os canais, provavelmente só obteremos um resultado que será o mínimo denominador comum de cada um deles. Por outro lado, investir plenamente em um ou dois canais nos humaniza, permite que nos engajemos de maneira significativa com o público e, de forma constante, aumenta o impulso que queremos obter nas mídias sociais.

Na construção da marca, andamos numa linha fina entre o planejamento estratégico e o comportamento do mundo real. Os constru-

Cinco lições para montar e refinar uma estratégia social   231

tores de marcas das agências tradicionais costumam lamentar as conversas prolongadas e cansativas por trás de cada decisão da marca. O que significaria para nós mudar a tonalidade dessa cor da marca? E se substituíssemos essa palavra nas nossas embalagens? Podemos subir o logotipo quatro pixels? As mídias sociais nos forçaram a pensar mais depressa e nos tiraram das sessões prolongadas de planejamento na sala de reuniões porque, na hora em que a nossa comissão de dez pessoas concorda com a linguagem exata a usar nesse tuíte, a *hashtag* do momento com que queríamos nos engajar já está praticamente esquecida. No nível macro, isso é bom para o nosso setor. Afrouxou as rédeas para conduzir uma marca. Mas há um risco em cair demais nessa abordagem de "agir primeiro, perguntar depois".

Em 2011, o empreendedor Eric Ries escreveu um livro chamado *A startup enxuta* que foi revolucionário, principalmente no mundo da tecnologia.[8] A premissa essencial do livro é que as empresas, principalmente as novas, deveriam mudar a sua abordagem de construir e lançar produtos. Ries identifica de forma brilhante o processo geralmente perdulário e desnecessariamente longo que a maioria das grandes empresas adotou para construir e desenvolver os seus produtos. Com demasiada frequência, as empresas passam semanas, meses ou anos desenvolvendo um produto que só será lançado para os possíveis clientes depois de terminado. E se os clientes queriam algo um pouquinho diferente? E se receber *feedback* no início configurasse a construção do produto, de modo que os clientes recebessem o que realmente precisam?

A solução proposta por Ries gira em torno do *produto viável mínimo* (MVP, na sigla em inglês). Em vez de largar o produto acabado no colo do cliente, Ries recomenda oferecer o MVP para gerar *feedback* em todo o processo de desenvolvimento. Ao fornecer o MVP, as empresas minimizam o tempo e os recursos desperdiçados no desenvolvimento e permitem que o cliente configure a evolução constante do produto. Com exemplos que vão de *startups* criadas em garagens a empresas que estão entre as 500 maiores da revista *Forbes*, Ries faz uma defesa vigorosa do "método da *startup* enxuta".

O pensamento da *startup* enxuta também chegou ao pensamento da mídia social. Suponho que temos de agradecer ao que há em comum no Vale do Silício. Em vários aspectos, a abordagem de Ries é um antídoto ao processo estagnado e ultraconservador de construção da marca da época da publicidade televisiva. Embora possamos e devamos aplicar a tática da abordagem de "construir, medir, aprender" de Ries, ainda temos lições importantes a tirar de nossos ancestrais mais conservadores na construção de marcas. Como produtos, se formos suficientemente valiosos para os clientes, há a probabilidade que eles aguentem a falta de algumas características e um código não muito bom para continuar conosco. Mas, como marcas, simplesmente não podemos pensar assim. Para as marcas, a primeira impressão é importante.

De determinar as redes sociais de que participaremos ao sentido em que otimizaremos o nosso conteúdo, precisamos levar em conta a plena impressão de quem nos encontra. Se nos espalhamos demais por um excesso de canais, a probabilidade é termos conteúdo raso em todas as plataformas e um engajamento ainda mais raso a exibir. Em muitos casos, a presença semiativa é pior do que nenhuma presença. Se uma pequena marca de moda publica preguiçosamente as mesmas fotos do produto em dez plataformas sociais diferentes, é improvável que causem a impressão desejada e, com certeza, não mudarão a opinião de ninguém. Se a sua conta no Instagram só gera alguns engajamentos por postagem, isso não é um bom presságio para os usuários interessados em se ligar à marca como forma de autoexpressão.

Gostaria que o próximo parágrafo pudesse lhe dizer: "Eis os canais sociais exatos para a sua marca usar!" Eu até poria um ponto de exclamação, para ambos ficarmos superempolgados. Mas não posso fazer isso. A estratégia e o mix certo de canais são diferentes para cada marca. Enquanto tentamos responder a essa pergunta para a nossa marca, deveríamos antes nos perguntar o que estamos tentando conseguir. Queremos ligar a nossa marca à cultura popular? Aspiramos construir uma comunidade ou estamos satisfeitos em ser uma voz numa comunidade que não gerimos? Procuramos métricas de vendas

Cinco lições para montar e refinar uma estratégia social   233

do fundo do funil como medida de sucesso ou a nossa marca precisa construir antes afinidade e consciência no topo do funil? Meu conselho é escolher o máximo de canais que possam ser cuidados com atenção e designar metas específicas para cada um. Às vezes, essas metas se sobrepõem, mas, se isso acontecer, devemos ter uma justificativa forte para não consolidar esses canais.

A exceção a esse conselho é a *usurpação*. Às vezes, usurpar um nome de usuário ou uma página que possam ser confundidos com a presença oficial da marca é uma tática defensiva que vale a pena. Isso evita que os usuários nos ataquem com contas falsas e demonstra aos usuários que, no mínimo, estamos conscientes da plataforma. Não precisamos necessariamente executar uma estratégia completa de conteúdo e engajamento em todos os canais em que garantimos o nome de usuário, mas o que fizermos deve parecer intencional. Os canais usurpados devem ter aparência e sensação coerentes com a marca. Se garantimos um canal e lhe demos um tema para se parecer com a nossa marca, mas não pretendemos usá-lo para engajar as pessoas, só é preciso deixar isso claro. Até algo simples como uma mensagem a quem chegar à página bastará: "Olá, obrigado por nos encontrar! Se quiser entrar em contato conosco, estamos no Twitter via @InstitutoMassagemGatos ou diretamente em nosso site www.InstitutoMassagemGatos.com." (Gostaria que fosse um site real, mas infelizmente não é.)

Quando escolhemos entrar numa rede social, nossa presença deveria incorporar o que nossa marca ambiciona ser. Isso não significa apenas criar conteúdo do ponto de vista da nossa marca. Significa que somos ativos, engajados e dedicados. Embora sem dúvida haja benefício em manter uma ampla pegada social, é melhor ter uma ou duas presenças extraordinárias do que um punhado de medíocres. Ao escolher as nossas redes sociais prioritárias, deveríamos procurar uma combinação de fatores. Primeiro, o canal pode cumprir as metas que precisamos atingir? Segundo, as pessoas de lá darão importância à nossa mensagem? Terceiro, temos recursos para assegurar que a nossa presença corresponderá à marca que tentamos construir?

3. APRESENTE COMPORTAMENTOS COM APELO AO CÉREBRO DIREITO. DEPOIS, CONTE HISTÓRIAS DO CÉREBRO ESQUERDO SOBRE ELES

No capítulo anterior, examinamos de que modo os aspectos do ponto de vista do cérebro direito, caracterizados pela presença com experiência imediata, pelo pensamento amplo e pela exploração do desconhecido, correspondem a comportamentos nas redes anônimas do Id. Além disso, a versão do mundo representada pelo cérebro esquerdo, classificada de forma limpa e concentrada na utilidade das ferramentas que ele é capaz de reconhecer, corresponde às redes do Ego e do Superego, nos quais representamos diversos aspectos nossos. Enquanto pensamos em que redes sociais a nossa marca causará o maior impacto, deveríamos dar atenção a como nos equilibrar entre esses dois modos de expressão *online*.

Como seria de esperar, as redes do cérebro esquerdo tendem a ter caminhos mais claros para a interação entre os usuários. Essas redes do Ego e do Superego também tendem a ter ferramentas mais desenvolvidas para a distribuição de mídia paga. O Facebook/Instagram e o Twitter estão entre as plataformas publicitárias mais desenvolvidas que o setor já viu. Em geral, as redes do cérebro esquerdo tendem a ser organizadas de forma mais discreta, têm mais regras impostas pela plataforma e a participação tende a seguir fórmulas. No Facebook, podemos publicar postagens, comentar outras postagens e mandar mensagens às pessoas com quem temos conexões em comum. No Reddit, estamos livres para participar de mais de cem mil comunidades baseadas em interesses, cada uma delas com regras e cultura próprias, e o nosso modo de participação é mais livre. As redes do cérebro direito tendem a ser menos previsíveis em termos do modo de interação das pessoas — e das marcas — entre si. Isso pode ser um desafio ou uma oportunidade de diferenciação.

As plataformas do cérebro esquerdo, como o Facebook e o Instagram, têm controle estrito sobre os perfis dos anunciantes e quantas pessoas esses perfis são capazes de atingir. Seu algoritmo é centra-

Cinco lições para montar e refinar uma estratégia social

lizado e sem transparência; para nós, como usuários, não fica claro como uma postagem chega ao nosso *feed*. Por serem organizadas em torno dos *feeds* de usuários individuais, as plataformas do cérebro esquerdo têm o problema de equilibrar o conteúdo para manter o engajamento do usuário. O excesso de conteúdo de anunciantes traz o risco de alienar os usuários do valor que obtêm com a plataforma, e se for muito pouco há o risco de perder os clientes que anunciam. Conquistar alcance nessas plataformas é dificílimo sem uma base de mídia paga, porque as próprias plataformas mantêm a maior parte do conteúdo orgânico do anunciante fora do *feed* dos usuários. A impressão conquistada realmente tira dólares do bolso do Facebook, e não surpreende que o alcance orgânico das marcas esteja em declínio constante há anos.

Para as marcas desafiadoras e para as que se esforçam para criar impacto orgânico numa rede social, investir na atividade das redes do Id tem potencial de melhor resultado. Em termos funcionais, até as redes do Id mais desenvolvidas, como o Reddit, mantêm uma separação clara entre atividade paga e orgânica dos anunciantes. Em grande medida, isso é ditado pela estrutura da própria rede; as páginas de usuários não são destinos. As comunidades é que são. Como as comunidades têm um papel maior de seleção de conteúdo do que o algoritmo equivalente e opaco das redes do cérebro esquerdo, o caminho do sucesso é mais claro para nós, como marcas. Temos de conquistar a comunidade e não a plataforma em si.

Quando uma comunidade do Reddit concorda coletivamente que o conteúdo que postamos agrega valor, a plataforma trata a nossa postagem como a de qualquer outro usuário. Quando uma postagem orgânica chega à página inicial do Reddit, o número de impressões geradas pode rivalizar com as grandes compras de mídia. Em 2019, o Reddit declarou ter 430 milhões de usuários ativos mensais e, como a plataforma prioriza a seleção em nível de comunidade à seleção em nível de usuário, as marcas mais perspicazes têm um potencial real de promover uma quantidade imensa de alcance e engajamento conquistados.[9]

Embora as redes do cérebro direito realmente tenham um potencial maior de criar viralidade e impulso boca a boca para as nossas marcas, em geral a atividade orgânica é muito menos previsível do que a mídia paga. Para a maioria das marcas, a ótima estratégia de canais exige o equilíbrio entre as redes do cérebro direito e esquerdo. As redes do cérebro direito e esquerdo exigem abordagens diferentes, mas isso não significa que não possamos construir estratégias que criem sinergia entre elas. O cérebro direito vivencia o mundo, e o cérebro esquerdo representa essas experiências contando histórias, criando identidades e armazenando aprendizados para o nosso eu futuro. Do mesmo modo, como marcas, deveríamos nos esforçar para criar valor agregando experiências que atraiam o cérebro direito e depois contar ao cérebro esquerdo histórias sobre essas experiências.

Supondo que ainda queiramos ser a equipe de marketing do Instituto de Massagem em Gatos, imagine que decidimos doar nossos massageadores patenteados de gatos a donos cujos gatos recentemente sofreram... algum tipo de lesão felina. Um rompimento do miauguito rotador. Não, espere, um músculo prrr-furado. (Desculpem.) Seja como for, doamos o nosso Massageador de Gatos™ a algumas pessoas do Reddit — esse é o comportamento. Torcemos para que essas pessoas agora tenham uma impressão nossa muito mais positiva e contem sua história aos outros dentro da comunidade do Reddit. Uma pessoa publica na comunidade r/AskVet e viramos a postagem principal de uma comunidade com mais de 66.000 pessoas. Ótimo! Mesmo que atinjamos cada uma dessas pessoas, provavelmente é um número relativamente pequeno quando comparado a uma compra modesta de mídia. Mas agora temos uma história para contar.

Talvez a equipe de relações públicas crie uma história sobre "Cinco gatos feridos que receberam massagem especial no Reddit". Eu clicaria nisso. Ou talvez criemos um artigo ou álbum intitulado "Cinco gatos do Reddit que precisaram de massagem". Estou indo fundo nesses títulos de *clickbait*, mas espero que você entenda a questão: os comportamentos são a base para exprimir ao mundo quem é a nossa marca. Para maximizar o impacto desses comportamentos, temos de equilibrá-los com histórias que nos representem de maneira adequada para o engajamento leve com um público maior.

Regra geral, as redes do cérebro direito tendem a ser um terreno mais frutífero para manifestar esses comportamentos, enquanto as histórias que contamos devem ser adequadas para as redes do cérebro esquerdo. Mas essa estratégia de doação também poderia funcionar no Twitter ou no Instagram. A tática e os canais que escolhemos para manifestar comportamentos e contar histórias podem flutuar, dependendo de onde os nossos comportamentos e histórias vão reverberar melhor. A Old Spice fez exatamente isso numa programação de 2018 que absolutamente ninguém previa: eles criaram uma nova classe de personagens para os jogadores de *Dungeons and Dragons*.[10]

A marca Old Spice reconheceu o poder de inflamar um grupo de fãs que, na superfície, pode parecer um nicho pequeno demais para assegurar engajamento. *Dungeons and Dragons* é um jogo de tabuleiro de representação de papéis num mundo de fantasia, amado por fãs ardorosos do mundo inteiro. No começo de uma nova campanha de D&D, os jogadores criam personagens baseados em diversas "classes" ou arquétipos. A classe dos bárbaros é especializada em combate corpo a corpo, os clérigos usam magia divina e os bardos... bom, os bardos tocam música mágica. Os bardos são os *nerds* entre os *nerds*. Numa iniciativa que foi realmente a primeira do gênero, a Old Spice criou uma nova classe chamada The Gentleman (o cavalheiro). O Gentleman (ou, no feminino, Gentle-woman) não era apenas uma representação patética do cérebro esquerdo, do tipo "Não seria engraçado se..." Era um personagem plenamente jogável, com histórico, habilidades especiais e uma ficha de jogo que parecia saída de um livro tradicional de D&D.

O Gentleman, como as outras classes de D&D, ganhava habilidades especiais conforme subia de nível. A Old Spice tomou liberdade e criou habilidades que eram representações engraçadas da marca, mas tinham aplicação real num jogo de D&D. O Gentleman começava com uma habilidade chamada "Punchline" (o clímax da piada), caracterizada como uma frase humorística que confunde os inimigos". No nível 5, o Gentleman ganhava a habilidade chamada "Estou a cavalo", que permitia ao personagem dizer a frase "Estou a cavalo" e um cavalo apareceria embaixo dele. E, sim, é referência a um dos anúncios da marca.

Embora a Old Spice fizesse o anúncio da classe The Gentleman no Twitter, um dos canais sociais em que mais investiram, a equipe se engajou no Reddit quando os usuários das várias comunidades de D&D perceberam. Mais de vinte postagens orgânicas sobre The Gentleman foram criadas em diversos subreddits. Pode não parecer muita coisa, mas às vezes basta uma postagem numa comunidade relevante para inflamar a base de fãs. Old Spice chegou ao topo de comunidades como r/DnD e r/Pathfinder—RPG, as duas muito influentes entre os jogadores de RPG de fantasia. Os elogios dessas comunidades provocaram uma onda de cobertura da mídia nas revistas *The Nerdist* e *The Gamer*, no site Comicbook.com e num número imenso de outras publicações ligadas a jogos e D&D, citando a recepção entusiasmada de The Gentleman pelos jogadores de D&D.[11,12,13]

Se a Old Spice simplesmente apresentasse The Gentleman, se simplesmente tuitasse um resumo do que seria essa classe de jogadores ou perguntasse ao Twitter "se a Old Spice fizesse um personagem de D&D, qual seria?", a recepção e a cobertura resultante da mídia provavelmente seriam mínimas. A Old Spice mergulhou de cabeça no comportamento porque entendeu que o sucesso da jogada se baseava na aprovação dos fãs reais. Se as comunidades de D&D rejeitassem The Gentleman, a cobertura da mídia nunca explodiria.

Um jogador escreveu em r/DnD: "É muito legal que eles tenham se esforçado tanto para alcançar uma comunidade como esta. [...] Francamente, esse é o melhor tipo de propaganda".[14] Outro respondeu: "O mais doido é que não é ruim. Já vi opções mais desequilibradas em Unearthed Arcana. Fiquei impressionado". A profundidade, a perícia e a aplicabilidade de The Gentleman conquistaram os usuários nas redes do cérebro direito. A prática do cérebro esquerdo de abstrair esse comportamento numa história consumível ampliou o apelo da campanha de "pessoas que jogam ativamente *Dungeons and Dragons*" para "pessoas que sabem vagamente o que é D&D". Isso permitiu que a história se espalhasse nas redes do Ego e do Superego; caso eu encontre a história, posso começar uma conversa no Facebook sobre ela com o amigo que jogava D&D no ensino médio ou fazer piadas irônicas no Twitter sobre jogadores de D&D que finalmente usam desodorante. Não que eu faça isso.

Sempre que possível, devemos nos esforçar para encontrar essas sinergias entre manifestar comportamentos reais do mundo com impacto tangível sobre a vida das pessoas (cérebro direito) e contar essas histórias de um jeito que em geral seja interessante para um público maior (cérebro esquerdo). Além de gerar um conteúdo social eficaz, isso também maximiza o impacto de tudo o que fazemos. A Old Spice gerou milhares de compartilhamentos no Twitter e no Facebook fazendo algo apreciado pelos *nerds* no Reddit. Para realmente engajar as pessoas, os comportamentos do cérebro direito têm de se conectar com elas de um modo real e tangível. Sem essa conexão genuína, as histórias que contarmos ficarão superficiais e falsas. A receita secreta não é tão secreta assim, só é difícil. Temos de dar às pessoas uma razão para gostarem de nós.

4. COMECE O SEU PROCESSO CRIATIVO TENDO EM MENTE OS AMBIENTES DE CONTEÚDO MAIS COMPETITIVO

Na década de 1930, os canavieiros da Austrália passaram por uma época difícil. As plantações estavam sendo comidas pelo besouro-da--cana e, na tentativa desesperada de contê-los, foram importados cerca de cem sapos-cururus da América do Sul.[15] Na verdade, os sapos resolveram o problema dos besouros. E mais alguns. Hoje, há mais de 1,5 bilhão de sapos-cururus na Austrália, e eles ocuparam mais de um milhão de quilômetros quadrados. Os sapos-cururus são um exemplo clássico do que os biólogos chamam de "espécie invasora".

A maioria dos ecossistemas é relativamente insular e evolui sem espécies estrangeiras introduzidas rapidamente. Isso significa que existem presas e predadores numa corrida armamentista evolutiva constante que mantém a situação relativamente equilibrada. Em escala mais ampla, esse sistema é ambientalmente estável. Quando evolui num ecossistema e depois é introduzido em outro, em geral a planta ou animal não consegue se propagar, porque não evoluiu para sobreviver no novo clima e entre as outras formas de vida. Mas às vezes as espécies invasoras, como o sapo-cururu, dominam um ecossistema antes equilibrado. As espécies invasoras têm algumas características bem relevantes para a metáfora memética que provavelmente você já previu. Elas tendem a se reproduzir com frequência e facilidade. Também tendem a se deslocar de ambientes mais competitivos para outros menos competitivos. Nem sempre é assim; às vezes, as espécies invasoras se deslocam lateralmente para ambientes mais ou menos iguais em termos competitivos. Mas, por exemplo, é improvável que uma espécie de flor sensível ao clima invada o deserto árabe.

Os memes seguem um padrão similar. Os memes invasores são aqueles formados em reservatórios mêmicos competitivos que têm vantagem evolutiva sobre memes de reservatórios mêmicos menos competitivos. São como os sapos-cururus. Pegue os memes mais bem-sucedidos dos seus reservatórios mêmicos mais competitivos e permita que invadam reservatórios mêmicos menos competitivos.

Para as grandes marcas, em geral as mídias sociais são realmente a última consideração no planejamento de conteúdo e na determinação da hierarquia das mensagens. Mas as redes sociais também são o reservatório mêmico mais competitivo para as mensagens da nossa marca. Mais do que nunca, vemos programas de televisão tomarem conteúdo emprestado das mídias sociais. Hoje, os noticiários e os programas matutinos recorrem à mídia social para indicar o que é popular, com comentários de eventos ao vivo e para citar memes e tendências; depois que explodiu no Reddit, a Grumpy Cat deu "entrevistas" a *Good Morning America,* ao *TODAY Show* na Austrália e até à *Forbes.*[16,17,18] A mídia corre rio abaixo a partir da internet, mas, por alguma razão, a maioria dos ciclos publicitários das grandes marcas gira em torno da TV e da mídia tradicional.

Para nós, é relativamente fácil testar ideias nas mídias sociais. As redes sociais nos permitem ser menos meticulosos no polimento do material e, às vezes, o conteúdo com as arestas meio ásperas realmente funciona melhor. Quando planejamos uma campanha importante, as redes sociais deveriam ser a primeira parada, não a última. Quando queremos testar novas linhas de campanha, conceitos, esquetes engraçados, demonstração de produtos etc., as mídias sociais nos oferecem um modo simples de receber *feedback* espontâneo na escala que acharmos adequada.

Mesmo durante o processo criativo tradicional, a maioria dos memes que experimentamos não sobrevive. Fazemos a triagem das nossas ideias avaliando-as com base em critérios específicos. Com que eficácia o meme transmite o valor da marca? Vai resolver o problema comercial que a marca enfrenta? Enquanto removemos as ideias que não se encaixam nesses critérios básicos, começamos a fazer julgamentos de estilo e valor em nome do público. Esse conceito vai chamar a atenção das pessoas? Soa verdadeiro em comparação com o que sabemos da sua experiência? Elas vão achá-lo atraente? E, embora vários anunciantes tenham se tornado muito bons para prever a reposta a essas perguntas, ainda damos palpites bem embasados. Não seria melhor se o nosso público nos indicasse de alguma forma os conceitos que acha mais interessantes e relevantes?

Não estou recomendando que a marca use o *crowdsourcing* como abordagem criativa. Na maioria das vezes, o *crowdsourcing* é outro caminho para o mínimo denominador comum do sucesso. É importantíssimo entrar em qualquer exercício criativo com uma estratégia bem estabelecida para compor a nossa produção. Mas o famoso pêndulo já foi longe demais na direção do instinto e dos egos criativos, quando temos oportunidades abundantes para receber *feedback* direto do público.

No processo criativo da agência tradicional, um amplo exercício de *brainstorm* gera uma abundância de ideias. Então, uma equipe de criação, geralmente formada por um redator e um diretor de arte, começa a percorrer a decepcionante estrada de apresentação e rejeição de conceitos até satisfazer o chefe. E o diretor da conta. E o diretor de estratégia. E alguns vice-presidentes aleatórios e nada a ver que, de forma inexplicável, se enfiaram no processo de *feedback*. Finalmente, os conceitos são apresentados ao cliente, que sente necessidade de fornecer uma quantidade imensa de *feedback* proporcional à quantia imensa que estão pagando à agência. Enxágue e repita mais três vezes e, finalmente, as coisas entram em produção.

Como o resto do processo foi muito doloroso e apinhado de aprovações para cada minúcia possível, o roteiro se torna uma Bíblia. O processo não deixa espaço para improvisação ou capturas oportunistas — sabe, aquelas coisas que impedem os vídeos de parecerem fingidos e roteirizados demais. O anúncio é lançado ao mundo em formatos de 60, 30 e 15 segundos — e aí a chata da equipe de mídia social pede uma versão de 6 segundos para que, no mínimo, quando o vídeo aparecer no *feed* durante 2 segundos, a equipe possa pôr "taxa de visualização de 30%" no seu slide de recapitulação.

Apesar desse processo robusto e do enorme investimento de tempo, recursos e dinheiro, em momento nenhum consultamos o público. Em todo o processo, geramos centenas, talvez milhares de ideias e podamos todas, com exceção de um pequeno punhado. Por que o nosso público não pode nos ajudar a escolher que ideias adotar e quais eliminar? Se estiver pensando "egos criativos", *touché*. Mas eis uma ideia. Em vez de ir diretamente à produção plena, vamos achar a maneira mais simples e direta de transmitir o nosso conceito e promovê-lo junto a um pequeno público nos nossos canais sociais. Se decidirmos que queremos filmar depoimentos reais para mostrar que as pessoas gostaram do nosso produto, podemos criar algumas imagens estáticas com texto em cima e ver como as pessoas reagem. Se quisermos apresentar um macete interessante ou um jeito novo de usar o produto, podemos usar uma foto simples de celular para capturar o conceito. Se tivermos de escolher algumas brincadeiras para abrir o anúncio na TV, podemos filmar vídeos de produção barata com uma só pessoa para ver qual reverbera melhor.

Além de humanizar a marca e envolver o público no nosso processo criativo, o conteúdo leve de baixa produção também nos permite testar a viabilidade de vários memes num ambiente real e competitivo. Quando criamos conteúdo para um anúncio de TV de 30 segundos (o aquário) e tentamos lançar a nossa criação na internet (o oceano), a pobre peça provavelmente será engolida de imediato ou jogada em silêncio nas profundezas do YouTube, ao lado de canais do jogo *Minecraft* de crianças de 11 anos e *vloggers* diários da conspiração dos *chemtrails*.

Não há nada tão doloroso quanto passar seis meses produzindo um conteúdo que recebe 12 visualizações no YouTube e nenhum comentário. Pelo menos, a hostilidade torna as coisas empolgantes. Mas a verdade é que a imensa maioria do conteúdo de marca fica no lixão frio e solitário das coisas que não são interessantes a ponto de merecer atenção. Vamos tirar o meme do laboratório. Deixar que corra por aí. Levá-lo à pista de obstáculos. Ver como é o seu desempenho antes de colocá-lo na grande corrida.

5. O MOMENTO CERTO PODE SER UMA TÁTICA EFICAZ, MAS NÃO É UMA ESTRATÉGIA

Desde o famoso momento "Dunk in the dark" dos biscoitos Oreo no Super Bowl de 2013, as marcas vêm caçando o engajamento em tempo real como se fosse a meta suprema nas mídias sociais. Algumas marcas chegaram ao ponto de criar modelos de "redação" para a criação de conteúdo, equipados com monitores de TV mostrando gráficos que na verdade ninguém olha, gerentes de comunidade procurando tendências e equipes criativas entediadas a bordo para produzir conteúdo oportuno mas, em geral, sem substância. Afinal de contas, foi assim que o Oreo fez.

Oreo fez mais do que comprar um anúncio tradicional durante o jogo do Super Bowl. A marca também montou uma equipe de mídia social numa "sala de estratégia" para criar conteúdo em tempo real durante o jogo. Quando acabou a luz no estádio, a equipe social aproveitou a oportunidade para brilhar (sem trocadilho). Eles criaram um tuíte simples que dizia: "Sem luz? Sem problema".[19] O tuíte mostrava a imagem de um Oreo cercado de escuridão, com uma legenda dizendo *"You can still dunk in the dark"* — "Você ainda pode mergulhar no escuro" (referência ao slogan do biscoito nos Estados Unidos, *"Twist, Lick, Dunk"*, ou "torça, lamba e mergulhe": torça o biscoito para separá-lo, lamba o recheio e mergulhe-o no leite). O tuíte gerou mais de 14.000 retuítes e quase 7.000 curtidas. A cobertura dos anúncios do Super Bowl se entusiasmou muito com o tuíte, e o início de uma reportagem no *Huffington Post* dizia: "Um dos anúncios mais comentados do Super Bowl no domingo nem foi um anúncio; foi um mero tuíte de Oreo durante a falta de energia".[20]

Embora brilhantemente executado e bem recebido, o momento "Dunk in the dark" se tornou um falso ídolo para muitas grandes marcas. Algumas tentaram essa estratégia social de redação de jornal 24 horas, que em geral gerou um grande volume de conteúdo muito oportuno mas, em última análise, de baixo impacto. Algumas das minhas próprias equipes montaram estratégias sociais perfeitamente válidas seguindo o *feedback* de que "não era suficientemente relevante para o momento". Há alguns elementos importantes do sucesso do Oreo que nem sempre são incluídos na avaliação. Em primeiro lugar, o Super Bowl é um momento raro, com alcance e conscientização tão grande que praticamente todo mundo nos Estados Unidos sabe o que está acontecendo. Em segundo lugar, o Super Bowl tende a ser tanto sobre os anúncios quanto sobre o futebol americano. Embora 14.000

Cinco lições para montar e refinar uma estratégia social   **245**

retuítes e 7.000 curtidas sejam, sem dúvida, um grande desempenho, é improvável que o tuíte gerasse a mesma cobertura da mídia num momento menos centrado na publicidade. A marca Oreo conseguiu atrelar um público de críticos de publicidade em busca de novas perspectivas para uma notícia anual — "Este ano, o melhor anúncio do Super Bowl nem foi um anúncio!"

Cerca de um mês antes de eu escrever isso, chegou à página inicial do Reddit um vídeo postado por um usuário comum intitulado "Vídeo de treinamento da Wendy's que eu gostaria que ainda fizessem hoje".[21] O vídeo não é falso. É realmente um vídeo de treinamento, provavelmente da década de 1980. Ou pelo menos é o que a internet desconfia, com base na trama de uma "pessoa sendo sugada pela TV para aprender a preparar hambúrgueres". A postagem em si gerou 41.000 curtidas e 2.000 comentários de forma totalmente orgânica. Teríamos muita dificuldade de encontrar um anúncio de qualquer marca que alcançasse intencionalmente a página inicial do Reddit com tanta velocidade e sentimento positivo.

Não existe nada menos oportuno do que um vídeo de treinamento da década de 1980, mas há nele algo profundamente atraente. É uma janela que dá para uma época anterior. Também é cafoníssimo e lembra o horrível *infotainment* (infoentretenimento) oferecido à infância da geração Y. O vídeo não foi pensado para consumo geral, e assisti-lo é como dar uma espiada nos bastidores. E também não foi um caso de "filmagem recentemente encontrada". Em 2018, o vídeo foi popularizado no Twitter por um apresentador de rádio chamado Brian Fink e foi repostado centenas de vezes.[22] O mesmo vídeo tinha chegado ao topo de outra comunidade do Reddit alguns meses antes e foi compartilhado numa comunidade menor do Reddit três anos antes da explosão na página inicial.[23,24] A questão é que o momento certo é apenas um fator na categoria mais ampla da relevância. Esse vídeo da Wendy's poderia ter sido postado dias, meses ou anos antes (ou depois) e provavelmente ainda geraria o mesmo nível de engajamento. O mesmo se pode dizer de boa parte do conteúdo que nos esforçamos para criar como marcas; a postagem oportuna acabará perdendo a relevância, mas a postagem relevante nem sempre tem de ser oportuna.

O momento certo é importante para um tipo específico de conteúdo. É importante para o conteúdo ligado a eventos que, nas palavras do personagem Jim Halpert, do seriado *The Office*, "se você não viu ao vivo, nem vai ligar de não ter visto". Criar conteúdo em tempo real realmente pode ajudar uma marca a se destacar no meio do ruído e assinalar aos usuários que a marca está mesmo engajada na conversa. Mas o encurtado processo de planejamento e a rede robusta de aprovações que a maioria das marcas exige antes da publicação torna dificílima a criação de bom conteúdo oportuno, e, a não ser que o processo já complexo de criação de conteúdo aconteça em sintonia com uma estratégia de promoção na mídia, estamos jogando dados contra o algoritmo das redes.

Antes de nos comprometermos inteiramente com a corda-bamba da criação de conteúdo oportuno de qualidade, a maioria das marcas deveria entrar num ritmo de criar conteúdo perene de alto desempenho. Quando algo é interessante, útil ou divertido por direito próprio, a internet não se preocupa tanto com o momento em que foi criado. Um álbum de macetes para a vida de 1910 conseguiu gerar quase 5.000 curtidas no Reddit e mais de 500.000 visualizações no Imgur, simplesmente por ser interessante e útil.[25,26] Com o enquadramento correto, o conteúdo ótimo continuará viável muito depois de ser criado. Remover a pressão da produção mais rápida do que a luz e concentrar-se em aumentar o engajamento geral também aprimora o nosso instinto na hora de fazer algo realmente sensível ao tempo. Se não dominarmos o engajamento sem restrições temporais, estaremos acrescentando bem mais complexidade e incerteza ao nosso processo se tentarmos fazê-lo em janelas temporais apertadas.

Há alguns casos em que o momento certo contribui de forma significativa para as estratégias sociais, e isso não diminui de modo algum as marcas que conseguem capturar a atenção durante eventos e em torno de tendências. Para as marcas com processos criativos leves e enxutos — em geral, marcas menores sem um processo de aprovação prolongado —, inserir a marca nas conversas em tempo real pode nos ajudar a estabelecer conexão com novos públicos e aumentar o nosso alcance orgânico. Quando um evento é especialmente relevante para o nosso público, participar de conversas orgânicas pode ser um jeito ótimo de construir conexão entre a marca e o evento em si. Principalmente em plataformas como o Twitter, que prioriza o momento certo e promove mais conversas em tempo real, aplicar a lente da relevância temporal pode trazer melhoras significativas à percepção e ao engajamento geral com a marca.

Embora possa ser uma tática eficaz a utilizar, o momento certo precisa ser estruturado numa estratégia mais ampla e aproveitado em momentos de impacto especialmente alto. O momento certo não é uma estratégia em si e por si. Tuitar as *hashtags* mais atuais pode nos ajudar a gerar mais alcance orgânico e, principalmente em contas novas e marcas emergentes, um jeito eficaz de ser notado. Para a imensa maioria do desenvolvimento de peças criativas em mídias sociais, manter um ritmo constante e se concentrar em aumentos incrementais analisando o desempenho passado gerará melhor retorno sobre o investimento. A estratégia criativa ótima é aquela que permite à marca levar às conversas um ponto de vista único e interessante. Com frequência, o ótimo conteúdo de hoje ainda é um ótimo conteúdo amanhã.

PRINCIPAIS LIÇÕES

- A escuta social é absolutamente fundamental e deve ser considerada uma parte constante da estratégia de mídia social de qualquer marca. Deve ocorrer no nível da tendência, da categoria, da marca e do conteúdo em si.
- Escolha os canais sociais que possam ser bem executados. Menos é mais quando os recursos forem poucos. Uma ou duas presenças ótimas da marca quase sempre vencerão um punhado de presenças medíocres.
- Sempre que possível, crie sinergia entre as estratégias do cérebro esquerdo e direito. Manifeste comportamentos que reforcem o posicionamento da marca e se conectem de forma significativa com as pessoas (cérebro direito). Depois, conte histórias sobre esses comportamentos de maneira a atrair um público maior (cérebro esquerdo).
- Comece o processo criativo tendo em mente os canais mais competitivos. É mais fácil que uma peça cativante de conteúdo das mídias sociais se adapte à TV do que o contrário.
- Use o momento certo como tática quando for relevante para uma estratégia mais ampla, mas não recorra ao conteúdo em tempo real para embasar a estratégia em mídias sociais. Esforce-se para criar constantemente conteúdo perene de alto engajamento antes de investir com força em desenvolvimento de conteúdo em tempo real.

CAPÍTULO

11

COMO CONSTRUIR COM EFICIÊNCIA E EFICÁCIA AS MELHORES CAMPANHAS SOCIAIS

Quando se matava um búfalo, isso era feito com reverência. Agradecia-se ao espírito do búfalo. Usava-se todas as partes do búfalo morto. A carne era a comida. O couro era usado nas roupas e para cobrir os tipis. O pelo estofava selas e almofadas. Os tendões viravam cordas de arco. Dos cascos, fazia-se cola. Levava-se água na bexiga e no estômago. Para homenagear o búfalo, seu crânio era pintado e colocado de frente para o sol nascente.[1]

— de "A morte do búfalo", uma lenda kiowa.

Muitas tribos americanas nativas que povoaram as planícies dos Estados Unidos tinham uma prática comum na caça ao búfalo: usar todas as partes. É um passo além do modo como pensamos sobre eficiência em geral. Essas tribos não estavam interessadas apenas em matar o máximo de búfalos em cada caçada. Elas descobriram maneiras de utilizar todas as partes do animal.

O marketing nas mídias sociais se parece muito com a caça ao búfalo. Brincadeira, não parece. Mas esse sentimento é uma parte importantíssima para pôr em prática os conceitos deste livro. Boa parte do foco deste livro é encontrar diferenciação significativa entre as redes sociais. Embora eu acredite que entender essas nuances seja absolutamente fundamental para a boa estratégia de marketing, a nuance também traz desafios às metas de escalabilidade e eficiência. Como criar campanhas ajustadas a mentalidades específicas em redes sociais diferentes e, ao mesmo tempo, obter escala e trabalhar dentro da verba disponível?

Nos capítulos anteriores, discutimos a competitividade dos diversos reservatórios mêmicos, ambientes diferentes cujo conteúdo compete por atenção. Em mídias em que se paga puramente para publicar, como a TV e a mídia impressa, a competição é mais uma questão de orçamento. Permanece a questão de como preencher esses espaços de modo criativo e estratégico, mas, quer nosso comercial seja incrível, quer absurdamente ruim, provavelmente alcançaremos o mesmo número de pessoas com a compra de mídia.

A mídia social não funciona bem assim. Na publicidade social, quando criamos um conteúdo com excelente desempenho, ele tem potencial de ser compartilhado, conquistar alcance adicional, fazer uso mais eficiente da nossa verba de mídia e gerar tração orgânica. Em parte, é por isso que recomendo virar o tradicional funil publicitário e começar com a mídia social; o *feedback* qualitativo e quantitativo que recebemos lá pode nos ajudar a aprimorar as peças para os canais com mídia mais padrão. Esse é um exemplo de usar uma parte do búfalo que costumamos jogar fora. Que comentários as pessoas fazem nos nossos anúncios? Onde a visualização cai? Que variação criativa tem melhor desempenho? A maior parte dessa informação se perde ou, no máximo, é incluída em relatórios de recapitulação, ou seja, praticamente a mesma coisa que se perder.

Neste capítulo, vamos aplicar o aprendizado deste livro a algumas campanhas publicitárias teóricas. Na nossa primeira campanha de mentirinha, começaremos realmente do nada com uma marca nova, sem pano de fundo, sem história, sem participação no mercado. A nossa nova marca hipotética faz um produto que tem um conjunto antigo e estabelecido de concorrentes: equipamento para acampar. E, como escrevo isso na Bay Area, em São Francisco, na Califórnia, vamos dar à nossa marca de tendas um nome tecnológico adequado: Tent.ly.

EXEMPLO 1. LANÇAR UMA MARCA COM UMA ESTRATÉGIA SOCIAL COESA, MAS DIFERENCIADA

A Tent.ly produz barracas de altíssima qualidade que rivalizam com concorrentes famosos, como The North Face e REI, mas, como não está presa a vendas em lojas físicas e a uma imensa infraestrutura empresarial, consegue vender as barracas por 20% menos que os concorrentes. Para a empresa, a categoria já é bem estabelecida, e os casos de uso são óbvios. O primeiro obstáculo da Tent.ly como marca é conquistar credibilidade. A empresa não desenvolveu o seu território do cérebro esquerdo para campistas e peregrinos. Não é algo conhecido, e os possíveis clientes não têm em comum uma noção da marca. Ninguém fora da empresa sabe como será o desempenho dos produtos Tent.ly, e esse é um grande problema para uma marca que vende equipamento que precisa de bom desempenho. Como essa primeira onda de clientes se sentirá confiante para comprar?

Para dar alguma estabilidade e credibilidade iniciais, a Tent.ly oferece cinco anos de garantia às suas barracas. Qualquer defeito ou até desgaste que prejudique a funcionalidade será consertado pela marca sem custo para o cliente. Uma garantia dessas é um modo eficaz de estabelecer uma relação de credibilidade com os novos clientes. É uma tática usada por muitas marcas que vendem diretamente ao consumidor. Os colchões Casper oferecem um período de experiência de 100 dias sem riscos. As malas Away também oferecem uma experiência de 100 dias sem riscos e uma garantia vitalícia para peças com defeito. Principalmente em marcas novas, na maioria dos casos não basta simplesmente cobrar mais barato do que a concorrência. Além de se tornar uma corrida para o fundo se os concorrentes começarem a participar do jogo, em geral os consumidores veem com ceticismo os itens mais baratos de uma categoria.

Para se diferenciar da concorrência, a Tent.ly se apoia na capacidade de fazer as pessoas se sentirem em casa na natureza. Enquanto marcas como The North Face e REI mostram imagens de condições extremas e ambientes ambicionáveis, a Tent.ly se posiciona levando conforto e a sensação de lar à vida ao ar livre. Sua declaração interna de posicionamento é: "A Tent.ly permite que os peregrinos se sintam em casa em meio à beleza natural do mundo". Agora, a pergunta é: como a Tent.ly vai cumprir essa promessa?

Depois de desenvolver a personalidade e o ponto de vista da marca, a Tent.ly pode começar a pensar em como alcançar os possíveis clientes em diversos canais de marketing. A empresa sabe que o seu público de campistas e amantes da Natureza podem ser encontrados numa grande variedade de canais: anúncios ao ar livre perto de campings populares, programas de TV ligados a natureza e acampamentos, feiras comerciais, e-mail marketing, sites de compras ligadas a acampamentos, vários canais de mídia social e assim por diante. Como precisa fazer um uso eficientíssimo da verba, mas também aumentar a sua presença, a Tent.ly decide dividir o orçamento de mídia. Metade do orçamento será gasto na tática trabalhosa do fundo do funil, como busca paga, publicidade programática e anúncios no feed das redes sociais com custo por clique. A outra metade do orçamento irá para anúncios encarregados de aumentar a consciência da marca e gerar rumor no público-alvo.

Como os *stakeholders* da Tent.ly estão loucos para entrar no mercado, primeiro a marca lança sua iniciativa no fundo do funil de marketing com uma série de fotos de diversos produtos em ambientes diferentes. Parte da equipe da Tent.ly acha que lançar a iniciativa do

Como construir com eficiência e eficácia as melhores campanhas sociais 253

fundo do funil prejudicará o verdadeiro lançamento da marca, mas também há pressão dos investidores para aumentar as vendas. Embora, como profissionais de marketing, gostemos de planejar as nossas campanhas para serem o mais elegantes e estratégicas possível do começo ao fim, temos de lembrar que a execução nunca é tão simples quanto o planejamento.

Os dados de vendas disponíveis antes de qualquer marketing em nível de marca podem servir de referência para a atividade bem-sucedida da marca depois de lançada. Se a equipe conseguir mostrar que 1% das pessoas que clicaram num resultado de busca pago fizeram a compra antes da campanha da marca e que esse número subiu para 2% depois de a campanha chegar ao mercado, será um forte indício de que o marketing da marca está mudando a percepção mais ampla. Se for sofisticada em termos de marcação e mensuração, a Tent.ly pode até conectar os pontos de consciência da marca com os anúncios direcionados ao fundo do funil para medir o efeito do marketing em termos de marca.

Antes de lançar a campanha da marca, a Tent.ly inicia um exercício de escuta social para determinar que canais priorizar. Embora tenha recursos financeiros suficientes para uma forte campanha de lançamento, a marca precisa ser seletiva e ver onde e como atingir as pessoas. Depois de estudar o volume de conversas, o conjunto de concorrentes e os seus principais objetivos, a Tent.ly estreita o mix de canais. A equipe de marketing decide concentrar a maior parte da atividade nos canais sociais onde possa engajar diretamente possíveis clientes e também se interessa por publicidade externa mais tradicional em mercados específicos.

A Tent.ly sabe que precisa de um direcionamento robusto e de uma plataforma publicitária bem desenvolvida em pelo menos um dos seus canais sociais. Como os anúncios do fundo do funil já usam o Facebook, a equipe decide escolher o Facebook como canal prioritário. Embora o impacto orgânico potencial do Facebook seja relativamente baixo, a equipe reconhece que estabelecer uma presença respeitável numa plataforma que receberá boa parte do seu marketing do fundo do funil também ajudará a converter as pessoas à compra. Caso um possível cliente encontre um dos anúncios da Tent.ly e decida examinar melhor a marca, a presença ativa dentro do mesmo canal causará uma impressão muito mais positiva do que uma página inativa. No Facebook, a Tent.ly planeja equilibrar a atividade do fundo do funil com conteúdo que promova engajamento.

A equipe também reconhece as limitações de participar ativamente do Facebook. O potencial de engajamento em conversas orgânicas é limitado. O alcance orgânico é quase inexistente. A imensa maioria dos usuários se organiza exclusivamente em torno de sua rede social, que pode ou não estar interessada em acampar. A Tent.ly decide priorizar também a participação nas comunidades do Reddit organizadas em torno de caminhadas e acampamento. As dezenas de milhões de inscritos em comunidades ligadas a acampamentos, conectadas por interesses em comum, permitem à Tent.ly facilitar as conversas diretamente em grupos de pessoas com grande potencial de usar os seus produtos. A Tent.ly também sabe que conquistar as comunidades de caminhadas e acampamento do Reddit causa um efeito-cascata. O sucesso no Reddit pode afetar as opiniões de forma muito mais ampla, e, como o Reddit aparece muito bem nas buscas, um *thread* positivo no Reddit tem potencial de ser descoberto por quem pesquisa a marca. Embora a equipe reconheça que o resultado da atividade do Reddit seja menos controlável, o potencial de resultado é imenso.

A Tent.ly também reconhece que um dos principais pontos de atração das caminhadas e dos acampamentos é estar cercado pela beleza natural. A natureza visual do Instagram, combinada com o destaque das fotografias da natureza e do conteúdo relacionado, oferece um vasto território para a marca explorar a criatividade. Como marca nova sem um reservatório profundo de conteúdo, a equipe também vê um grande potencial na parceria com influenciadores. Ter presença no Instagram, onde muitos possíveis influenciadores construiram o seu público, também ajudará a maximizar o impacto dessas parcerias.

A equipe da Tent.ly começa o *briefing* de criação com os canais mais competitivos primeiro e depois avança pelos canais menos competitivos. As redes sociais são mais competitivas do que os outdoors, e é por elas que a equipe começa. A competitividade entre canais sociais pode variar dependendo da verticalização, mas, em geral, vale a pena começar pela parte de baixo do iceberg e ir subindo: primeiro as redes do Id, depois as do Superego e, então, as do Ego. A Tent.ly planeja começar com uma ideia que seja atraente para as comunidades de peregrinos e acampamentos do Reddit e depois dar um jeito de expandir essa campanha para o Instagram e o Facebook.

Durante a pesquisa de marketing e o estudo estratégico, a Tent.ly descobriu que uma das barreiras à entrada de novos peregrinos e campistas de todos os níveis de experiência é encontrar bons locais. Muitos recorrem a breves conversas com guardas florestais ou encontros ocasionais com campistas veteranos para trocar ideias sobre os melhores locais para caminhar e acampar. Embora aplicativos como AllTrails ofereçam uma lista abrangente de trilhas disponíveis em diversas áreas, as resenhas e recomendações parecem fabricadas e lhes faltam perícia e conhecimento local. A Tent.ly decide construir a sua plataforma de criação com base nessa ideia. Com uma combinação de engajamento orgânico com a comunidade e mídia paga estrategicamente localizada, a marca criará um mapa interativo e participativo projetado para compartilhar o conhecimento local de acampamentos e caminhadas.

A Tent.ly reconhece que, para engajar profundamente comunidades como o Reddit, a participação da comunidade no desenvolvimento da campanha precisa ser real. Para promover participação significativa, o resultado dessa participação também precisa ser significativo. Antes de alimentar essa experiência com mídia paga mais abrangente, a Tent.ly cria uma série de postagens simples projetadas para produzir consciência e participação. A equipe identifica algumas comunidades com alta probabilidade de encontrar valor no mapa da Tent.ly que tenham tamanho suficiente para causar impacto, permitam engajamento aberto e nas quais a sua participação como marca não desrespeite nenhuma regra.

A equipe cria uma postagem orgânica simples na comunidade r/Camping, que se gaba de ter 1,4 milhão de membros:

> Título da postagem: Oi, Reddit! Adoramos acampar e queremos recomendações melhores para explorar. Quais são os seus locais favoritos? (Também fabricamos barracas.)

> Corpo da postagem: Olá, Reddit. Somos da Tent.ly. No total, acampamos há 35 anos e, no passado, nunca conseguíamos comprar barracas de alta qualidade. Largamos o emprego dois anos atrás para abrir uma fábrica que produzisse barracas de altíssima qualidade sem a sobrecarga de ser uma empresa imensa para podermos vender mais barato.
> Seja como for, temos uma verba de marketing para gastar e, em vez de só encher o seu *feed* de anúncios, achamos melhor fazer algo útil para campistas e caminhantes.
> Criamos um mapa dos Estados Unidos com todos os parques locais e nacionais que encontramos. Se já esteve em algum deles, faça uma postagem sobre o mapa dizendo como foi, o que você gostou ou não, se recomendaria etc. Se gente suficiente participar, teremos um mapa incrível, cheio de conhecimentos reais sobre os melhores lugares para caminhar e acampar no país!
> O que acham? Algo a mudar ou acrescentar? Se puder passar o seu conhecimento, ficaremos muito agradecidos!

A voz e o tom de uma postagem orgânica no Reddit deve oferecer o máximo possível de informações de bastidores. Ao se apresentar como um grupo de entusiastas que se preocupam com as mesmas coisas que os possíveis clientes, a Tent.ly estabelece imediatamente, de um modo que parece autêntico, um terreno em comum com os outros entusiastas da vida ao ar livre. O jeito como a Tent.ly descreve a campanha também é casual, quase como se fossem outros Redditors dando ideias. Além de abrir espaço para os membros da comunidade avaliarem o conceito sem a repulsividade dos anunciantes, a equipe abre a porta para novas ideias, o que permite às pessoas se sentirem envolvidas no sucesso da campanha. Ao perguntar às pessoas o que pensam e se têm outras ideias, a Tent.ly destaca o fato de que se preocupam com a resposta. Não é apenas mais um anúncio da frota de marketing de uma marca imensa; a Tent.ly demonstra que se preocupa em se engajar em conversas de verdade.

Há alguns resultados possíveis para a Tent.ly. Se tudo for absolutamente perfeito com a postagem, o momento certo, a concorrência no algoritmo etc., ela pode explodir e atingir um público imenso de Redditors, além até da comunidade r/Camping. É improvável, mas pode acontecer — e a onda que se segue a esses momentos pode ser absurdamente imensa. Quando uma nova marca ou site gera esse tipo de sucesso sem estar pronta para o pico de banda larga, já aconteceu de o Reddit derrubar os sites, fato chamado carinhosamente pela comunidade de "abraço da morte do Reddit".

O mais provável é que a postagem reverbere com alguns Redditors, também gere algumas descurtidas e fique no alto ou no meio da comunidade r/Camping durante algumas horas. Nesse caso, é provável que a Tent.ly gere um bom número de respostas, algumas de alta qualidade em termos de participação ou *feedback*. Esse nível de sucesso é replicável e relativamente previsível com a estratégia certa. Também há a possibilidade de que a postagem da Tent.ly receba do nada algumas descurtidas e suma no esquecimento. Embora esteja longe de ser o melhor resultado, ainda tem risco baixo, e a Tent.ly pode simplesmente procurar outra comunidade ligada a acampamentos ou trilhas.

O resultado das postagens orgânicas é imprevisível. Mesmo que faça tudo absolutamente certo, a Tent.ly fica à mercê do capricho do algoritmo e dos outros conteúdos concorrentes naquele dia. Mas postar organicamente traz algumas coisas importantes. Primeiro, dá à Tent.ly uma explosão inicial de *feedback* do alvo que pretende atingir. Se o que a empresa diz aos entusiastas de acampamentos gerar *feedback* negativo imediatamente, talvez valha a pena a equipe reconsiderar a abordagem antes de transmitir a mensagem com mídia paga. Em segundo lugar, a postagem orgânica cria uma pegada da Tent.ly que assinala à comunidade que eles são perspicazes e estão envolvidos com o resultado. Mesmo que a postagem orgânica receba apenas um engajamento medíocre, quando a Tent.ly publicar mídia mais ampla no Reddit os usuários que buscarem o perfil da marca verão a postagem orgânica. É um modo de demonstrar que a marca está engajada além da compra de mídia e isso é importante, principalmente para o engajamento da comunidade.

Vamos supor que a postagem da Tent.ly receba uma reação entre moderada e positiva. Então, a marca pode criar uma postagem promovida no Reddit direcionada aos entusiastas de trilhas e acampamento, na mesma linha da postagem orgânica. Como as postagens promovidas parecem orgânicas, quando são relevantes para a comunidade o engajamento nos comentários dessa postagem também parece muito orgânico. A Tent.ly aplica 5% da verba de mídia para promover uma postagem com praticamente o mesmo texto e clima da postagem orgânica, a não ser por algumas alterações feitas com base na reação orgânica.

A empresa responde aos comentários dos Redditors nas postagens orgânicas e promovidas e incentiva as pessoas a participar preenchendo sua área local no mapa da marca. No decorrer de duas semanas, a Tent.ly recebe a primeira onda de uns cem registros. Embora não pareça muito, em geral essas primeiras inscrições são as mais difíceis de promover. Também são fundamentais para criar a sensação de que o conteúdo é ativo e popular. Agora a campanha pode ter um direcionamento mais amplo para geografias específicas, interesses adjacentes ao acampamento, como a fotografia ao ar livre, e outras estratégias de mídia usadas para alcançar o público pertinente mais amplo. Além de agora poder ampliar a mídia dentro da plataforma do Reddit, a Tent.ly também começa a promover engajamento nos outros canais sociais. Esse é o verdadeiro momento de lançamento da campanha; tudo antes pode ser considerado semeadura e pré-lançamento. Em cada um dos seus canais sociais, a Tent.ly aloca mais verba de mídia para promover a participação no mapa.

Antes de partir para a mídia paga no Instagram, a marca publica na sua conta as fotografias de produtos em diversos ambientes naturais que já tinham feito. A equipe é muito seletiva e só escolhe fotos com verdadeiro apelo estético; o excesso de ênfase no produto deixará o perfil com cara de comercial e desestimulará o engajamento. A equipe escolhe nove fotos para preencher a grade básica de três por três e publica organicamente algumas vezes por semana para engajar os poucos seguidores e aumentar o seu número. As primeiras postagens não precisam se esforçar muito no engajamento, porque ainda não há muita coisa para o público se engajar. Em vez disso, essas fotos iniciais visam representar a marca e os tipos de produto e dar uma sensação do conteúdo que os seguidores podem esperar no futuro.

Além de montar um perfil próprio, a Tent.ly faz parcerias com influenciadores que lidam com acampamento e fotografias da natureza e que tenham um número médio a grande de seguidores no Instagram. A marca oferece barracas aos influenciadores e pede aos parceiros que escolham uma recomendação no mapa participativo. Os influenciadores vão documentar a sua experiência nos lugares recomendados, oferecendo aos seguidores atualizações em vídeo, publicando fotografias do acampamento, postando fotos da natureza e assim por diante. A Tent.ly compartilha e amplia o conteúdo dos influenciadores, os marca em postagens orgânicas, comenta as suas fotos e incentiva os influenciadores a fazer o mesmo. Com isso, a Tent.ly se associa a esses influenciadores dignos de confiança e maximiza o seu potencial de aumentar o público durante as parcerias. A marca incentiva os influenciadores a compartilhar conteúdo com a *hashtag* #LoveMeTently, que conecta o conteúdo dos influenciadores e permite à empresa traçar uma linha coerente entre a marca e as parcerias. Também constitui um forte chamado à ação de outros membros da comunidade para participarem do mapa e compartilharem o seu conteúdo com a mesma *hashtag*.

No Facebook, a Tent.ly usa fotografias parecidas, mas um pouco diferentes, para encher o perfil, a foto de capa etc. A marca permite uma superposição de uns 50% entre o conteúdo do Instagram e do

Facebook. Embora nem sempre seja ideal, a duplicação de conteúdo é um modo útil de maximizar o alcance e o impacto. Também ajuda a manter uma certa quantidade de alcance orgânico com a criação de pontos regulares de contato com os seguidores. Quanto maior a frequência com que um usuário se engaja com o conteúdo da página, mais provável fica que a Tent.ly apareça organicamente no seu *feed* em postagens subsequentes.

A diferença primária entre as estratégias da Tent.ly no Facebook e no Instagram está no modo de engajar as pessoas. No Instagram, a marca publica legendas e citações inspiradoras sobre a natureza e, em geral, permite que o foco permaneça no conteúdo de fotos e vídeos. No Facebook, a Tent.ly estimula a conexão entre amigos e promove o engajamento mais diretamente. A Tent.ly publica a foto de uma linda trilha para caminhadas numa montanha que parece íngreme com a legenda "Marque alguém que subiria com você!" O texto visa a evocar as conexões pessoais entre amigos para ajudar a promover alcance orgânico.

Conforme o mapa continua a se encher de sugestões para caminhar e acampar, a equipe da Tent.ly seleciona artigos diferentes formados por listas de caminhadas diferentes, com base em fatores como geografia, nível de experiência e paisagem. A equipe busca os entusiastas da vida ao ar livre do Colorado com links para artigos como "As 10 melhores caminhadas do Colorado" ou "8 caminhadas menos conhecidas no Colorado (com uma vista incrível)". Esses títulos parecem isca de cliques, mas, desde que a promessa se cumpra no outro lado do link, esse formato de manchete pode ser um forte ponto de atração. Além disso, as pessoas que exibem caminhadas e acampamentos podem compartilhar essas postagens na sua rede como forma de autoexpressão, como se dissessem: "Sou tão entusiasmado pela vida ao ar livre que descobri essas trilhas que ninguém conhece". Principalmente no Facebook e no Instagram, a Tent.ly aspira ajudar as pessoas a exprimir o seu amor à vida ao ar livre por meio da própria marca.

A equipe da Tent.ly reservou parte da verba de mídia para anúncios ao ar livre em mercados específicos. Essa fase também pode tomar emprestados elementos de conteúdo da campanha nas mídias sociais. A equipe aproveita as fotografias que tiveram melhor desempenho, tanto suas quanto da experiência de acampamento dos influenciadores, em outdoors próximos a aeroportos, *campings* e trilhas para caminhada. Esses outdoors são projetados, primeiro, para atrair a atenção com fotografias extraordinárias; segundo, para transmitir a identidade da marca e dos seus produtos; terceiro, para incentivar a conexão com a marca por meio de *hashtags* — "Compartilhe as melhores fotos do seu acampamento com #LoveMeTently!"

Se houver banda larga suficiente, a equipe também poderia montar incentivos para o engajamento com a sua *hashtag*, como sorteio de produtos, surpresas ou apenas amplificando as melhores contribuições nos seus próprios canais. O ecossistema da campanha da Tent.ly se encaixa de tal maneira que, além de adequado a cada canal, cria eficiência entre as atividades de cada um deles. A natureza dinâmica da campanha é interessante em si e por si. O significado da marca não é criado pela empresa num laboratório. É criado em conjunto pelos participantes da campanha. Ninguém quer enviar uma foto para um concurso se a inscrição estiver condenada a ficar uma década no disco rígido de algum gerente da marca. As pessoas enviam fotos com a esperança de receber algum tipo de atenção, engajamento e reconhecimento. Ao projetar a campanha para usar com eficiência a verba de mídia e oferecer pontos de conexão mais profunda, a marca aumenta ao mesmo tempo a venda, a credibilidade e o boca a boca.

EXEMPLO 2. REPOSICIONAR UMA ANTIGA EMPRESA DE TECNOLOGIA PARA AS GERAÇÕES Y E Z

Com muita frequência, no planejamento das campanhas temos de brigar com a história da marca. É raro termos o desafio (e a oportunidade) de lançar uma marca a partir do zero. Em geral, estamos também na posição de combater o nosso próprio sucesso. A nossa marca se estabeleceu como líder de mercado numa área e quer evoluir para capturar outra, ou somos tão conhecidos pelo nosso trabalho num espaço que montamos campanhas para dividir os refletores com alguma outra parte da empresa.

Quando as marcas crescem e se segmentam em diversas linhas de negócios, é difícil manter a coesão. Principalmente quando as equipes internas de marketing competem pela verba, é fácil segmentos diferentes formarem relações antagônicas entre si. Um modo de isso se manifestar para os consumidores é na divisão arbitrária da presença da marca nas mídias sociais. Se formos uma empresa de eletrônicos que produz processadores de computador, acessórios para games, equipamento de escritório e equipamento de realidade virtual (RV), pode ser tentador, para o setor interno de marketing, segmentar a presença social por todos esses setores. Mas, para o cliente em potencial, isso causa confusão e frustração, principalmente quando esperamos interagir com uma marca coerente por trás de diversos produtos.

Imagine que representamos uma grande empresa eletrônica chamada Lumina. A Lumina é um fabricante conhecido e bem estabelecido de equipamento eletrônico, com dezenas de produtos que atendem a uma miríade de mercados diferentes. Embora alguns produtos Lumina sejam vendidos a empresas, a maior parte da verba da marca é gasta no marketing ao consumidor. Em geral, a Lumina é considerada uma empresa confiável de eletrônicos pela geração do pós-guerra, mas tem perdido participação no mercado entre as gerações Y e Z. Embora seja conhecida pelos produtos cotidianos confiáveis, como peças de computador, televisores e celulares, a empresa investiu muito em inovação, principalmente no espaço da realidade virtual.

Em vez de criar perfis sociais diferentes para Lumina Computer, Lumina TV e assim por diante, a empresa mantém dois tipos de perfil social nas plataformas escolhidas: uma presença primária voltada ao consumidor e perfis separados do Lumina for Business quando relevante. Embora exija um nível mais profundo de coordenação entre as equipes de marketing dos diversos produtos Lumina, isso cria uma experiência mais fluida para os clientes que interagem com a marca. Para se coordenar, os diversos ramos do marketing da Lumina estabeleceram uma estratégia em nível de marca para manter a coerência de todas as iniciativas da empresa no marketing ao consumidor, e o trabalho de cada equipe é avaliado de acordo com a coerência dessa estratégia.

A Lumina pede à agência de criação que produza uma campanha que destaque a dedicação da empresa à inovação aumentando a conscientização do trabalho no espaço da realidade virtual. A verba é grande, e a meta da campanha é posicionar a Lumina como confiável e vanguardista junto às gerações Y e Z. A Lumina tem publicado releases regularmente e atraiu cobertura mínima da imprensa para a sua pesquisa e tecnologia de realidade virtual, mas a pesquisa inicial dos clientes mostra que uma parte muito pequena do público das gerações Y e Z associa a marca a inovação e novas tecnologias. A campanha tem de se equilibrar numa linha tênue entre posicionar a marca para esse público e manter-se coerente e reconhecível para a base leal de clientes da Lumina.

Como a inovação está no centro da campanha, a equipe praticamente não aloca orçamento para táticas transacionais, como buscas pagas e publicidade programática. Embora essas táticas tenham boa relação custo-benefício para levar as pessoas a comprar, provavelmente não vão mudar a percepção de ninguém sobre uma empresa de tecnologia bem conhecida. Em vez disso, a equipe procura canais em que a sua tecnologia de realidade virtual e as peças de criação possam brilhar mais.

O Snapchat é um forte candidato para atingir as gerações Y e Z, e a equipe decide que os filtros de realidade aumentada são uma boa tela criativa para transmitir a mensagem de inovação de um modo interessante. A Lumina também reconhece que, como tecnologia em surgimento, os criadores do espaço de realidade virtual se interligam em comunidades fechadas onde têm conversas relativamente isoladas (mas profundamente cativantes). Para alcançar os pioneiros da realidade virtual, a Lumina deseja participar de conversas que acontecem dentro das comunidades de realidade virtual do Reddit, onde podem alcançar as que são especificamente sobre realidade virtual e as mais amplas, ligadas à tecnologia.

A Lumina também reconhece que a realidade virtual é uma tecnologia profundamente imersiva. É bem difícil registrar o efeito da realidade virtual num vídeo, menos ainda num *feed* social competitivo. A marca decide que YouTube, Twitch e outras transmissões *online* de anúncios que permitem conteúdo mais imersivo também devem ter um papel no ecossistema da campanha. Por último, tirando ideias de conversas orgânicas dentro de comunidades de realidade virtual e entre usuários estreantes, a equipe reconhece que, embora ver conteúdo sobre a realidade virtual seja cativante, é preciso ter a experiência em primeira mão para realmente entender o poder da tecnologia. A equipe decide que a ativação de um evento também se encaixaria na campanha.

Com Reddit, Snapchat, YouTube, Twitch e o marketing de eventos em mente, a equipe de criação da Lumina tem a grande ideia: um imenso jogo de *Minecraft* que possa ser jogado tanto por pessoas *online* quanto com óculos de realidade virtual. *Minecraft* é um *videogame* muito amado, do tipo *sandbox*, que usa gráficos e lógica simples para os jogadores formarem o mundo onde estão jogando. O jogo é relevante — ostentou 480 milhões de jogadores em 2019 — e nostálgico para o público-alvo.[2] O *Minecraft* também tem um lugar especial na cultura memética, e a Lumina espera que isso torne a marca estimada pelos influenciadores da internet e mostre a sua perspicácia *online*.

A equipe começa a campanha interagindo com várias comunidades do Reddit ligadas ao *Minecraft* e à realidade virtual. Mais uma vez, começando pelo fundo do iceberg e subindo por canais menos competitivos, a equipe usa uma pequena quantidade de mídia paga para instigar os jogadores de *Minecraft* e as comunidades de realidade virtual do Reddit com o conceito por trás da campanha. Depois de algu-

Como construir com eficiência e eficácia as melhores campanhas sociais **265**

ma pesquisa inicial e diálogo com jogadores, a equipe decide que, em vez de eles mesmos criarem um mapa de *Minecraft*, seria mais interessante ter um mapa compartilhado criado dinamicamente pelos jogadores.

A equipe cria a sua própria comunidade do Reddit e usa o algoritmo natural das comunidades da plataforma para facilitar a votação de diversos mapas apresentados por usuários. Esse novo subreddit é relativamente pequeno, mas a equipe avalia o seu sucesso em termos do número de postagens e da profundidade do engajamento em vez do número total de inscritos. No decorrer de duas semanas, a equipe mantém o engajamento com as comunidades mais amplas de *Minecraft* e realidade virtual por meio de atualizações regulares. A equipe da Lumina avalia as inscrições mais votadas e escolhe uma com base tanto na popularidade dos votos quanto na necessidade dos desenvolvedores.

A equipe da Lumina explica com franqueza à comunidade do Reddit que há alguns obstáculos técnicos a superar antes que seja possível jogar com o mapa do jeito planejado. Os Redditors gostam da sinceridade da marca, e alguns se oferecem para ajudar nos testes. Agora, a Lumina tem um pequeno grupo focal de jogadores dedicados que pode ser aproveitado durante o desenvolvimento. A agência da Lumina faz parceria com uma equipe de desenvolvimento para dar vida ao mapa do Reddit para permitir que jogadores *online* e os que usam equipamento de realidade virtual joguem no mesmo ambiente.

A equipe de criação da Lumina decide que a Comic-Con será o lugar perfeito para revelar a sua experiência de *Minecraft* em realidade virtual. A criatividade sem restrições do evento, o grande comparecimento das gerações Y e Z e a afinidade dos frequentadores com a nova tecnologia fazem do evento o ambiente perfeito para levar a campanha à vida real. No período anterior ao evento, a Lumina apresenta algumas experiências empolgantes de RV com um toque de humor irônico da internet, algo que a marca não incluiu no marketing anterior, mas que é executado de forma coerente com o éthos da marca. No período até a Comic-Con, o objetivo é manter o engajamento com a comunidade do Reddit e, ao mesmo tempo, aumentar a expectativa da experiência. Em termos de marketing do cérebro direito e esquerdo, o evento é o comportamento da Lumina promovido pelo cérebro direito. Ele foi projetado para promover o máximo possível de participação, mas o evento também pretende criar histórias atraentes do cérebro esquerdo para a marca contar depois.

Quando a Comic-Con abre as portas, a Lumina lança o primeiro conjunto de anúncios de alcance amplo para maximizar a participação no mapa do *Minecraft*. Em todos os seus canais prioritários, a Lumina revela que, dentro desse servidor do *Minecraft*, há um item oculto; quem o achar ganhará um sistema doméstico gratuito de realidade virtual. Na verdade, a Lumina escondeu várias surpresas e encantos para os participantes descobrirem: doações de produtos, itens especiais do jogo e assim por diante.

Na Twitch e no YouTube, a Lumina mostra trechos do mapa, nos quais a equipe criou uma série de esculturas, prédios e paisagens impressionantes e inspirados na Comic-Con para os jogadores explorarem. No Snapchat, a Lumina cria um filtro de realidade aumentada que grava uma selfie em vídeo da pessoa e a transforma num personagem do *Minecraft*, igualando detalhes como cor da roupa, estilo do cabelo e acessórios. Quando tocam no anúncio, os usuários engajados descobrem que o seu eu do *Minecraft* na verdade pode ser usado no mapa multijogadores da Lumina.

Enquanto isso, os frequentadores da Comic-Con exploram o mesmo mundo por meio dos óculos de RV da Lumina. A equipe grava os vídeos do momento em que os participantes do evento entram no mundo e interagem com milhares de outros jogadores que já estão no mapa. A equipe da Lumina também transmite ao vivo, de forma orgânica na Twitch e no YouTube, o ponto de vista dos jogadores, o que permite a outros jogadores *online* do *Minecraft* procurarem os que estão na Comic-Con. Os jogadores *online* formam grupos de busca de jogadores da Comic-Con. Segue-se um jogo de esconde-esconde. Os jogadores, tanto *online* quanto no evento, descobrem formas criativas de interagir, construindo palavras com blocos, alinhando-se para apertar mãos virtuais, construindo novas esculturas, procurando os "Easter egg" (ovos de Páscoa) escondidos e fazendo o mundo evoluir em tempo real.

No decorrer da experiência, milhões de pessoas foram expostas ao conteúdo, centenas de milhares assistiram às transmissões ao vivo e dezenas de milhares de usuários realmente entraram no mapa. Além de facilitar uma experiência divertida e inesperada com a sua tecnologia inovadora, a Lumina agora também tem um excedente de histórias a contar. O que as pessoas construíram? Como interagiram entre si? Quais foram os momentos mais engraçados? Que conexões genuínas se formaram? Como as diversas comunidades do Reddit interagiram e que memes criaram durante a experiência? As respostas a essas perguntas se tornam um território frutífero para criar conteúdo envolvente pós-evento. Com a abordagem certa das histórias, a experiência é relevante para públicos muito além dos jogadores de *Minecraft*. A equipe reconhece que, embora o jogo fizesse parte da atração inicial, as histórias que a equipe planeja contar são mais universais. A equipe trata a experiência como um experimento social nas histórias que conta.

Nos meses seguintes, a Lumina apresenta uma série de vídeos projetados para destacar os momentos mais engraçados, interessantes, surpreendentes e sérios da interação entre as pessoas no seu mapa do *Minecraft*. A marca cria o seu *spot* principal, um vídeo de dez minutos que conta toda a história da campanha para os curiosos, e promove vinhetas diferentes de 15 a 30 segundos no Reddit, no Snapchat, na Twitch, no YouTube e em outros serviços de transmissão de vídeo.

Em vez de usar imagens extravagantes e filmar atores fingindo ter reações dramáticas aos óculos de realidade virtual, a Lumina criou algo genuinamente exclusivo. Embora não aproveitasse ao máximo o poder gráfico do aparelho, o *Minecraft* ofereceu experiências memoráveis para milhares de jogadores. O conteúdo obtido com uma experiência real como essa quase sempre será mais cativante e recebido de forma mais positiva do que anúncios muito produzidos e criados em laboratório.

Embora a Lumina espere que um percentual relativamente pequeno das pessoas atingidas por essas histórias realmente se envolva em primeira mão com o mapa do *Minecraft*, a profundidade da campanha em si causa impacto nos espectadores. A Lumina não gastou a verba de marketing simplesmente falando de si; ela criou algo desfrutável e, em consequência, as histórias que conta não parecem totalmente autoelogiosas. A profundidade da campanha e a dedicação a oferecer uma experiência além de um vídeo comercial causam forte impressão no público das gerações Y e Z atingidos por essa campanha.

EXEMPLO 3. O MARKETING DE DESEMPENHO TAMBÉM PODE SER CATIVANTE

Seja a nossa tarefa revitalizar uma marca antiga, seja construir uma nova, em geral enfrentamos uma definição confusa de sucesso. O marketing é encarregado de fazer a marca avançar, atingir metas no fundo do funil, conquistar cobertura da imprensa e tudo o que há no meio. As marcas novas e antigas têm dificuldade de medir de forma abrangente a atividade do marketing. As marcas novas raramente têm uma linha de base sólida para comparar o efeito de uma campanha, e, em geral, as marcas históricas têm tanta atividade de marketing que pode ser difícil identificar o que gerou cada resultado.

Mas, às vezes, temos uma oportunidade e um desafio único para otimizar o nosso esforço rumo a uma só métrica de sucesso. A nova geração de aplicativos e jogos *online* é um bom exemplo; o marketing desses produtos gira quase inteiramente em torno de promover *downloads*. Mesmo nos aplicativos gratuitos, o maior desafio do marketing tende a ser aumentar o volume de *downloads*. Por mais simples que seja promover *downloads*, muitos dos mesmos desafios de marketing estão presentes sob a superfície.

A expressão *marketing de desempenho* ou *de performance* é usada para descrever as estratégias de marketing que otimizam uma única meta distinta no fundo do funil. Em geral, os profissionais do marketing de desempenho são impiedosos na otimização da meta. Normalmente, o marketing de desempenho inclui métricas como promover *downloads*, instalações, compras, cliques e seguidores. Na publicidade mais tradicional, a criação e a estratégia estão no alto da hierarquia. No marketing de desempenho, os dados do cliente e as funções analíticas são as forças dominantes, enquanto a criação e a estratégia tendem a ficar em segundo plano.

Uma agência de criação pode abordar o problema avaliando primeiro que impressão a marca deve causar na pessoa atingida. O profissional de marketing de desempenho tende a começar com o maior reservatório de conteúdo possível e depois usa funções de análise do desempenho para chegar à estratégia vencedora. Em todo este livro, defendi o equilíbrio das duas abordagens, mas, mesmo para os profissionais de marketing mais voltados ao desempenho, vale a pena levar em conta a mentalidade do usuário, ancorar-se num propósito bem pensado da marca e maximizar o engajamento.

Talvez o primeiro erro e o mais fácil de cometer seja considerar o marketing de desempenho separado do marketing da marca. Internamente, pode ser útil dividir a verba e os talentos entre desempenho e marca, mas é imperativo lembrar que, para o possível cliente, todo anúncio é um anúncio. A pessoa do nosso público não perceberá a distinção, e o que a atingir realmente estará atendendo (ou *não*) a ambos.

A curto prazo, o marketing agressivo de desempenho pode ser o uso mais eficiente e eficaz da verba de mídia. O marketing de desempenho tende a obter resultados quase imediatos e, para as marcas novas, a promessa de resultado rápido pode ser tentadora. No entanto, para a saúde da marca a longo prazo, não podemos simplesmente otimizar toda a nossa estratégia de marketing rumo a uma única métrica. Além de corrermos o risco de construir uma relação totalmente transacional com os clientes, cada dólar que gastamos nos vendendo dessa maneira pode ser um passo na direção errada. Para usar um exemplo extremo, se formos um aplicativo de beleza que, erroneamente, gastou um milhão de dólares para promover *downloads* usando uma foto escandalosa de uma modelo de lingerie e descobrirmos que 90% desses *downloads* vieram de rapazes adolescentes, teremos uma longa e difícil batalha contra a nossa própria marca, porque não levamos em conta as consequências a longo prazo da nossa representação.

Fundamentalmente, o marketing de desempenho e o marketing de marca não são incompatíveis. O marketing de desempenho nos pergunta: "que conteúdo promoverá o número máximo de conversões dessa métrica específica?". O marketing de marca nos pergunta: "que tipo de conteúdo exprime melhor quem somos como empresa?". Quando uma postagem da nossa marca chega ao *feed* de alguém, não há uma separação tão clara entre os dois, e talvez, como profissionais de marketing, também não devêssemos considerá-los tão separados assim.

A resposta às perguntas do marketing de marca e de desempenho pode ser compatível. Se nos perguntarmos "o tipo de conteúdo que exprime quem somos como empresa também maximiza o número de ações significativas do público?", encontraremos o terreno intermediário entre os dois. A marca que ambicionamos nos cria um arcabouço. Quando articulamos a marca de forma bem pensada, definimos quem queremos e quem não queremos ser. A mentalidade do marketing de desempenho deveria ser conhecida pelos profissionais de marketing que passaram tempo suficiente nas mídias sociais; ele simplesmente nos desafia a dar mais peso à métrica de desempenho. Quando emparelhado com uma forte estratégia de mensuração, otimizar os nossos anúncios para a conversão não deveria ser muito mais difícil do que otimizá-los para o engajamento; só estamos apenas levando a medição a um nível mais profundo.

Nesse último exemplo, imagine que estamos divulgando um novo aplicativo de moda chamado Fitting Room. O Fitting Room promete ajudar os compradores *online* a experimentar virtualmente as roupas de uma ampla gama de marcas e varejistas. Os usuários simplesmente tiram fotos suas de vários ângulos e inserem altura e peso; o aplicativo usa a tecnologia de realidade aumentada para vestir os usuários com a roupa desejada. O Fitting Room fez acordos com os principais varejistas e marcas de moda para receber uma comissão pela venda de cada peça com que o usuário se engajar, e a equipe também está estudando a venda de roupas dentro do próprio aplicativo. Em geral, o alvo do aplicativo são mulheres de 18 a 34 anos, mas a equipe descobriu que homens interessados em moda na mesma faixa etária também o usam.

Nos dois últimos anos, o Fitting Room promoveu o seu desenvolvimento a partir do zero. Com mídia espontânea e marketing orgânico, o aplicativo acumulou os dez mil primeiros *downloads*. Recentemente, o Fitting Room recebeu cinco milhões de dólares na primeira rodada de financiamento de capital de risco para adquirir características adicionais, melhorar a experiência do cliente, criar parcerias com mais marcas e aumentar a base de usuários. No próximo ano, o aplicativo precisa obter trinta mil usuários ativos por mês para obedecer às projeções de crescimento.

Atualmente, só mil usuários dos dez mil *downloads* iniciais estão ativos por mês. A equipe de marketing prevê que alguns usuários que baixam o aplicativo simplesmente não vão usá-lo regularmente, e a equipe usa a taxa de 10% de usuários por download para estimar a meta necessária de downloads por ano. O Fitting Room reconhece que os dez mil primeiros downloads, obtidos principalmente pela imprensa e pelo boca a boca orgânico, provavelmente serão mais engajados do que os usuários que simplesmente baixam o aplicativo ao ver um anúncio. No entanto, a equipe também prevê que, conforme o aplicativo vá acrescentando características e melhorando a experiência do usuário, é provável que a taxa de engajamento por downloads cresça. A equipe mantém essa estimativa otimista de 10% dos downloads convertidos em usuários regulares, planejando rever o padrão depois do lançamento dos anúncios, quando houver dados iniciais disponíveis. Para acrescentar mais 29.000 usuários ativos por mês, a equipe estima que precisará de cerca de 300.000 downloads.

A equipe do Fitting Room é pequena e integrada a ponto de o diretor de marketing conversar regularmente com o presidente executivo e o diretor de produção. (Suspenda a sua descrença um instante. Este é um exemplo fictício.) Até agora, a equipe de produção lançou recursos e atualizações de forma incremental, permitindo que o *feedback* orgânico da comunidade engajada configure o roteiro do produto. Com mais *feedback* do que recursos no período anterior à recente captação de capital, a equipe acumulou informações suficientes para alimentar mais seis meses de desenvolvimento. Agora, com o financiamento obtido, a equipe sabe o que precisa construir para melhorar o aplicativo. O profissional de marketing do Fitting Room se pergunta se não seria uma oportunidade para construir a expectativa de um lançamento.

"Mas o aplicativo já está vivo?" Claro que está. Por mais orgulho que a equipe tenha do produto, o grupo sabe que, dados todos os recursos do mundo, a atual experiência do Fitting Room não é o que gostariam de oferecer. Com isso em mente, a equipe explica à base de usuários que está extasiada com tanto *feedback* positivo recebido da comunidade e que, embora não previsse esse tipo de reação, a empresa está levando em conta o *feedback* da comunidade para uma grande atualização. Daqui a três meses, a equipe vai atualizar os recursos, ampliar as parcerias e revelar uma nova experiência no Fitting Room. A equipe procura possíveis testadores da versão beta, candidatos a influenciadores de moda e *designers* iniciantes para participarem da futura campanha. Quem estiver interessado em entrar nessa equipe exclusiva de Amigos do Fitting Room deve entrar em contato por meio de um pequeno formulário de inscrição. Com mais novidades previstas e a promessa de informações regulares sobre o desenvolvimento, a hesitação inicial da comunidade orgânica dá lugar a empolgação e reconhecimento.

O Fitting Room reconhece que a sua marca representa mais do que a funcionalidade do aplicativo. A marca permite que pessoas de

Como construir com eficiência e eficácia as melhores campanhas sociais 273

todos os tamanhos e tipo de corpo comprem roupas com confiança. Esse é o âmago do que o Fitting Room espera representar para o mundo. O aplicativo leva a moda a uma categoria ampla de interessados antes excluídos da conversa — ou seja, qualquer um com manequim acima de 34. Com uma verba de marketing de 500.000 dólares para o ano que vem, a equipe decide criar uma campanha que homenageie a diversidade dentro do cenário da moda — criadores domésticos, estilistas do espelho do quarto, aspirantes a designers e modelos não tradicionais.

A equipe do Fitting Room decide incorporar essa mensagem a uma campanha que culminará no momento do relançamento. O plano de lançamento tem três componentes principais. Primeiro, a equipe trabalha num grande aprimoramento do aplicativo em si. Segundo, com base nas interações orgânicas que já ocorrem entre os usuários do aplicativo, a equipe cria os Amigos do Fitting Room, semelhante a um sistema de gestão de relacionamento com o cliente, mas em nível mais profundo. Os membros desse grupo recebem comunicações mais pessoais da equipe do Fitting Room, têm o seu próprio eixo comunitário para interagir, testam e oferecem *feedback* sobre novos recursos e, em geral, são tratados como íntimos entre os usuários do aplicativo. Embora seja raro, algumas marcas e produtos realmente facilitam de forma genuína a construção de comunidades em torno de si; em alguns casos, essas comunidades centradas em marcas podem ter função semelhante à das redes sociais do cérebro direito do fundo do iceberg.

O terceiro componente do plano de lançamento do Fitting Room é uma variante dos programas tradicionais de influenciadores. A equipe criou uma conta no Instagram quando o aplicativo foi lançado e, embora seu público não seja imenso, a conta acumulou organicamente cerca de mil seguidores. A equipe redige uma nota para anunciar a busca de talentos da moda para a futura campanha. Ela primeiro publica o pedido de inscrições na nascente comunidade de Amigos do Fitting Room; depois, abre a oportunidade ao público com uma postagem no Instagram.

Em vez de escrever uma legenda longa para acompanhar uma foto, a equipe cria a imagem com um texto que descreve o que ela procura e como isso se conecta com a marca Fitting Room. Desse modo, a empresa otimiza a sua máquina de memes para ser compartilhada e viralizada. Não se sabe se receberá uma resposta imensa, mas criar a imagem dessa nota concentra a atenção do público na meta primária e a otimiza para compartilhamento posterior. Agora, a nota pode ser postada em outras plataformas, marcada e capturada em tela de modo a remover o máximo possível de barreiras técnicas ao compartilhamento.

Com a recepção inicial de alguns e-mails e comentários interessados em resposta à busca de talentos, a equipe continua a estimular a participação nas semanas seguintes. Graças à divulgação conquistada antes na imprensa, a equipe consegue mais algumas reportagens em blogs de moda respeitáveis para aumentar o alcance da campanha. "Acreditamos que a moda é para todos! Procuramos designers e modelos em início de carreira para a próxima campanha. Quem ainda não conhecemos que deveríamos conhecer?" Nesse estágio inicial, o público é duplo: primeiro, aspirantes a designers e modelos; depois, amigos de aspirantes a designers e modelos.

Algumas semanas depois, o Fitting Room acumulou algumas semanas de inscrições para participar da campanha. Todos os que enviaram a sua inscrição são bem-vindos na comunidade Amigos do Fitting Room (a não ser um punhado de trolls), e a equipe do aplicativo escolhe dez designers e dez modelos que aparecerão na campanha. A equipe apresenta os talentos selecionados à comunidade de Amigos do Fitting Room, faz uma sessão de perguntas e respostas com a comunidade, os designers e os modelos escolhidos, e incentiva a comunidade a continuar se apoiando durante toda a campanha.

Os modelos e designers parceiros são estimulados a compartilhar fotos e vídeos que possam ser amplificados nos canais sociais do Fitting Room. A equipe faz sugestões aos parceiros, como "O que o deixa apaixonado na moda?" e "Onde a indústria da moda mais pre-

Como construir com eficiência e eficácia as melhores campanhas sociais 275

cisa de diversidade?". A equipe cria atualizações orgânicas regulares com as respostas dos diversos microinfluenciadores, compartilha o seu conteúdo e incentiva as pessoas a segui-los. Quando os parceiros postam conteúdo, o Fitting Room também comenta e compartilha as suas postagens. Esses engajamentos orgânicos promovem o alcance dos microinfluenciadores (algo de que eles gostam) e cria para o seu público um modo fácil de descobrir e seguir o Fitting Room. A equipe do aplicativo usa uma verba mínima de mídia para promover o conteúdo dos seus modelos e designers junto a um público pequeno, mas relevante, direcionado aos seguidores dos microinfluenciadores, às pessoas que já se engajaram com a marca e alcançando seguidores de marcas e influenciadores de moda mais conhecidos.

Nos preparativos para o dia do lançamento, a equipe do Fitting Room realiza uma sessão de fotos dos seus microinfluenciadores. A equipe contrata alguns fotógrafos, aluga uma casa elegante para a sessão e traz de avião os parceiros para passarem alguns dias. Além de construir a relação entre o Fitting Room e os seus parceiros, isso também traz muitas oportunidades de registrar conteúdo, de fotografias profissionais a momentos espontâneos dos bastidores.

Os fotógrafos profissionais registram os modelos usando as peças dos designers, os designers preparando as suas roupas e os modelos sendo vestidos. Mas a equipe também incentiva os parceiros a registrar momentos espontâneos com os seus celulares. Nos seus perfis sociais, os parceiros compartilham vídeos de bastidores em que riem, conversam, olham os *sketchbooks* uns dos outros, caem na piscina, vão a um jantar de gala etc. O Fitting Room reposta e compartilha o conteúdo orgânico dos parceiros durante as sessões para que os Amigos do Fitting Room e os seguidores em geral se sintam incluídos.

Enquanto os vídeos e fotos são refinados como conteúdo para o lançamento, o Fitting Room prepara os releases para várias publicações e blogs de moda. As informações sobre as atualizações do aplicativo são incluídas, mas de forma secundária ao gancho real: detalhes da moda exclusiva de designers em ascensão, só disponível pelo aplicativo Fitting Room, com garantia de bom caimento. A equipe mostra os seus microinfluenciadores bem na frente. Afinal de contas, dividir os refletores com parceiros iniciantes é um jeito claro de cumprir a promessa da marca Fitting Room de diversificar as vozes do mundo da moda.

A poucas semanas do lançamento, o Fitting Room aumenta as postagens para criar expectativa em torno dos lançamentos exclusivos dos designers e incentivar as pessoas a baixar o aplicativo e obter acesso. No Instagram, no Snapchat e no TikTok, a marca promove conteúdo que vai de selfies engraçadas em vídeo criadas pelos parceiros a vídeos refinados da sessão de fotos. Embora as peças variem muito, do casual ao requintado, todo o conteúdo é coerente com a estratégia da marca de representar a diversidade na moda. Como tudo o que foi registrado se encaixa no arcabouço da marca, é simples para a equipe otimizar o gasto de mídia na direção do conteúdo com maior taxa de *downloads*. Isso permite ao Fitting Room atravessar a corda bamba de uma campanha de marca que também promove desempenho.

No Instagram, o Fitting Room cria álbuns das sessões de fotos com diversos designers e modelos. Cada álbum começa com uma foto séria, com cara de alta costura, mas fica mais espontâneo e casual conforme as pessoas vão avançando. A última imagem de cada álbum é uma selfie em vídeo do designer e do modelo se apresentando e descrevendo a inspiração por trás do seu trabalho, por que estão no setor etc. Por equilibrar a estética da alta costura com as personalidades por trás das imagens, o Fitting Room chama a atenção do público que conhece moda e também transmite afeto e autoconsciência. Na descrição dos álbuns, há textos diferentes que apresentam os parceiros e explicam que essas peças estarão à venda pelo aplicativo Fitting Room. Serão apenas 100 unidades de cada peça, todas com garantia de bom caimento (senão, serão reajustadas). Abaixo do álbum de fotos há um botão para incentivar as pessoas a baixar o aplicativo Fitting Room.

No TikTok, a equipe do Fitting Room promove selfies em vídeo de designers e modelos falando ao público sobre as peças, a inspiração e como poderão ser compradas. A equipe também publica clipes da sessão de fotos e compartilha organicamente o conteúdo dos parceiros para manter uma presença ativa. O Fitting Room incentiva os parceiros ativos no TikTok a criar vídeos usando as roupas. Os microinfluenciadores do aplicativo aprendem várias danças do TikTok e as postam usando as suas criações. Algumas postagens conseguem algumas centenas de milhares de visualizações, aumentando os seguidores orgânicos do Fitting Room e promovendo um aumento reconhecível dos downloads do aplicativo. A equipe não prevê um sucesso viral, mas, por postar organicamente e maximizar a atividade orgânica, o Fitting Room se posiciona para o máximo de sucesso conquistado. O alcance conquistado no TikTok é relativamente baixo, se comparado ao alcance da mídia paga, mas o forte engajamento orgânico ajuda a maximizar o impacto da mídia paga com a criação de consciência sobre a marca. Com o aumento da conscientização do Fitting Room, é mais provável que as pessoas interajam com o seu conteúdo, o que reduz as barreiras ao engajamento pago e orgânico.

No Snapchat, o Fitting Room cria uma série de vídeos curtos no formato vertical, usando gravações da sessão de foto combinadas a vídeos mais espontâneos de celular, para contar narrativas rápidas sobre a campanha. Os próprios vídeos duram apenas dez segundos e usam algumas linhas de texto sobre a imagem para reforçar a narrativa. Esses anúncios visam menos a promover engajamento dentro do ambiente do Snapchat e mais a promover o volume de *downloads* e o aumento da conscientização.

A equipe também compra alguns filtros geodirecionados do Snapchat em mercados específicos de vanguarda da moda para estimular o compartilhamento e o engajamento orgânicos. Um dos filtros diz: "*Isto* é alta costura", incentivando os usuários do Snapchat a publicar fotos suas com o que estiverem vestindo — porque a moda é para todos. A equipe prevê usos sérios e debochados do filtro e os aceita.

Por defender a mensagem "moda para todos", a marca aproveita uma mentalidade preexistente comum entre os interessados em moda. As pessoas que se engajam com os filtros do Fitting Room estão empoderadas para se exprimir por meio do significado da marca; por conectar as pessoas aos amigos fora da internet, o Snapchat tem grande probabilidade de provocar conversas e inspirar o uso mais amplo.

No dia do lançamento, o Fitting Room aumenta a mídia em todos os canais. A equipe revela um vídeo completo de "passarela" dentro do aplicativo e no site, e clipes do vídeo são usados em anúncios em todas as plataformas para construir imediatismo em torno do lançamento de roupas exclusivas. A equipe se beneficia do relacionamento forte que construiu com a imprensa, e algumas reportagens publicadas na manhã do lançamento ajudam a aumentar o boca a boca nas comunidades de moda *online*. Depois de limpar a imensa maioria dos bugs do aplicativo durante a janela do desenvolvimento, graças, em grande parte, aos betatesters dos Amigos do Fitting Room, a conversa orgânica se mantém concentrada nos modelos e influenciadores.

Quase imediatamente, duas das dez peças de roupa se esgotam, e o Fitting Room compartilha uma atualização no seu perfil no Instagram dando parabéns aos dois designers e modelos pelo sucesso rápido. Além de parecer um gesto altruísta, isso também aumenta a sensação de atividade, exclusividade e necessidade de ação imediata por parte do público. No decorrer do primeiro dia, mais uma roupa tem as suas cem peças esgotadas, e a equipe do Fitting Room mantém a promoção das peças restantes no decorrer dos próximos dias.

Agora a equipe tem a opção de re-estocar as peças mais populares, fazer parceria com mais microinfluenciadores no futuro, promover o relacionamento com os microinfluenciadores atuais e assim por diante. Embora a campanha tenha sido projetada para criar impulso para um determinado momento, a equipe pode continuar criando parcerias semelhantes no futuro e lançar outras peças de roupa de designers exclusivos. Depois de ajudar a primeira onda de parceiros a crescer de forma significativa no decorrer da campanha, o Fitting

Room também tem o benefício de crescer ao lado dos parceiros. Muitas vezes, essas relações positivas entre marcas e personalidades são tangíveis para o público; quando um influenciador realmente gosta de trabalhar com uma marca parceira, isso tende a aparecer.

Além de usar a mídia com eficiência para promover downloads, o Fitting Room também criou um momento da marca, pensado para atrair a atenção da comunidade da moda. A não ser por alguns filtros de baixo custo do Snapchat, cada inserção paga que a marca usou para popularizar o seu evento e transmitir o significado da marca também promoveu downloads do aplicativo. Se o Fitting Room tivesse se concentrado nos recursos do aplicativo ou na seleção de roupas disponíveis para ajustes, o material criado provavelmente seria menos envolvente e não obteria promoção espontânea e boca a boca.

Se a empresa aplicasse uma abordagem tradicional de marketing de desempenho para promover downloads, a equipe conseguiria uma contagem de downloads semelhante, mas esses usuários só teriam uma relação transacional com a marca. Agora, se surgir um concorrente com preço mais baixo ou ajuste melhor, o Fitting Room tem condições de se defender, porque representa muito mais do que um aplicativo para os seus usuários engajados e para a comunidade.

SEJA QUAL FOR O OBJETIVO, O MARKETING DEVE SE BASEAR NO SIGNIFICADO DA MARCA

O tamanho, a escala e a verba de uma campanha, na imensa maioria dos casos, afetarão o volume geral de engajamento que podemos promover como marcas. Mas, seja qual for o tamanho da campanha, é possível encontrar maneiras de criar um engajamento forte. Até as campanhas concentradas em objetivos do fundo do funil se beneficiam do pensamento criativo e estratégico sobre o modo como as nossas mensagens — os nossos memes — chamam a atenção, baseiam-se em conversas orgânicas e transmitem o significado da marca. Com isso, somos capazes de conquistar alcance além da verba de mídia, fazer uso mais eficiente dessa verba para obter taxas mais altas de engajamento e construir conexões mais profundas com o nosso público.

Os bons estrategistas e criadores avaliarão as suas ideias em vários níveis de análise. A nossa ideia é grande o bastante para atrair a atenção? Está ligada a alguma conversa cultural mais ampla? Como dar vida a essa ideia nos vários canais dos quais a nossa marca participa? Como a nossa ideia se relaciona com o tipo de conteúdo e conexão que já atrai as pessoas nesses canais? Como cada conteúdo aparecerá dentro desses ambientes? Que fontes orgânicas de inspiração conseguimos encontrar para elaborar a abordagem do nosso conteúdo? Como assegurar que o nosso conteúdo seja o mais acessível e compartilhável possível e atraia a atenção? Da ideia à execução, de atrair atenção ampla a manifestar os nossos memes da maneira mais eficiente possível, a construção de campanhas ótimas nas mídias sociais exige pensar muito além de nós como marcas e entender o ambiente em que planejamos alcançar as pessoas.

PRINCIPAIS LIÇÕES

- Grandes campanhas em mídias sociais maximizam a eficiência por assegurar que cada componente da campanha, além de uma meta específica, também tenha influência sobre o resultado geral.
- Para promover participação significativa, o resultado dessa participação também precisa ser significativo. Quando pedir conteúdo gerado pelo usuário, garanta que a produção criativa será interessante e ponha o conteúdo para trabalhar na própria campanha.
- O comportamento da marca e as histórias contadas são duas metades essenciais do marketing de marca. Para contar grandes histórias, a marca precisa ter feito algo grande.
- Até nas equipes de marketing mais voltadas ao desempenho, a campanha nas mídias sociais deveria se basear no significado da marca e contribuir de forma garantida para o crescimento da marca no longo prazo.

CAPÍTULO

12

O NEGLIGENCIADO HEMISFÉRIO DIREITO
Equilibrar a contação de histórias com a construção de experiências

Seria um sábado normal, a não ser pelas pegadinhas bem batidas das marcas no Primeiro de Abril. O Burger King anunciou uma pasta de dente falsa com sabor de hambúrguer.[1] O feijão em lata Bush's lançou jujubas falsas. O uísque Jim Beam fingiu lançar "Jim Beans", um feijão (*beans*) enlatado. O creme para café Coffee Mate falou de um creme sabor café. Muita coisa estava acontecendo. Já está entediado?

Naquele dia, aconteceu outra coisa. Algo mágico que entraria na história da Internet. No Primeiro de Abril de 2017, o Reddit revelou um "experimento" numa comunidade chamada r/Place.[2,3] Quando suas portas metafóricas se abriram, o r/Place era uma simples tela em branco com 1.000 pixels quadrados. Sob a tela havia um breve conjunto de instruções que parecia um poema:

PSICOLOGIA OCULTA DAS REDES SOCIAIS

Há uma tela em branco.
Pode-se pôr uma peça nela, mas é preciso esperar para pôr outra.
Individualmente, você cria alguma coisa.
Juntos, vocês criam algo mais.[4]

O conceito era simples e elegante. Quem tivesse uma conta no Reddit poderia visitar essa comunidade e interagir com a tela compartilhada. Os participantes escolhiam uma de dezesseis peças coloridas para pôr em qualquer espaço na tela, quer aquele lugar estivesse ocupado, quer não. Depois de pôr a peça, ligava-se um cronômetro, que impedia o usuário de pôr outra durante uns dez minutos. Como aludido pelas instruções, um usuário individual poderia criar algo simples, com um pouco de dedicação e algumas horas. Mas, se conseguissem unir as suas comunidades, os participantes poderiam criar muito mais. Foi exatamente o que fizeram.

O começo do experimento r/Place foi meio tumultuado. Como seria de esperar, a primeira criação em grande escala na tela foi um grande falo vermelho.[5] Mas a novidade da piada do falo logo se desgastou e, em breve, facções diferentes começaram a se formar. No canto inferior direito da tela, um grupo intitulado The Blue Corner ("o canto azul") começou a pintar a tela toda de azul. Em resposta, um grupo chamado Green Lattice ("treliça verde") começou a criar um padrão mais sofisticado de peças pretas e verdes partindo do canto superior direito da tela. Logo se formou outra facção, a Rainbow Road ("estrada do arco-íris"), referência a um mapa de corrida do videogame *Mario Kart*, que envolvia um padrão em diagonal ainda mais sofisticado com as cores do arco-íris, que avançava pela tela.

A complexidade das criações dos Redditors só aumentou durante o experimento. As comunidades de toda a plataforma encontraram maneiras criativas de se representar. Com planilhas compartilhadas e com coordenadas de latitude e longitude, as comunidades forçaram as barreiras da coordenação *online* numa tela compartilhada caótica em constante evolução. Algumas comunidades locais criaram bandeiras.[6] As comunidades de videogames representaram personagens pixelizados de quase todos os jogos imagináveis. Alguns participantes chegaram a criar versões da *Noite estrelada* de Van Gogh e da *Mona Lisa* de Da Vinci. He-Man, Dat Boi, Pepe, Club Penguin, aquela imagem de Peyton Manning olhando por sobre o ombro com a máscara preta de esqui e "no step on snek" ("não pise na cobra", em que cobra — *snake* — está escrito errado, uma brincadeira da internet com a bandeira de Gadsden, da época da Guerra de Independência americana, com o desenho de uma cobra e a frase "não pise em mim"), tudo isso apareceu na tela final. Uma barra de tarefas inspirada no Windows 95 e uma mensagem "Connection lost" (conexão perdida) derivada do jogo RuneScape tentaram romper a quarta parede da tela. Pessoas, ideologias, países, memes e ideias de todos os cantos do Reddit encontraram um lar na tela r/Place.

Muitos projetos foram absurdamente complexos. Sam Machkovech, do site *Ars Technica*, destacou que criar até algo simples como uma letra exigia muita coordenação entre os usuários: "Uma letra serifada perceptível exige, no mínimo, 24 pixels, então eram necessários mais de 24 usuários do Reddit, não só para preencher os pixels daquela única letra como para evitar o vandalismo imediato". Os Redditors deram um jeito de escrever não só letras e palavras, mas um diálogo inteiro das prequelas de *Star Wars* entre o chanceler Palpatine e Anakin Skywalker. Começada com "Já ouviu a tragédia de Darth Plagueis, o Sábio?", a história se tornou o que os fanáticos da internet chamam de "copypasta" (copiacola), um texto frequentemente copiado e colado, aparentemente de forma aleatória, em conversas que, aparentemente, não têm nada a ver. Todos os 732 caracteres são legíveis na imagem final de r/Place. Pelas contas de Machkovech, isso exigiu a coordenação constante de uns 17.500 Redditors.

Abril de 2017 foi uma época controvertida na internet. Depois das eleições de 2016 e da posse do presidente Trump, a tensão estava alta nos dois lados da divisão política. Mas, de certo modo, nada disso apareceu em r/Place. A política simplesmente não ganhou impulso. Não há nenhuma declaração republicana ou democrática na tela final do r/Place. Encontram-se algumas breves tentativas de transmitir mensagens políticas na gravação acelerada da evolução da tela r/Place, mas logo foram cobertas pela representação de interesses, paixões, memes, bandeiras, logotipos etc. A beleza do experimento r/Place foi tornar as mensagens de ódio muito mais difíceis de transmitir do que as construtivas.

Manter um ponto na tela exigia das pessoas paixão e coordenação para manter o seu lugar. Conforme a tela evoluía, o espaço de algumas comunidades invadiu o de outras, e as fronteiras tiveram de ser negociadas. Onde as bandeiras de países se encostavam, algumas comunidades criaram pontes em forma de coração entre as duas, refletindo as cores da bandeira vizinha onde a forma de coração se sobrepunha à delas. Quando a bandeira alemã "invadiu" a bandeira francesa, interpretado pela maioria dos Redditors como uma piada pixelada da Segunda Guerra Mundial, os Redditors estenderam a bandeira francesa e puseram o símbolo da pomba da paz da ONU na interseção. Até os grupos Blue Corner, Green Lattice e Rainbow Road puderam manter partes do seu território original, embora reduzido para abrir espaço para os outros.

Machkovech analisou o que fez do r/Place algo tão diferente da maioria dos discursos *online*, e a sua conclusão é uma lição para todas as empresas e marcas que participam das mídias sociais. O poder construtivo da coordenação que o r/Place demonstra é a total antítese do que geralmente lemos nas manchetes sobre interação das pessoas nas mídias sociais. Ele explicou: "Um único usuário de rede social pode dedicar o seu tempo a criar várias contas e bombardear alvos específicos com ataques emocionais e psicológicos. Um usuário do r/Place precisava reunir um exército de vozes persistentes durante longos períodos para preservar um minúsculo bit de território pixelizado". Embora nas interações cotidianas em redes sociais seja facílimo compartilhar uma mensagem de ódio com impacto pesado sobre o destinatário, o experimento do r/Place e a natureza voltada às comunidades do Reddit incentivaram as mensagens construtivas a superar as odiosas.

O experimento r/Place realizou algo em que tantas redes sociais falham: ofereceu espaço para as pessoas interagirem de modo a aproveitar os pontos em comum, comemorar as diferenças, ampliar o que era construtivo e minimizar o que não era. Além de conseguir tudo isso, esse experimento bobo do Primeiro de Abril não precisou de censura. Como a experiência inteira era formada de pixels individuais, o "conteúdo" não poderia ser facilmente removido. Mas nem precisou. A comunidade r/Place tinha regras, mas regras simplíssimas: seja criativo, seja bem-educado, siga as regras do site e não publique informações pessoais. A produção do experimento não foi fabricada por imposição nem policiamento da plataforma. Foi o resultado orgânico das pessoas que participaram da estrutura da experiência, talvez também influenciadas pelo pano de fundo cultural do Reddit.

Com demasiada frequência, as criticas levantadas contra as mídias sociais deixam de reconhecer o seu poder de unir as pessoas. As diversas estruturas de rede social geram tipos imensamente diferentes de comportamento e mentalidade. O modo como as pessoas se conectam entre si e como se identificam gera mudanças drásticas no modo como se relacionam. Quando começamos a entender de que modo esses fatores tão desdenhados da estrutura das redes sociais afetam a mentalidade do usuário, as forças motrizes por trás de comportamentos problemáticos *online* ficam muito mais claras. Quando as pessoas são anônimas, organizadas em torno de interesses em comum, identificadas como parte de uma comunidade maior e com licença para exprimir criatividade na escala da comunidade como um todo, é natural que se coordenem de maneira positiva e construtiva.

O experimento r/Place, como boa parte da própria comunidade do Reddit, manifestou as características do cérebro direito de ser expressivo e explorador. Ele permitiu que as pessoas se coordenassem e criassem sem se preocupar com a sua persona pública. Se r/Place rodasse numa plataforma como Facebook, Twitter ou Instagram, é improvável que o resultado fosse tão coerente e construtivo. Não porque as pessoas sejam diferentes, mas porque a estrutura da sua interação é diferente. Quando estão no modo de se representar, não podemos esperar que as pessoas se engajem com o seu eu mais vulnerável e espontâneo. Do mesmo modo, quando se engajam no modo de exploração e espontaneidade, não deveríamos esperar que os seus comportamentos e expressões as representasse da mesma maneira quando estão ligados à sua identidade *offline*.

A falha geológica entre esses dois modos tão diferentes de engajamento é responsável por muitos comportamentos problemáticos que vemos nas redes sociais. Quando um usuário anônimo do Twitter envia uma mensagem cruel a alguém que representa a si e às suas crenças, temos um conflito entre os modos de experiência do cérebro direito e esquerdo. O remetente da mensagem cruel está diretamente engajado com a sua experiência da representação do destinatário. Mas, como o destinatário está no modo de representar uma versão sua, a mensagem soa especialmente dura. Embora o remetente possa estar atacando uma ideia, o destinatário se sente atacado pessoalmente. As redes do Superego, como o Twitter e o Instagram, são um terreno muito fértil para esses choques de ponto de vista, porque permitem que usuários anônimos e baseados em identidade interajam no mesmo espaço. É mais fácil ser franco e espontâneo anonimamente, e também é mais fácil ser mau e odioso anonimamente. É mais fácil descartar o ódio a nós dirigido como usuários anônimos do que quando representamos partes públicas nossas.

Mesmo quando tudo corre bem, as redes do cérebro esquerdo, do Ego e do Superego, são muito criticadas por criarem câmaras de eco. Mas é exatamente isso que se espera da interação entre as representações que as pessoas têm de si. É natural atrairmos representações que se alinham à nossa. Além disso, a maior parte das redes do cérebro esquerdo na verdade são projetadas para criar "câmaras de eco". O seu algoritmo é montado para encontrar o conteúdo com que nós, como usuários individuais, temos mais probabilidade de nos engajar. E, a não ser pelo conteúdo que nos enfurece profundamente, temos mais probabilidade de nos engajar com aquele com que concordamos.

A câmara de eco só é um problema quando acreditamos que representa uma imagem verdadeira e holística do mundo exterior. As próprias redes sociais são um problema bem menor do que o modo como nos relacionamos com elas. Um *feed* cheio de coisas de que gostamos pode ser uma coisa maravilhosa. Mas, assim como não crescemos e nos desenvolvemos comendo exclusivamente balas e doces, também precisamos nos expor a conteúdo não alinhado às nossas crenças individuais. As redes do cérebro direito, como o Reddit e outras comunidades *online* baseadas em interesses, são, em vários aspectos, antídotos ao problema da câmara de eco, porque priorizam o ponto de vista da comunidade em vez do individual. Indiscutivelmente, as redes sociais têm o poder de criar câmaras de eco selecionando o conteúdo especificamente para nós como indivíduos. Mas as redes sociais também têm o poder de nos expor a pontos de vista novos e diferentes que não seria provável encontrar na vida cotidiana.

Como marcas, desviamos demais a nossa participação nas mídias sociais e o gasto com publicidade para as redes do cérebro esquerdo. Isso é lógico, dado que Facebook/Instagram e Twitter têm as plataformas sociais de publicidade mais desenvolvidas. A importância da presença nessas redes do cérebro esquerdo é inegável. Elas nos ajudam a construir legitimidade, a estabelecer um "território conhecido" para a nossa marca, a segmentar faixas etárias e demográficas muito específicas e, quando feita direito, a aumentar o nosso alcance por meio do endosso dos fãs. No entanto, enquanto buscamos nos integrar à cultura, conquistar novos fãs da marca e mudar a sua percepção mais ampla, também temos de engajar as pessoas no território do cérebro direito.

Reconhecidamente, as marcas que engajaram comunidades do cérebro direito o fizeram com sucesso irregular. Às vezes, marcas de fora, como a UNIQLO, se tornam tão integradas à comunidade que são recebidas como membros da tribo. Com mais frequência, as marcas recebem *feedback* negativo, são proibidas de fazer autopromoção ou não conseguem ganhar impulso. Em geral, o modo como aprendemos a abordar as redes sociais do cérebro esquerdo não se traduz em sucesso nas redes do cérebro direito. Em vez de nos representar como marcas individuais a grupos de outros indivíduos, quando buscamos engajar as redes do cérebro direito precisamos entender que estamos participando de uma comunidade e nos dirigindo a ela.

Em exemplos anteriores de sucesso nas redes do Id ou do cérebro direito, examinamos experiências como o Cozmo Lost in Reddit, da Anki, o Think Faster, da Audi, e as perguntas abertas da Charles Schwab. Um dos fios em comum dessas experiências é que elas se baseiam na comunidade para serem engraçadas e significativas. Não teria graça nenhuma levar Cozmo sozinho pelas salas de fuga. O formato Ask Me Anything (AMA) da série Think Faster da Audi só funciona quando muita gente faz perguntas interessantes. Uma pergunta aberta só é interessante para o engajamento quando outros apresentam pontos de vista interessantes ou inovadores.

PARA ENGAJAR O CÉREBRO DIREITO DAS PESSOAS, CRIE ALGO EXPLORÁVEL

Outra abordagem da marca para engajar uma comunidade é oferecer ferramentas que a comunidade considere interessantes e valiosas. Com isso, podemos agregar valor à comunidade de um modo não invasivo, que permite à comunidade fazer mais coisas juntos. O experimento r/Place inspirou uma integração da Adobe com o Reddit chamada r/Layer, lançada em setembro de 2019.[7] A experiência r/Layer, uma brincadeira com o produto Photoshop, da Adobe, e o seu uso de "camadas" (*layers*) para criar imagens, também começava com uma tela em branco. Mas, em vez colocarem pixels separados, os Redditors recebiam um conjunto de ferramentas simples de desenho para contribuir com camadas de um imenso desenho em grupo — tipo um gigantesco muro digital grafitado.

Durante cinco dias, houve a contribuição de mais de 150.000 desenhos exclusivos a r/Layer, que iam de arte profissional a memes e a referências a r/Place — até o Blue Corner apareceu![8,9] Embora na tela r/Layer as criações não se baseassem tanto em comunidades — cada camada podia ser considerada uma peça acabada —, diversas camadas brincaram umas com as outras no decorrer da experiência. Quando um Redditor começou a desenhar uma estrada asfaltada perto do alto da tela, outros ajudaram a construir a infraestrutura, criando brevemente uma autoestrada que percorria a tela toda.[10] Do mesmo modo, os Redditors representaram interesses, memes e coisas assim — tênis, personagens de videogame, Wilson de *Castaway*, Bobby de *King of the Hill*, Mike Wazowski de *Monstros S.A.*, a AOI (associação britânica de ilustradores), o logotipo de Running Man etc.

Além de provocar conversas dentro da comunidade designada, os ecos de r/Layer se espalharam por todo o Reddit e fora dele. Apareceu em KnowYourMeme.com e gerou vídeos orgânicos em *time lapse* no YouTube. Alguns criadores chegaram a fazer tutoriais para ajudar os novos participantes a usar as ferramentas.[11,12,13] A experiência não criou apenas uma história para contar; criou muitas. As comunidades de todo o Reddit participaram da experiência e também levaram de volta os seus desenhos para as comunidades que os inspiraram. As postagens orgânicas chegaram ao topo de uma grande variedade de subreddits: comunidades de videogames como r/Stellaris, comunidades baseadas em locais como r/Portugal, comunidades de memes como r/EmojiPasta (que é como *copypasta*, mas com emojis), comunidades de música como r/Greenday e até uma comunidade de discussões francas sobre sexualidade para jovens chamada r/BisexualTeens.[14,15,16,17,18]

O papel da Adobe na experiência foi muito diferente do modo como a empresa participa de outras redes sociais, e a execução da campanha foi brilhante. Na preparação da campanha, a Adobe promoveu gifs que fez em conjunto com o famoso criador de gifs u/heroOfwar, moderador importante de comunidades influentes do Reddit, como r/HighQualityGifs e r/reactiongifs.[19,20] Além de se encaixar perfeitamente no ecossistema do Reddit, o conteúdo efetivo da Adobe nessa colaboração permitiu à marca tomar emprestada a credibilidade de seu raro status de influenciadora nas comunidades do Reddit. A Adobe usou o espaço publicitário tradicional para cercar a experiência de anúncios pertinentes, mas não invasivos. Com isso, a marca fez jus à posição de defensora da criatividade e permitiu a uma comunidade imensa criar algo em conjunto.

Em geral, essas experiências bem-sucedidas de engajamento das comunidades do cérebro direito são a antítese do que passamos a aceitar como "melhores práticas nas mídias sociais". Não são curtas. Não cabem em vídeos de seis segundos. Normalmente, nem são muito sensíveis ao tempo. São profundas, expressivas e comunitárias. Permitem que as pessoas injetem o seu próprio significado na experiência e, em consequência, criam histórias interessantes. Como marcas, não podemos deixar de nos proteger. Esses engajamentos abertos podem nos deixar especialmente vulneráveis. Mas também temos de admitir que, reconheçamos ou não, a nossa marca e o seu significado são co-criações nossa e das culturas que nos cercam. Quando participamos das mídias sociais, não importa se estamos no espaço do cérebro direito ou esquerdo; temos de adotar essa dinâmica em vez de combatê-la. Senão, nos arriscamos a ficar banais, estagnados e desconectados.

AS MÍDIAS SOCIAIS FORÇAM AS MARCAS A SEREM MAIS DO QUE TRANSPARENTES; ELAS NOS EXIGEM QUE ATUEMOS DE ACORDO COM O QUE DIZEMOS

As mídias sociais estão mudando o nosso setor em ritmo acelerado. Em vários aspectos, já mudou, mas só estamos começando a sentir a transformação reservada ao modo como as marcas se comunicam com o público. As mídias sociais nos obrigam a ser mais autoconscientes da marca e do seu papel na vida das pessoas. Elas nos forçam a confrontar as reações e expressões do público de um modo mais tangível e imediato do que todos os canais de marketing desde que se ba-

Equilibrar a contação de histórias com a construção de experiências

tia de porta em porta. As mídias sociais manifestam diversas versões do nosso público e exigem que compreendamos as nuances desses diversos eus para atingir o público com eficácia.

Desde as primeiras estratégias nas mídias sociais, entendemos que a abordagem da "constância formal" na construção das campanhas estava errada. Sabíamos que o anúncio da TV não era o ativo ideal para engajar as pessoas no Facebook ou no Twitter. Mas raramente articulávamos o "porquê" subjacente. Enquanto continuamos a aprimorar o nosso entendimento de como atingir as pessoas nos diversos espaços *online*, mais do que nunca é importante entender que as plataformas de mídia social não são apenas sites. Não são apenas aplicativos no celular. As redes sociais são lugares reais e tangíveis aonde as pessoas vão. São ambientes em que as pessoas se exprimem e se representam, que configuram o modo como as pessoas se percebem e percebem o mundo que as cerca e que produzem as suas culturas e normas sociais. Nós não "vamos" às mídias sociais. Nós entramos nelas.

Por mais que as mídias sociais pareçam novas e por mais que as suas diversas culturas evoluam, muitas estratégias centrais do marketing ainda são relevantes. De certo modo, as mídias sociais nos empurram de volta ao básico: crie algo de valor, mostre às pessoas que o acharão valioso, seja coerente e aja de acordo com o que diz. A era da criação de marcas pela TV, que nos deixava a uma certa distância do público, deu lugar ao retorno da proximidade íntima com as pessoas com que a nossa marca quer se conectar. Em consequência, o nosso setor está sendo forçado a cortar a gordura metafórica — a abrir mão do preciosismo das marcas no vácuo, a ser autêntico e autoconsciente e procurar pontos genuínos de conexão com as pessoas. As mídias sociais representam um choque de realidade muito necessário no nosso setor. Necessariamente, não expulsarão as marcas antigas, mas continuarão a recompensar as que tiverem estratégias embasadas na autoconsciência e na consciência cultural.

Publicidade e *marketing* são palavrões na internet. Embora tenhamos chegado a apenas aceitar essa relação antagônica com o nosso público, a razão não é simplesmente "porque as pessoas odeiam anúncios". Numa pesquisa de 2016, 83% dos usuários da internet concordaram que nem todos os anúncios são ruins e que eles prefeririam só bloquear os horrorosos.[21] Outros 77% concordaram que, se tivessem opção, prefeririam filtrar os anúncios em vez de bloqueá-los completamente. As marcas — e a publicidade — têm valor genuíno a agregar à experiência *online*.

Infelizmente, nós, anunciantes, nos engajamos numa corrida armamentista evolutiva pela atenção do público. Continuamos a carregar mais anúncios por página e damos um jeito de tornar esses anúncios mais berrantes, claros, visíveis e importunos. Na pesquisa mencionada, 91% dos entrevistados concordaram que os anúncios estavam mais invasivos do que os de 2013 e 2014, e 87% disseram que viam mais anúncios em geral. Essa relação entre os profissionais de marketing e o público é insustentável. Não podemos construir marcas atacando a atenção dos clientes nem sequestrando tendências. Construímos marcas demonstrando o nosso valor às pessoas que nos acharão valiosos.

Ao encerrar este livro, gostaria de desafiar o nosso setor a considerar os comportamentos do cérebro direito que possibilitam contar histórias ao cérebro esquerdo. Estamos nos comportando no mundo de um jeito coerente com o nosso posicionamento e o valor que levamos às pessoas? Que comportamentos podemos manifestar no mundo para agregar valor real ao nosso público? Depois de responder a essas perguntas, as histórias que contamos ficam mais genuínas. Quando paramos de atacar a sua atenção, o público pode baixar a guarda. Podemos reconstruir o nosso relacionamento com base em valor mutuamente agregado.

Como profissionais de marketing, estamos equipados com reservatórios de dinheiro para exprimir o valor da marca que representamos. Se a nossa meta é mudar a cabeça das pessoas ao nosso respeito, não basta simplesmente contarmos uma história. Podemos gastar toda a verba de produção do mundo e ainda criar um anúncio ineficaz se

Equilibrar a contação de histórias com a construção de experiências   **293**

a história parecer desconectada do público e das culturas de que ele participa. Se queremos realmente maximizar a verba de marketing e fazer as pessoas pensarem em nós de um jeito diferente, precisamos incorporar articulações vivas do que queremos que a nossa marca represente. Com isso, damos um passo além da transparência rumo ao que realmente faz o público gostar de nós na era das mídias sociais: agir de acordo com o que dizemos. É o que as pessoas esperam das outras pessoas e é a única forma sustentável de construir confiança.

Felizmente para nós, a internet oferece uma tela ampla para criar experiências e nos representar de modo a atrair as pessoas. Podemos encontrar o nosso público engajado na pura autoexpressão e em modos de curiosidade, nos quais podemos oferecer experiências exploráveis, interagir com comunidades naturalmente formadas e aproveitar o impulso criativo das pessoas. E podemos achar o nosso público em espaços nos quais ele se representa socialmente, em que podemos ajudá-lo a exprimir essas representações, nos representar de maneira ambicionável ou genuinamente identificável e facilitar as conexões entre as pessoas. As possibilidades só são limitadas pela nossa criatividade.

Procure o que as pessoas valorizam. Tente entender por que valorizam. Crie algo de que elas genuinamente vão gostar. Então, conte histórias sobre isso.

Notas

CAPÍTULO 1

1. Shifman, Limor, *Memes*. Cambridge, Massachusetts, The MIT Press, 2014.

2. Dawkins, Richard, *The Selfish Gene: 40th Anniversary Edition*, Oxford, Oxford University Press, 2016.

3. Blackmore, Susan, e Dawkins, Richard, *The Meme Machine,* Oxford, Oxford University Press, 2000.

4. Shifman, *Memes.*

5. r/shittyfoodporn, "When Payday Is Still Two Days Away", reddit, acessado em 10 de janeiro de 2020, https://www.reddit.com/r/shittyfoodporn/comments/9yb873/when_payday_is_still_two_days_away/.

6. Aurélio, Marco, *Meditations,* trad. Albert Wittstock e Martin Hammond, introdução de Christopher Gill, Oxford, Oxford University Press, 2013.

7. "Shifts for 2020: Multisensory Multipliers". Facebook IQ, acessado em 10 de janeiro de 2020, https://www.facebook.com/business/news/insights/shifts-for-2020-multisensory--multipliers.

CAPÍTULO 2

1. "The Ice Water Challenge", Cancer Society Auckland, acessado em 10 de janeiro de 2020, https://web.archive.org/web/20140819082259/https://www.cancersocietyauckland.org.nz/newsandmedia.

2. Federer, Joe, "4 Reasons You're Seeing More Videos on Facebook Than Ever", THAT'S FICTION, 2 de maio de 2015. http://www.thatsfiction.com/latest-work/2015/5/2/4--reasons-youre-seeing-more-videos-on-facebook-than-ever.

3. Shaban, Hamza, "Digital Advertising to Surpass Print and TV for the First Time, Report Says", *The Washington Post,* WP Company, 7 de março de 2019, https://www.washingtonpost.com/technology/2019/02/20/digital-advertising-surpass-print-tv--first-time-report-says/?noredirect=on& utm_term=.2afae4360624.

CAPÍTULO 3

1. "The History of Word of Mouth Marketing", The Free Library, acessado em 11 de janeiro de 2020, https://www.thefreelibrary.com/Thehistoryofwordofmouth marketing.-a0134908667.

2. Louis Vuitton, "Virgil Abloh Staples Edition", Facebook, acessado em 11 de janeiro de 2020, https://www.facebook.com/watch/?v=2334680580142899.

3. Wendy's, "Buy Our Cheeseburgers", Twitter, acessado em 11 de janeiro de 2020, https://twitter.com/Wendys/status/1012398470903291904.

4. "Slaps Roof of Car", Know Your Meme, 28 de junho de 2018, https://knowyourmeme.com/memes/slaps-roof-of-car.

5. Small, Deborah, "Hearts, Minds and Money: Maximizing Charitable Giving", entrevista a Knoledge@Wharton, Wharton Education, acessado em 11 de janeiro de 2020. https://knowledge.wharton.upenn.edu/article/maximizing-charitable-giving/.

6. Naumann, Robert K., Ondracek, Janie M., Reiter, Samuel, SheinIdelson, Mark, Tosches, Maria Antonietta, Yamawaki, Tracy M. e Laurent, Gilles, "The Reptilian Brain", National Center for Biotechnology Information, 20 de abril de 2015, https://www.ncbi.nlm.nih.gov/pmc/articles/PMC4406946/.

7. r/Starterpacks, "The 'Every Cheap Italian Restaurant' Starter Pack", reddit, acessado em 11 de janeiro de 2020, https://www.reddit.com/r/starterpacks/comments/akcryr/the_every_cheap_italian_restaurant_starter_pack/.

8. Brita, "'I'm Trying to Save Money Now' Starter Pack from Your Friends at Brita (r/FellowKids, Here We Come!)", reddit, acessado em 11 de janeiro de 2020, https://www.reddit.com/user/Brita_Official/comments/8xsra0/im_trying_to_save_money_now_starter_pack_from/.

9. Brita, "Wow, Reddit! 100 Posts in r/Fellowkids and Counting, We're Flattered. Remember to Fill up Your Brita, All That Salt Must Be Making You Thirsty!", reddit, acessado em 11 de janeiro de 2020, https://www.reddit.com/user/Brita_Official/comments/984hyt/wow_reddit_100_posts_in _rfellowkids_and_counting/.

CAPÍTULO 4

1. Victor, Anucyia, "Zilla Van Den Born Boasts of Trekking in Asia Using Photos Taken in Home Town", *Daily Mail Online*, 9 de setembro de 2014, https://www.dailymail.co.uk/travel/travel_news/article-2749306/What-scam-Student-boasts-friends-trekking-Asia-visiting-stunning-beaches-tasting-local-cuisine-meeting-Buddhist--monks-using-FAKE-photos-taken-home-town.html.
2. Hunt, Melissa G., Marx, Rachel, Lipson, Courtney e Young, Jordyn, "No More FOMO: Limiting Social Media Decreases Loneliness and Depression", *Journal of Social and Clinical Psychology*, 37, nº 10, 2018, p. 751-768, https://doi.org/10.152l/jscp.2018.37.10.751.
3. Williams, Shawna, "Human Species May Be Much Older Than Previously Thought", *The Scientist Magazine*, 29 de setembro de 2017, https://www.the-scientist.com/news-opinion/human-species-may-be-much-older-than-previously-thought-30819.
4. "Don't Believe Facebook; You Only Have 150 Friends", NPR, junho de 2011, https://www.npr.org/2011/06/04/136723316/dont-believe-facebook-you-only-have-150--friends.
5. Knapton, Sarah, "Facebook Users Have 155 Friends — but Would Trust Just Four in a Crisis", *The Telegraph*, Telegraph Media Group, 29 de janeiro de 2016, https://www.telegraph.co.uk/news/science/science-news/12108412/Facebook-users-have-155--friends-but-would-trust-just-four-in-a-crisis.html.
6. Clement, J., "Global Social Media Account Ownership 2018", Statista, 22 de julho de 2019, https://www.statista.com/statistics/788084/number-of-social-media-accounts/.
7. McKie, Robin, "How Hunting with Wolves Helped Humans Outsmart the Neanderthals", *The Guardian*, Guardian News and Media, 1º de março de 2015, https://www.theguardian.com/science/2015/mar/01/hunting-with-wolves-humans-conquered--the-world-neanderthal-evolution.
8. Bedell, Geraldine, "Rates of Depression Have Soared in Teenagers. What Are We Doing Wrong?", *The Independent*, Independent Digital News and Media, 27 de fevereiro de 2016, https://www.independent.co.uk/life-style/health-and-families/features/teenage-mental-health-crisis-rates-of-depression-have-soared-in-the-past-25--years-a6894676.html.
9. Cramer, Shirley, e Inkster, Becky, "#StatusOfMind Social Media and Young People's Mental Health and Wellbeing", *Royal Society for Public Health*, maio de 2017, https://www.rsph.org.uk/our-work/campaigns/status-of-mind.html.
10. Scribner, Herb, "63 Percent of Instagram Users Report Being 'Miserable.' Here's Why", *Deseret News*, 25 de junho de 2018, https://www.deseret.com/2018/6/25/20647615/63-percent-of-instagram-users-report-being-miserable--here-s-why.

298   **PSICOLOGIA OCULTA DAS REDES SOCIAIS**

11. Houser, Kristin, "Surprise! Reddit Is Actually Helping People Battle Mental Illness", *Futurism*, Neoscope, 20 de abril de 2018, https://futurism.com/neoscope/reddit-depression-mental-illness.

12. Marx, Christopher, Benecke, Cord e Gumz, Antje, "Talking Cure Models: A Framework of Analysis", *Frontiers in Psychology*, 8, 2017, https://doi.org/10.3389/fpsyg.2017.01589.

13. Peterson, Jordan B., "Biblical Series VIII: The Phenomenology of the Divine", YouTube, 27 de julho de 2017. https://www.youtube.com/watch?v= UoQdp2prfmM.

14. Litman, Jordan A., "Epistemic Curiosity", *Encyclopedia of the Sciences of Learning*, 2012, p. 1162-1165, https://doi.org/10.1007/978-1-4419-1428-6_1645.

15. r/Showerthoughts, "'I Add 'Reddit' after Every Question I Search on Google Because I Trust You All More Than Other Strangers'", reddit, 24 de setembro de 2016, https://www.reddit.com/r/Showerthoughts/comments/54btqq/i_add_reddit_after_every_question_i_search_on/.

16. McCoy, Terrence, "4chan: The 'Shock Post' Site That Hosted the Private Jennifer Lawrence Photos", *The Washington Post*, WP Company, 2 de setembro de 2014, https://www.washingtonpost.com/news/morning-mix/wp/2014/09/02/the-shadowy--world-of-4chan-the-shock-post-site-that-hosted-the-private-jennifer-lawrence--photos/.

17. Clement, J., "Global Social Media Account Ownership 2018".

CAPÍTULO 5

1. Dove US, "Dove Real Beauty Sketches | You're More Beautiful Than You Think", YouTube, 14 de abril de 2013, https://www.youtube.com/watch?v= XpaOjMXyJGk.

2. Bahadur, Nina, "How Dove Tried to Change the Conversation About Female Beauty", *HuffPost*, 7 de dezembro de 2017, https://www.huffpost.com/entry/dove-real-beauty--campaign-turns-10_n_4575940.

3. Dinesh, Disha, "11 Awesome Facebook Campaigns to Inspire You", *DreamGrow*, 10 de julho de 2019, https://www.dreamgrow.com/11-awesome-inspiring-facebook-campaings/.

4. Brett, Brian, "The Psychology of Sharing: Why Do People Share *Online?*", *New York Times*, 13 de julho de 2011, https://web.archive.org/web/20160922145048/http://nytmarketing.whsites.net/mediakit/pos/POS_PUBLIC0819.php. Informações adicionais disponíveis em https://www.businesswire.com/news/home/20110713005971/en/New-York-Times-Completes-Research-%E2%80%98Psychology-Sharing%E2%80%99.

5. Ziploc Brand, "Cheesecake Stuffed Strawberries", Facebook, 9 de março de 2015, https://www.facebook.com/Ziploc/photos/a.329236260422251/947546951924509/?type=3&theater.

Notas   **299**

6. Ziploc Brand, "DIY Tie-Dye Crayons", Facebook, 18 de setembro de 2015, https://www.facebook.com/Ziploc/photos/a.329236260422251/1049744868371383/?type=3&theater.

7. Ziploc Brand, "Pecan Pie Bark", Facebook, 17 de novembro de 2015, https://www.facebook.com/Ziploc/photos/a.329236260422251/1068198406526029/?type=3&theater.

8. Ziploc Brand, "Easy Pomegranate Juice", Facebook, 26 de julho de 2014, https://www.facebook.com/Ziploc/photos/a.329236260422251/820978114581394/?type=3&theater.

9. "Snapchat Advertising Formats", Snapchat for Business, acessado em 14 de janeiro de 2020, https://forbusiness.snapchat.com/advertising.

10. Johnson, Lauren, "Taco Bells Cinco De Mayo Snapchat Lens Was Viewed 224 Million Times", *Adweek*, 11 de maio de 2016, https://www.adweek.com/digital/taco-bells-cinco-de-mayo-snapchat-lens-was-viewed-224-million-times-171390/.

11. "I'm Getting Ready for Small Business Saturday, Nov 30. Are You?", American Express, acessado em 14 de janeiro de 2020, https://www.americanexpress.com/us/small-business/shop-small/.

12. Vasquez, Natalia, "11 Examples of Branded Snapchat Filters & Lenses That Worked", *Medium*, Comms Planning, 28 de fevereiro de 2017, https://medium.com/comms-planning/11-branded-snapchat-filters-that-worked-94a808afa682.

13. "Sony Pictures' Venom Snapchat Campaign Drove 1 Million Incremental Movie Ticket Sales", Snapchat for Business, acessado em 14 de janeiro de 2020, https://forbusiness.snapchat.com/inspiration/sony-pictures-venom-snapchat-campaign-drove-1-million-incremental-movie.

14. "Snapchat Ad Examples & Success Stories: Snapchat for Business", Snapchat for Business, acessado em 14 de janeiro de 2020, https://forbusiness.snapchat.com/inspiration.

15. "Squatty Potty", Facebook, acessado em 14 de janeiro de 2020, https://www.facebook.com/squattypotty/.

16. Squatty Potty, "This Unicorn Changed the Way I Poop", Facebook, outubro de 2015, https://www.facebook.com/squattypotty/videos/925884884149638/.

CAPÍTULO 6

1. Freud, Sigmund, *Civilization and Its Discontents*, Nova York, Norton, 2010.

2. Shaw, Beau, "Historical Context for the Writings of Sigmund Freud", Columbia College, https://www.college.columbia.edu/core/content/writings-sigmund-freud/context.

3. Cramer, Shirley, e Inkster, Becky, "#StatusOfMind Social Media and Young People's Mental Health and Wellbeing".

4. "30 Minutes of Daily Meditation Can Stave Off Anxiety And Depression", *HuffPost*, 7 de janeiro de 2014, https://www.huffingtonpost.co.uk/entry/anxiety-and-depression-meditation_n_4549618.

5. Turner, Laura, "Is Twitter Making You More Anxious?", *The Atlantic*, Atlantic Media Company, 19 de julho de 2017, https://www.theatlantic.com/technology/archive/2017/07/how-twitter-fuels-anxiety/534021/.

6. R/GA, "Beats by Dre Straight Outta Compton _ The Shorty Awards", The Shorty Awards, acessado em 14 de janeiro de 2020, https://shortyawards.com/8th/straight--outta-3.

7. "How Heinz Harnessed the Power of Twitter and Got 1 Billion Impressions in 48 Hours", Twitter Marketing, acessado em 14 de janeiro de 2020, https://marketing.twitter.com/na/en/success-stories/how-heinz-harnessed-the-power-of-twitter-and--got-one-billion-impressions.

8. Heinz Ketchup, "Looks Like Chicago Is Among the First to Get Dipped in #Mayochup!", Twitter, 19 de setembro de 2018, https://twitter.com/HeinzKetchup_US/status/1042390349468053504.

9. *Buzzfeed*, "@Buzzfeedtasty", Instagram, acessado em 14 de janeiro de 2020, https://www.instagram.com/buzzfeedtasty/?hl=en.

10. "Lowe's Fix in Six: Using 'The New' to Create 'Know-How'", The 4A's, acessado em 14 de janeiro de 2020, https://www.aaaa.org/wp-content/uploads/legacy-pdfs/BBDO--LowesFixinSix-HM.pdf.

11. Lowe's Home Improvement, "Stripped Screw? No Problem, Just Use a Rubber Band", Vine, 19 de abril de 2013, https://vine.co/42084afe-ccfe-4682-ba31-671e3dcbe768.

12. Lowe's Home Improvement, "Use a Cookie Cutter and a Hammer for Perfect Pumpkin Carving", Vine, 24 de outubro de 2014, https://vine.co/63b4200c-0fc4-4636--8e2d-f5e5ede518a2.

13. Lowe's Home Improvement, "Use Tape to Measure the Distance Between Holes, Then Put the Tape on the Wall", Vine, 17 de maio de 2013, https://vine.co/a422ca28-3b0d-486c-9919-4ecb3d009d8b.

14. Lowe's Home Improvement, "Lighten up! DEWALT 2-PC 20V Combo Kit Was $199, Will Be $149 on Black Friday", Vine, 12 de novembro de 2014, https://vine.co/v/OiFHAJ7OqEF.

15. Lowe's Home Improvement, "Use a Cookie Cutter and a Hammer for Perfect Pumpkin Carving!", Facebook, 25 de outubro de 2014, https://www.facebook.com/lowes/videos/10152384851961231/?v=10152384851961231&redirect=false.

16. GoPro, "@GoPro", Twitter, acessado em 14 de janeiro de 2020, https://twitter.com/GoPro.

17. GoPro, "@GoPro", Instagram, acessado em 14 de janeiro de 2020, https://www.instagram.com/ggopro/.

18. Lewin, Michelle, "@michelle_lewin", Instagram, acessado em 14 de janeiro de 2020, https://www.instagram.com/michelle_lewin/?hl=en.

19. Greene, Kai, "@kaigreene", Instagram, acessado em 14 de janeiro de 2020, https://www.instagram.com/kaigreene/?hl=en.

Notas 301

20. Panda, Simeon, "@simeonpanda", Instagram, acessado em 14 de janeiro de 2020, https://www.instagram.com/simeonpanda/?hl=en.

21. Thomas, Giles, "[23] Best Instagram Marketing Campaigns for Growth in 2019", RisePro, 30 de maio de 2019, https://risepro.co/instagram-marketing-campaign/.

22. @citysage, "In Honor of Valentines Day @madewell1937 Asked Me to Share Some Things I Love... like the First Cup of Morning Coffee, the Comfiest Goes-....", Instagram, 14 de fevereiro de 2014, https://www.instagram. com/p/kZ3ZLUIJ_t/.

23. Madewell, "Inspo: Your Pics", acessado em 14 de janeiro de 2020, https://www.madewell.com/inspo-community-denimmadewell-landing.html.

24. Wendy's, "Thanks for Sharing Your Baby Pictures", Twitter, 18 de dezembro de 2017. https://twitter.com/Wendys/status/942854646070235137.

CAPÍTULO 7

1. Isaacson, Walter, "How to Fix the Internet", *The Atlantic*, 15 de dezembro de 2016, https://www.theatlantic.com/technology/archive/2016/12/how-to-fix-the-internet/510797/.

2. Whittaker, Zack, "New York's Anonymity Ban: Why Should the Web Be Any Different?", *ZDNet*, 26 de maio de 2012, https://www.zdnet.com/article/new-yorks-anonymity-ban-why-should-the-web-be-any-different/.

3. Barton, Eric, "The Danger of *Online* Anonymity", *BBC*, 9 de março de 2015, https://www.bbc.com/worklife/article/20150309-the-danger-of-*online*-anonymity.

4. "Top Sites in the United States", Alexa, acessado em 15 de janeiro de 2020, https://www.alexa.com/topsites/countries/US.

5. North, Anna, "The Double-Edged Sword of *Online* Anonymity", *The New York Times*, 15 de maio de 2015, https://takingnote.blogs.nytimes.com/2015/05/15/the-double--edged-sword-of-*online*-anonymity/.

6. "The Power of Community: A Research Project by Reddit & YPulse", YPulse, 18 de setembro de 2019, https://www.ypulse.com/2019/09/18/ypulse-x-reddit-whitepaper--the-power-of-community/.

7. Kendall, Todd D. e Walker, John E., "Pornography, Rape, and the Internet", julho de 2007, https://www.semanticscholar.org/paper/Pornography%2C-Rape%2C-and-the--Internet-Kendall-Walker/602ddbdd604afe9cbd31c97f01d941fa637f271a.

8. Hill, Catey, "Study Finds *Online* Porn May Reduce the Incidence of Rape", nydailynews.com, *New York Daily News*, 11 de janeiro de 2019, https://www.nydailynews.com/news/money/study-finds-*online*-porn-reduce-incidence-rape-article-1.390028.

9. Landsburg, Steven E., "Proof That Internet Porn Prevents Rape", *Slate Magazine*, 30 de outubro de 2006, https://slate.com/culture/2006/10/proof-that-internet-porn-prevents-rape.html.

10. Jung, C. G., *Psychology and Religion: West and East*, Hove, Routledge, 2014.

11. Beck, Martin, "How a Fashion Brand Drives 20% of Daily *Online* Revenue from a Single Reddit Post", Marketing Land, 20 de outubro de 2015, https://marketingland.com/how-a-fashion-brand-drives-20-of-daily-*online*-revenue-from-a-single-reddit--post-147309.

12. "I'm on My Phone, so I Can't Access the One from Last Year (Doesn't Load on Mobile)...", reddit, 24 de fevereiro de 2017, acessado em 20 de janeiro de 2020, https://www.reddit.com/r/malefashionadvice/comments/5wla56/mfa_psa_the_uniqlo_linen_shirts_from_this_season/de7h9be/.

13. Dyda, Arielle, "u/midnight1214", reddit, 27 de abril de 2012, https://www.reddit.com/user/midnight1214.

14. "PSA: Uniqlo on 5th Ave Claim the Free Heattech Vouchers Are No Longer Accepted", reddit, 16 de dezembro de 2016, https://www.reddit.com/r/frugalmalefashion/comments/5ir0e6/psa_uniqlo_on_5th_ave_claim _the_free_heattech/.

15. "Teachers of Reddit, What's the Saddest Thing You've Ever Found out about a Student?", reddit, 7 de março de 2017, https://www.reddit.com/r/AskReddit/comments/5y3ax2/teachers_of_reddit_whats_the   _saddest_thing_youve/dene3x8/?context=8&depth=9.

16. "Shoutout to u/midnight1214 (Our Friendly Uniqlo Reddit Rep) for This Kind Gesture on AskReddit", reddit, 8 de março de 2017, https://www.reddit.com/r/malefashionadvice/comments/5y8oz6/shoutout_to_umidnightl214_our_friendly_uniqlo/.

17. "Molly's Trip to France", reddit, 8 de março de 2017, https://www.reddit.com/r/donate/comments/5y8tfx/mollys_trip_to_france/.

18. "The Basic Bastard Wardrobe: British Budget Edition", reddit, 18 de setembro de 2019, https://www.reddit.com/r/malefashionadvice/comments/d5zhqw/the_basic_bastard_wardrobe_british_budget_edition/.

19. "Best of Uniqlo?", reddit, 22 de outubro de 2019, https://www.reddit.com/r/femalefashionadvice/comments/dllr6x/best_of_uniqlo/.

20. "My Friend Is About to Ask His Girlfriend to Marry Her and I'm the Only One Who Knows How Unfaithful She Is. Do I Say Anything?", reddit, 28 de abril de 2019, https://www.reddit.com/r/relationship_advice/comments/bicdpm/my_friend_is_about_to_ask_his_girlfriend_to _marry/.

21. "What Are Some Things That Guys Misinterpret from Women as 'She's Interested in Me'?", reddit, 28 de novembro de 2018, https://www.reddit.com/r/AskWomen/comments/a15seh/what_are_some_things that_guys _misinterpret_from/.

22. "Serious _ Won Lottery, Paid off All Debts, Terrified of Financial Advisors and Investing. Advice?", reddit, 17 de maio de 2015, https://www.reddit.com/r/personalfinance/comments/36bp59/serious_won_lottery _paid_of_all_debts_terrified/.

23. "Hey Reddit, Your Friends at Charles Schwab Here. What's Something You're Doing Today to Set Yourself up for Success Tomorrow?", reddit, Charles Schwab, 23 de fevereiro de 2018, https://www.reddit.com/comments/7zrq41/hey_reddit_your_friends_at_charles_schwab_here/.

24. "What Does 'Wealthy' Mean to You? Here's Where Some of the Top US Cities Draw the Line between 'Financial Comfort' and 'Wealth' (from Your Friends at Charles Schwab)", reddit, Charles Schwab, 14 de junho de 2018, https://www.reddit.com/user/Schwab_Official/comments/8r4yxg/what_does_wealthy_mean_to_you_heres_where_some_of/.

25. "Hey Reddit, Charles Schwab Team Here with a Question. What's Your Approach to Tracking Gains and Losses in Your Trading History and Learning from Your Past?", reddit, Charles Schwab, 20 de novembro de 2018, https://www.reddit.com/user/Schwab_Official/comments/9ywffe/hey_reddit_charles_schwab_team_here_with_a/.

26. "Kodiak, Alaska Welcomes Pitbull", YouTube, Walmart, 10 de agosto de 2012. https://www.youtube.com/watch?v=2NrllHwHq7w.

27. Berman, Taylor, "In Victory for the Internet, Pitbull Visits Alaska, Receives Gift of Bear Spray", Gawker, 30 de julho de 2012, https://gawker.com/5930334/in-victory--for-the-internet-pitbull-visits-alaska-receives-gift-of-bear-spray.

28. "U.S. Census Bureau QuickFacts: Kodiak City, Alaska", Census Bureau QuickFacts, 1º de julho de 2018, https://www.census.gov/quickfacts/fact/table/kodiakcityalaska/PST045218.

29. "Mountain Dew Naming Campaign Melts Down After *Online* Hijacking", *Huff-Post*, 13 de agosto de 2012, https://www.huffpost.com/entry/4chan-mountain--dew_n_1773076.

30. "Taylor Swift Foils Prank with Donation to School for the Deaf", *Rolling Stone*, 25 de junho de 2018, https://www.rollingstone.com/music/music-country/taylor-swift--counters-4chan-prank-with-donation-to-school-for-the-deaf-102935/.

31; "William Lashua's Birthday", Know Your Meme, 20 de novembro de 2019, https://knowyourmeme.com/memes/events/william-lashuas-birthday.

32. Ingram, Mathew, "4chan Decides to Do Something Nice for a Change", Gigaom, 2 de setembro de 2010, https://gigaom.com/2010/09/02/4chan-decides-to-do-something--nice-for-a-change/.

33. AnonymousHasASoul, "William J Lashua's Birthday Party!", YouTube, 5 de setembro de 2010, https://www.youtube.com/watch?v=UzqNkIkj3rE.

34. "Think Faster, The World's Fastest AMA", M/H VCCP, Audi, acessado em 15 de janeiro de 2020, https://mtzhf.com/work/audi-think-faster-the-worlds-fastest-ama.

35. "I am Barack Obama, President of the United States — AMA", reddit, 29 de agosto de 2012, https://www.reddit.com/r/IAmA/comments/zlc9z/i_am_barack_obama_president_of_the_united_states/.

36. "I'm Bill Gates, co-chair of the Bill & Melinda Gates Foundation. Ask Me Anything", reddit, 27 de fevereiro de 2018, https://www.reddit.com/r/IAmA/comments/80ow6w/im_bill_gates_cochair_of_the_bill_melinda_gates/.

304   **PSICOLOGIA OCULTA DAS REDES SOCIAIS**

37. "We Are Edward Snowden, Laura Poitras and Glenn Greenwald from the Oscar--Winning Documentary CITIZENFOUR. AUAA", reddit, 23 de fevereiro de 2015, https://www.reddit.com/r/IAmA/comments/2wwdep/we_are_edward_snowden_laura_poitras_and_glenn/.

38. "I am Dr. Jane Goodall, a Scientist, Conservationist, Peacemaker, and Mentor. AMA", reddit, 13 de setembro de 2017, https://www.reddit.com/r/IAmA/comments/6zvwqe/i_am_dr_jane_goodall_a_scientist_conservationist/.

39. "IamA Vacuum Repair Technician, and I Can't Believe People Really Wanted It, but, AMA!", reddit, 28 de outubro de 2013, https://www.reddit.com/r/LAmA/comments/1pe2bd/iama_vacuum_repair_technician_and_i_cant_believe/.

40. "IamA Vacuum Repair Technician, and I Can't Believe People Really Wanted It, but, AMA!"

41. Ifeanyi, KC., "Reddit's First-Ever Interactive Livestream Stars a Very Lost Robot", *Fast Company*, 14 de novembro de 2017, https://www.fastcompany.com/40495819/reddits-first-ever-interactive-livestream-stars-a-very-lost-robot.

42. "I Only Believe This Is Live, When a Dog Makes a Shit", reddit, 24 de novembro de 2017, https://www.reddit.com/r/promos/comments/7ct3se/we_did_it_reddit_cozmo_has_finally_escaped_from/dptf4ml/.

43. u/SpookyBlackCat, "This Is the Best Use of Obvious Advertising on the Internet!!!", reddit, 14 de novembro de 2017, https://www.reddit.com/r/promos/comments/7ct3se/we_did_it_reddit_cozmo_has_finally_escaped_from/dptguk9/.

44. u/mumbalakumbala, "Commenters _ You Are Doing an Awesome Job, This Is All in All a Pretty Impressive...", reddit, 14 de novembro de 2017, https://www.reddit.com/r/promos/comments/7ct3se/we_did_it_reddit_cozmo_has_finally_escaped_from/dptgvx2/.

CAPÍTULO 8

1. Jefferson, Brandie, "Splitting the Difference: One Person, Two Minds: The Source: Washington University in St. Louis", *The Source*, Washington University, 1º de junho de 2018, https://source.wustl.edu/2018/05/splitting-the-difference-one-person-two--minds/.

2. Bloom, Juliana S. e Hynd, George W., "The Role of the Corpus Callosum in Interhemispheric Transfer of Information: Excitation or Inhibition?", *Neuropsychology Review*, 15, nº 2, 2005, p. 59-71, https://doi.org/10.1007/s11065-005-6252-y.

3. Halpern, M. E., Güntürkün, Onur, Hopkins, William D. e Rogers, Lesley J., "Lateralization of the Vertebrate Brain: Taking the Side of Model Systems", *Journal of Neuroscience*, 25, nº 45, setembro de 2005, p. 10.351-10.357, https://doi.org/10.1523/jneurosci.3439-05.2005.

Notas 305

4. McGilchrist, Iain, *The Master and His Emissary: the Divided Brain and the Making of the Western World*, New Haven, Connecticut, Yale University Press, 2019.

5. Karenina, Karina, Giljov, Andrey, Ingram, Janeane, Rowntree, Victoria J., e Malashichev, Yegor, "Lateralization of Mother-Infant Interactions in a Diverse Range of Mammal Species", *Nature Ecology & Evolution*, 1, nº 2, setembro de 2017, https://doi.org/10.1038/s41559-016-0030.

6. Gotter, Ana e Legg, Timothy J., "What Is Capgras Syndrome?", *Healthline*, 1º de maio de 2017, https://www.healthline.com/health/capgras-syndrome.

7. Renzi, E. de, Perani, D., Carlesimo, G. A., Silveri, M. C. e Fazio, F., "Prosopagnosia Can Be Associated with Damage Confined to the Right Hemisphere — An MRI and PET Study and a Review of the Literature", *Neuropsychologia*, 32, nº 8, 1994, p. 893-902, https://doi.org/10.1016/0028-3932(94)90041-8.

8. Migliore, Lauren, "The Aha! Moment: The Science Behind Creative Insight", *Brain World*, 28 de maio de 2019, https://brainworldmagazine.com/aha-moment-science--behind-creative-insight/.

9. Sherman, Lauren, "High-Low Collaborations Democratised Fashion. But What Did They Do for the Designers?", *The Business of Fashion*, 19 de setembro de 2019, https://www.businessoffashion.com/articles/news-analysis/high-low-collaborations-democratised-fashion-but-what-did-they-do-for-the-designers.

10. "Target Celebrates 20 Years of Designer Partnership with an Anniversary Collection", Target Corporate, 1º de agosto de 2019, https://corporate.target.com/article/2019/08/20-years-anniversary-collection.

11. Heath, Dan e Heath, Chip, *The Power of Moments,* Random House UK, 2017.

12. Ellis, Blake, "New Gap Logo Ignites Firestorm", *CNNMoney*, Cable News Network, 8 de outubro de 2010, https://money.cnn.com/2010/10/08/news/companies/gap_logo/index.htm.

13. Yarwood, Andrew, "A Brief History of 5 Iconic Oil Business Brands", Fircroft, 27 de março de 2019, https://www.fircroft.com/blogs/a-brief-history-of-5-iconic-oil-business-brands-98627135823.

14. "BP: Case Study", *Landor*, acessado em 16 de janeiro de 2020, https://landor.com/work/bp.

15. Hardy, Tony, "10 Rebranding Failures and How Much They Cost", Canny, 17 de dezembro de 2019, https://www.canny-creative.com/10-rebranding-failures-how--much-they-cost/.

16. Andrivet, Marion, "What to Learn from Tropicana's Packaging Redesign Failure?", *The Branding Journal*, 2 de junho de 2019, https://www.thebrandingjournal.com/2015/05/what-to-learn-from-tropicanas-packaging-redesign-failure/.

17. "Which Marvel Super Hero Matchup Would Make the Best Big Game Commercial? (Most Persuasive Answers Win a Year of Gold)", reddit, Coca-Cola, 22 de dezembro

de 2015, https://www.reddit.com/comments/3xvstd/which_marvel_super_hero_matchup_would_make_the/.

18. Hooton, Christopher, "Westworld Season 2 Will 'Fuck with the Metaphysical'", *The Independent*, 27 de março de 2017, https://www .independent.co.uk/arts-entertainment/tv/news/westworld-season-2-plot-reddit-storyline-jonathan-nolan-details--news-a7651506.html.

19. Nelson, Samantha, "How Baskin Robbins Built a Stranger Things Alternate Reality Game Using 1985 Tech", Gaming Street, 15 de agosto de 2019, https://www.gamingstreet.com/baskin-robbins-stranger-things-arg/.

20. u/Northern_Nomad, "Cheerios Will Send You 500 Wildflower Seeds for Free to Help Save the Honeybee (Link in Comments)", reddit, 15 de março de 2017, https://www.reddit.com/r/pics/comments/5zmio2/cheerios_will_send_you_500_wildflower_seeds_for/.

21. "SOS 073017 2130 EST TWTR 3x.5GAL", reddit, McDonald's, 30 de julho de 2017, https://www.reddit.com/r/rickandmorty/comments/6qis8y/sos_073017_2130_est_twtr_3x5gal/.

22. Alexander, Julia e Kuchera, Ben, "How a Rick and Morty Joke Led to a McDonald's Szechuan Sauce Controversy", *Polygon*, 12 de outubro de 2017, https://www.polygon.com/2017/10/12/16464374/rick-and-morty-mcdonalds-szechuan-sauce.

23. "RICK AND MORTY MCDONALD'S SZECHUAN SAUCE FREAKOUT!!!! (ORIGINAL VIDEO)", YouTube, Chairman Mar, 8 de outubro de 2017, https://www.youtube.com/watch?v=-GC5rAX0xHg.

24. "Watch the New *Logan* Big Game Spot Below! Wolverine's Getting His Claws out for the Last Time. What Do You Want to See?", reddit, FOX Studios, 1º de fevereiro de 2017, https://www.reddit.com/r/promos/comments/5ri3jc/watch_the_new_logan_big_game_spot_below/.

25. u/Spencerforhire83, "I Have Been Invited to Red Carpet Screening for the Movie Logan...", reddit, 15 de fevereiro de 2017, https://www.reddit.com/r/malefashionadvice/comments/5u7h86/i_have_been_invited_to_red _carpet_screening_for/.

26. u/Spencerforhire83, "Last Week I Commented About Meeting Hugh Jackman in Seoul Years Ago...", reddit, 15 de fevereiro de 2017, https://www.reddit.com/r/movies/comments/5u7fwr/last_week_i_commented_about_meeting_hugh_jackman/.

27. u/Spencerforhire83, "I Met Hugh Jackman in 2009, Fox Studios Heard About My Story and Decided to Fly Me to the New York Premier of Logan. Needless to Say, It Was AWESOME", reddit, 26 de fevereiro de 2017, https://www.reddit.com/r/xmen/comments/5waowm/i_met_hugh_jackman_in_2009_fox_studios_heard/.

28. "Huge X-Men Fan Talks About a Quiznos Encounter with Hugh Jackman...", reddit, 6 de fevereiro de 2017, https://www.reddit.com/r/bestof/comments/5sg0op/huge_xmen_fan_talks_about_a_quiznos _encounter/.

CAPÍTULO 9

1. McGilchrist, Iain, *The Master and His Emissary: The Divided Brain and the Making of the Western World*, New Haven, Connecticut, Yale University Press, 2019.

2. Beaujean, Marc, Davidson, Jonathon e Madge, Stacey, "The 'Moment of Truth' in Customer Service", McKinsey & Company, fevereiro de 2006, https://www.mckinsey.com/business-functions/organization/our-insights/the-moment-of-truth-in-customer-service.

3. "How Do Probiotics Work?: Activia' Probiotic Yogurt", Activia, 21 de junho de 2019, https://www.activia.us.com/what-are-probiotics/how-do-probiotics-work.

4. Corleone, Jill, "What Is the Difference Between Activia and Regular Yogurt?", LIVESTRONG.COM, Leaf Group, acessado em 17 de janeiro de 2020, https://www.livestrong.com/article/449851-what-is-the-difference-between-activia-regular-yogurt/.

5. Aubrey, Allison, "Confusion at the Yogurt Aisle? Time for Probiotics 101", NPR, 9 de julho de 2012, https://www.npr.org/sections/thesalt/2012/07/09/156381323/confusion-at-the-yogurt-aisle-time-for-probiotics-101.

6. "Activia", *Wikipedia*, Wikimedia Foundation, 8 de junho de 2007, https://en.wikipedia.org/wiki/Activia.

7. Zak, Lena, "Healthy Year Ahead for Yoghurts", *Food Mag*, 25 de março de 2009, https://www.foodmag.com.au/healthy-year-ahead-for-yoghurts/.

8. Activia, Facebook, Dannon, acessado em 5 de janeiro de 2020, https://www.facebook.com/watch/?v=424575311693782. (Nota: depois do vídeo foi removido.)

9. @Goop, Instagram, acessado em 21 de dezembro de 2019, https://www.instagram.com/goop/?hl=en. Revisadas as 100 postagens mais recentes, desde 17 de novembro de 2019.

CAPÍTULO 10

1. Lee, Joel, "The 10 Highest Rated Reddit Posts of All Time", MakeUseOf, 20 de julho de 2015, https://www.makeuseof.com/tag/10-top-rated-reddit-posts-time/.

2. "Comcast. If You Vote This up, It Will Show up on Google Images When People Google Search Comcast, Cable or Internet Service Provider", reddit, 21 de fevereiro de 2015, https://www.reddit.com/r/circlejerk/comments/2wou7z/comcast_if_you_vote_this_up_it_will_show_up_on/.

3. Goldman, David, "SOPA and PIPA Attract Huge Lobbying on Both Sides", *CNNMoney*, Cable News Network, 25 de janeiro de 2012, https://money.cnn.com/2012/01/25/technology/sopa_pipa_lobby/index.htm.

4. "What Is a Common Carrier?", Findlaw, acessado em 17 de janeiro de 2020. https://injury.findlaw.com/torts-and-personal-injuries/what-is-a-common-carrier.html.

PSICOLOGIA OCULTA DAS REDES SOCIAIS

5. "r/Comcast_Xfinity", reddit, Comcast Xfinity, 20 de março de 2016, https://www.reddit.com/r/Comcast_Xfinity/.

6. Bloom, Paul, "What We Miss", *The New York Times*, 4 de junho de 2010, https://www.nytimes.com/2010/06/06/books/review/Bloom-t.html.

7. "The Most Exciting Phrase in Science Is Not 'Eureka!' But 'That's Funny...'", Quote Investigator, 26 de novembro de 2018, https://quoteinvestigator.com/2015/03/02/eureka-funny/.

8. Ries, Eric, *Lean Startup*, New York, Portfolio Penguin, 2017.

9. "Where Stories Are Born", reddit, acessado em 12 de janeiro de 2020, https://www.redditinc.com/press.

10. @OldSpice, "Download This New Old Spice Gentleman Class for the Greatest Role Playing Game of All Time...", Twitter, Old Spice, 7 de fevereiro de 2018, https://twitter.com/OldSpice/status/961362988019064832.

11. Marnell, Blair, "Old Spice Created a 'Gentleman Class' for Dungeons & Dragons", *Nerdist*, 8 de fevereiro de 2018, https://nerdist.com/article/dungeons-and-dragons--gentleman-class-old-spice/.

12. Solorzano, Sergio, "Old Spice Creates New 'Gentleman' Class for Dungeons & Dragons (and Pathfinder!)", *TheGamer*, 22 de fevereiro de 2018, https://www.thegamer.com/old-spice-dungeons-dragon.s-pathfinder-gentleman-class/.

13. Hoffer, Christian, "Old Spice Creates New Playable Class for 'Dungeons and Dragons'", ComicBook.com, 8 de fevereiro de 2018, https://comicbook.com/gaming/2018/02/08/dungeons-and-dragons-old-spice-/.

14. "Old Spice Created a DnD Class! The Gentleman!", reddit, 7 de fevereiro de 2018, https://www.reddit.com/r/DnD/comments/7wlr8p/old_spice_created_a_dnd_class_the_gentleman/dtxlyrv/.

15. Israel, Brett, "Cane Toads Invade, Conquer Australia", *LiveScience*, 24 de junho de 2010, https://www.livescience.com/29560-cane-toad-conquest-invades-australia.html.

16. *The TODAY Show Australia*, "Reporter Can't Stop Laughing at Grumpy Cat", YouTube, 18 de agosto de 2013, https://www.youtube.com/watch?v= BW8Aleq2Hn0.

17. *Good Morning America*, "Grumpy Cat Interview 2013 on 'GMA'", YouTube, *ABC News*, 22 de março de 2013, https://www.youtube.com/watch ?v=skwUUiDtKpA.

18. *Forbes*, "Grumpy Cat: The Forbes Interview", YouTube, *Forbes Life*, 25 de março de 2013,. https://www.youtube.com/watch?v=S0x6CjnWRZ8.

19. @Oreo, "Power out? No Problem. Pic.twitter.com/dnQ7pOgC", Twitter, 4 de fevereiro de 2013, https://twitter.com/Oreo/status/298246571718483968.

20. "Oreo Sends 'Brilliant' Tweet During Super Bowl Blackout", *HuffPost*, 6 de abril de 2013, https://www.huffpost.com/entry/oreos-super-bowl-tweet-dunk--dark_n_2615333.

Notas   **309**

21. "Wendy's Training Video Is What I Wish We Were Still Doing Today", reddit, 10 de novembro de 2019, https://www.reddit.com/r/videos/comments/ducbu2/wendys_training_video_is_what_i_wish_we_were/.

22. Matthews, Toni, "A Guy Found Wendy's Training Videos from 80s & They're Just as Hilarious as You Think", *InspireMore*, 10 de janeiro de 2018, https://www.inspiremore.com/wendys-training-videos/.

23. "80s Wendy's Training Video for New Hires", reddit, 5 de setembro de 2019, https://www.reddit.com/r/Cringetopia/comments/d03cm9/80s_wendys_training_video_for_new_hires/.

24. "Wendy's Training Video Regarding Hot Drinks", reddit, 20 de maio de 2016, https://www.reddit.com/r/NotTimAndEric/comments/4k9dia/wendys_training_video_regarding_hot_drinks/.

25. "Old School — Cigarette Card Life Hacks from 1900-1910", reddit, 2 de agosto de 2014, https://www.reddit.com/r/lifehacks/comments/2cfylq/old_school_cigarette_card_life_hacks_from_1900_to/.

26. "Old School — Cigarette Card Life Hacks from 1900-1910", Imgur, 2 de agosto de 2014, https://imgur.com/a/ShPOd.

CAPÍTULO 11

1. "The Passing of the Buffalo", First People, acessado em 31 de março de 2020, https://www.firstpeople.us/FP-Html-Legends/ThePassingoffheBuffalo-Kiowa.html.

2. Bailey, Dustin, "Minecraft Player Count Reaches 480 Million", PCGamesN, 11 de novembro de 2019, https://www.pcgamesn.com/minecraff/minecraft-player-count.

CAPÍTULO 12

1. Sollosi, Mary, "April Fools' Day 2017: The Best Brand Pranks", EW.com, 1º de abril de 2017, https://ew.com/news/2017/04/01/april-fools-day-2017-brand-pranks/.

2. Machkovech, Sam, "Did Reddit's April Fools' Gag Solve the Issue of *Online* Hate Speech?", *Ars Technica*, 4 de abril de 2017, https://arstechnica.com/gaming/2017/04/in-memoriam-reddits-72-hour-live-graffiti-wall-as-a-social-experiment/.

3. http://www.reddit.com/r/Place.

4. Machkovech, Sam, "Did Reddit's April Fools' Gag Solve the Issue of *Online* Hate Speech?"

5. Gurkengewuerz, "Reddit Place (/r/Place) — FULL 72h (90fps) TIMELAPSE", YouTube, 3 de abril de 2017, https://www.youtube.com/watch?v=XnRCZK3KjUY.

310 PSICOLOGIA OCULTA DAS REDES SOCIAIS

6. "r/Place — Place Final Canvas (Well Done, Everyone!)", reddit, 3 de abril de 2017, https://www.reddit.com/r/place/comments/6385gl/place_final_canvas_well_done_everyone/.

7. Asarch, Steven, "How to Make Works of Art with Reddit Layer", *Newsweek*, 11 de setembro de 2019, https://www.newsweek.com/reddit-layer-what-how-use-new-adobe-1458798.

8. "r/Layer", reddit, 24 de junho de 2014, https://www.reddit.com/r/layer.

9. "Collaborations on Layer", reddit, 8 de outubro de 2019, https://www.reddit.com/r/Layer/comments/df6k5m/collaborations_on_layer/.

10. chrispie, "1 Day of r/Layer Timelapse", YouTube, 13 de setembro de 2019, https://www.youtube.com/watch?v=MtW1U5d6zHI.

11. "/r/Layer", Know Your Meme, 12 de setembro de 2019, https://knowyourmeme.com/memes/sites/rlayer.

12. chrispie, "1 Day of r/Layer Timelapse."

13. Gauging Gadgets, "Reddit r/Layer Subreddit Artwork Overview and Tutorial: How to Add a Layer", YouTube, 10 de setembro de 2019, https://www.youtube.com/watch?v=xdYpVq567Vg.

14. "Made My Fave Empire Leader in r/Layer!", reddit, 12 de setembro de 2019, https://www.reddit.com/r/Stellaris/comments/d39na3/made_my_fave_empire_leader_in_rlayer/.

15. "On Reddit's Community Layer Project r/Layer", reddit, 12 de setembro de 2019, https://www.reddit.com/r/emojipasta/eomments/d36o7a/on_eddits_ommunity_layer_roject_rlayer/.

16. "Agora Que Temos o r/Layer Nada Como Relembrar Glorias Passadas!", reddit, 12 de setembro de 2019, https://www.reddit.com/r/portugal/comments/d34pge/agora_que_temos_o_rlayer_nada_como _relembrar/.

17. "SOMEONE PLEASE DRAW THIS ON R/LAYER! IT WON'T WORK FOR ME", reddit, 10 de setembro de 2019, https://www.reddit.com/r/greenday/comments/d2f-z9e/someone_please_draw_this_on_rlayer _it_wont_work/.

18. "Almost Instantly Someone Wrote 'Yeet' on Top of the Bi Flag I Put on r/Layer Lol", reddit, 10 de setembro de 2019, https://www.reddit.com/r/BisexualTeens/comments/d2btrp/almost_instantly_someone_wrote_yeet_on_top_of_the/.

19. "r/OutOfTheLoop — What's Going on with u/hero0fwar and Why Are Adobe Ads so Obsessed with Him?", reddit, 3 de outubro de 2019, https://www.reddit.com/r/OutOfTheLoop/comments/dctth8/whats_going_on_with_uhero0fwar_and_why_are_adobe/.

20. "u/hero0fwar", reddit, 4 de fevereiro de 2010, https://www.reddit.com/user/hero0fwar.

21. An, Mimi, "Why People Block Ads (and What It Means for Marketers and Advertisers)", *HubSpot* Blog, 13 de julho de 2016, https://blog.hubspot.com/marketing/why-people-block-ads-and-what-it-means-for-marketers-and-advertisers.

Bibliografia

"30 Minutes of Daily Meditation Can Stave Off Anxiety And Depression", *HuffPost*, 7 de janeiro de 2014, https://wWw.huffingtonpost.co.uk/entry/anxiety-and-depression--meditation_n_4549618.

@citysage, "'In Honor of Valentine's Day @madewell1937 Asked Me to Share Some Things I Love... like the First Cup of Morning Coffee, the Comfiest Goes-....", Instagram, 14 de fevereiro de 2014, https://www.instagram.com/p/kZ3ZLUIJ_t/.

@Goop, Instagram, acessado em 21 de dezembro de 2019, https://www.instagram.com/goop/?hl=en. Revistas as 100 postagens mais recentes, datadas desde 17 de novembro de 2019.

@OldSpice, "Download This New Old Spice Gentleman Class for the Greatest Role Playing Game of All Time...", Twitter, Old Spice, 7 de fevereiro de 2018, https://twitter.com/OldSpice/status/961362988019064832.

@Oreo, "Power out? No Problem. Pic.twitter.com/dnQ7pOgC", Twitter, 4 de fevereiro de 2013, https://twitter.com/Oreo/status/298246571718483968.

Activia, Facebook, Dannon, acessado em 5 de janeiro de 2020, https://www.facebook.com/watch/?v=424575311693782. (Nota: depois o vídeo foi removido.)

"Activia", *Wikipedia*, Wikimedia Foundation, 8 de junho de 2007, https://en .wikipedia.org/wiki/Activia.

"Agora Que Temos o r/Layer Nada Como Relembrar Glórias Passadas!", reddit, 12 de setembro de 2019, https://www.reddit.com/r/portugal/comments/d34pge/agora_que_temos_o_rlayer_nada_como_relembrar/.

Alexander, Julia e Kuchera, Ben, "How a *Rick and Morty* Joke Led to a McDonald's Szechuan Sauce Controversy", *Polygon*, 12 de outubro de 2017, https://www.polygon.com/2017/10/12/16464374/rick-and-morty-mcdonalds-szechuan-sauce.

"Almost Instantly Someone Wrote 'Yeet' on Top of the Bi Flag I Put on r/Layer Lol", reddit, 10 de setembro de 2019, https://www.reddit.com/r/BisexualTeens/comments/d2btrp/almost_instantly_someone_wrote _yeet_on_top_of_the/.

An, Mimi, "Why People Block Ads (and What It Means for Marketers and Advertisers)", *HubSpot* Blog, 13 de julho de 2016, https://blog.hubspot.com/marketing/why-people-block-ads-and-what-it-means-for-marketers-and-advertisers.

Andrivet, Marion, "What to Learn from Tropicana's Packaging Redesign Failure?", *The Branding Journal*, 2 de junho de 2019, https://www.thebrandingjournal.com/2015/05/what-to-learn-from-tropicanas-packaging-redesign-failure/.

AnonymousHasASoul, "William J Lashua's Birthday Party!", YouTube, 5 de setembro de 2010, https://www.youtube.com/watch?v=UzqNkIkj3rE.

Asarch, Steven, "How to Make Works of Art with Reddit Layer", *Newsweek,* 11 de setembro de 2019, https://www.newsweek.com/reddit-layer-what-how-use-new-adobe-1458798.

Aubrey, Allison, "Confusion at the Yogurt Aisle? Time for Probiotics 101", NPR, 9 de julho de 2012, https://www.npr.org/sections/thesalt/2012/07/09/156381323/confusion-at--the-yogurt-aisle-time-for-probiotics-101.

Aurélio, Marco, *Meditations,* trad. Albert Wittstock e Martin Hammond, introdução de Christopher Gill, Oxford, Oxford University Press, 2013.

Bahadur, Nina, "How Dove Tried to Change the Conversation About Female Beauty", HuffPost, 7 de dezembro de 2017, https://www.huffpost.com/entry/dove-real--beauty-campaign-turns-10_n_4575940.

Bailey, Dustin, "Minecraft Player Count Reaches 480 Million", *PCGamesN*, 11 de novembro de 2019, https://www.pcgamesn.com/minecraft/minecraft-player-count.

Barton, Eric, "The Danger of *Online* Anonymity", *BBC*, 9 de março de 2015, https://www.bbc.com/worklife/article/20150309-the-danger-of-*online*-anonymity.

Beaujean, Marc, Ben Davidson, Ben e Madge, Stacey, "The 'Moment of Truth' in Customer Service", McKinsey & Company, fevereiro de 2006, https://www.mckinsey.com/business-functions/organization/our-insights/the-moment-of-truth-in-customer--service.

Beck, Martin, "How a Fashion Brand Drives 20% of Daily *Online* Revenue from a Single Reddit Post", *Marketing Land*, 20 de outubro de 2015, https://marketingland.com/how-a-fashion-brand-drives-20-of-daily-*online*-revenue-from-a-single-reddit--post-147309.

Bedell, Geraldine, "Rates of Depression Have Soared in Teenagers. What Are We Doing Wrong?", *The Independent*, Independent Digital News and Media, 27 de fevereiro de 2016, https://www.independent.co.uk/life-style/health-and-families/features/teenage-mental-health-crisis-rates-of-depression-have-soared-in-the-past-25--years-a6894676.html.

Berman, Taylor, "In Victory for the Internet, Pitbull Visits Alaska, Receives Gift of Bear Spray", *Gawker*, 30 de julho de 2012, https://gawker.com/5930334/in-victory-for--the-internet-pitbull-visits-alaska-receives-gift-of-bear-spray.

Bibliografia

"Best of Uniqlo?", reddit, 22 de outubro de 2019, https://www.reddit.com/r/femalefashio-nadvice/comments/dllr6x/best_of_uniqlo/.

Blackmore, Susan e Dawkins, Richard, *The Meme Machine*, Oxford, Oxford University Press, 2000.

Bloom, Juliana S. e Hynd, George W., "The Role of the Corpus Callosum in Interhemispheric Transfer of Information: Excitation or Inhibition?", *Neuropsychology Review*, 15, nº 2, 2005, p. 59-71, https://doi.org/10.1007/s11065-005-6252-y.

Bloom, Paul, "What We Miss", *The New York Times*, 4 de junho de 2010, https://www .nytimes.com/2010/06/06/books/review/Bloom-t.html.

"BP: Case Study", *Landor*, acessado em 16 de janeiro de 2020, https://landor.com/work/bp.

Brett, Brian, "The Psychology of Sharing: Why Do People Share *Online?*", *The New York Times*, 13 de julho de 2011, https://web.archive.org/web/20160922145048/http://nytmarketing.whsites.net/mediakit/pos/POS _PUBI.IC0819.php. Há mais informações em https://www.businesswire.com/news/home/20110713005971/en/New--York-Times-Completes-Research-%E2%80%98Psychology-Sharing%E2%80%99.

Brita, "Wow, Reddit! 100 Posts in r/Fellowkids and Counting, We're Flattered. Remember to Fill up Your Brita, All That Salt Must Be Making You Thirsty!", reddit, acessado em 11 de janeiro de 2020, https://www.reddit.com/user/Brita_Official/comments/984hyt/wow_reddit_100_posts_in_rfellowkids_and_counting/.

Brita, "'I'm Trying to Save Money Now' Starter Pack from Your Friends at Brita (r/FellowKids, Here We Come!)", reddit, acessado em 11 de janeiro de 2020, https://www.reddit.com/user/Brita_Official/comments/8xsra0/im_trying_to_save_money_now_starter_pack_from/.

Buzzfeed, "@Buzzfeedtasty", Instagram, acessado em 14 de janeiro de 2020, https://www.instagram.com/buzzfeedtasty/?hl=en.

chrispie, "1 Day of r/Layer Timelapse", YouTube, 13 de setembro de 2019, https://www.youtube.com/watch?v=MtWlU5d6zHI.

Clement, J,. "Facebook Users Worldwide 2019", Statista, 9 de novembro de 2019, https://www.statista.com/statistics/264810/number-of-monthly-active-facebook-users--worldwide/.

Clement, J., "Global Social Media Account Ownership 2018", Statista, 22 de abril de 2020, https://www.statista.com/statistics/788084/number-of-social-media-accounts/.

"CMV: Ted Cruz Would Be Worse for the US Than Trump", reddit, 16 de abril de 2016, https://www.reddit.com/r/changemyview/comments/4f2sb3/cmv_ted_cruz_would_be_worse_for_the_us_than_trump/.

"Collaborations on Layer", reddit, 8 de outubro de 2019, https://www.reddit.com/r/Layer/comments/df6k5m/collaborations_on_layer/.

"Comcast. If You Vote This up, It Will Show up on Google Images When People Google Search Comcast, Cable or Internet Service Provider", reddit, 21 de fevereiro de 2015, https://www.reddit.com/r/circlejerk/comments/2wou7z/comcast_if_you_vote_this_up_it_will_show_up_on/.

316   PSICOLOGIA OCULTA DAS REDES SOCIAIS

Corleone, Jill, "What Is the Difference Between Activia and Regular Yogurt?", LIVES-TRONG.COM, Leaf Group, acessado em 17 de janeiro de 2020, https://www.livestrong.com/article/449851-what-is-the-difference-between-activia-regular-yogurt/.

Cramer, Shirley e Inkster, Becky, "#StatusOfMind Social Media and Young People's Mental Health and Wellbeing".

Dawkins, Richard, *The Selfish Gene: 40th Anniversary Edition*, Oxford, Oxford University Press, 2016.

Dinesh, Disha, "11 Awesome Facebook Campaigns to Inspire You", *Dream-Grow*, 10 de julho de 2019, https://www.dreamgrow.com/11-awesome-inspiring-facebook-campaings/.

"Don't Believe Facebook; You Only Have 150 Friends", NPR, 5 de junho de 2011, https://www.npr.org/2011/06/04/136723316/dont-believe-facebook-you-only-have-150--friends.

Dove US, "Dove Real Beauty Sketches | You're More Beautiful Than You Think", YouTube, 14 de abril de 2013, https://www.youtube.com/watch?v=XpaOjMXyJGk.

Dyda, Arielle, "u/midnightl214", reddit, 27 de abril de 2012, https://www.reddit.com/user/midnight1214.

Ellis, Blake, "New Gap Logo Ignites Firestorm", *CNNMoney*, Cable News Network, 8 de outubro de 2010, https://money.cnn.com/2010/10/08/news/companies/gap_logo/index.htm.

Federer, Joe, "4 Reasons You're Seeing More Videos on Facebook than Ever", THAT'S FICTION, 2 de maio de 2015, http://www.thatsfiction.com/latest-work/2015/5/2/4-reasons-youre-seeing-more-videos-on-facebook-than-ever.

Forbes, "Grumpy Cat: The Forbes Interview", YouTube, Forbes Life, 25 de março de 2013, https://www.youtube.com/watch?v=S0x6CjnWRZ8.

Freud, Sigmund, *Civilization and Its Discontents*, New York, Norton, 2010.

Gauging Gadgets, "Reddit r/Layer Subreddit Artwork Overview and Tutorial-How to Add a Layer", YouTube, 10 de setembro de 2019, https://www.youtube.com/watch?v=xdYpVq567Vg.

GoPro, "@GoPro", Instagram, acessado em 14 de janeiro de 2020, https://www.instagram.com/ggopro/.

GoPro, "@GoPro", Twitter, acessado em 14 de janeiro de 2020, https://twitter.com/GoPro.

Goldman, David, "SOPA and PIPA Attract Huge Lobbying on Both Sides", *CNNMoney*, Cable News Network, 25 de janeiro de 2012, https://money.cnn.com/2012/01/25/technology/sopa_pipa_lobby/index.htm.

Good Morning America, "Grumpy Cat Interview 2013 on 'GMA'", YouTube, *ABC News*, 22 de março de 2013, https://www.youtube.com/watch?v=skwUUiDtKpA.

Gotter, Ana e Legg, Timothy J., "What Is Capgras Syndrome?", *Healthline*, 1º de maio de 2017, https://www.healthline.com/health/capgras-syndrome.

Greene, Kai, "@kaigreene", Instagram, acessado em 14 de janeiro de 2020, https:// www.instagram.com/kaigreene/?hl=en.

Bibliografia

Gurkengewuerz, "Reddit Place (/r/Place) _ FULL 72h (90fps) TIMELAPSE", YouTube, 3 de abril de 2017, https://www.youtube.com/watch?v= XnRCZK3KjUY.

Halpern, M. E., Güntürkün, Onur, Hopkins, William D. e Rogers, Lesley J., "Lateralization of the Vertebrate Brain: Taking the Side of Model Systems", *Journal of Neuroscience*, 25, nº 45, setembro de 2005, p. 10.351-10.357, https://doi.org/10.1523/jneurosci.3439-05.2005.

Hardy, Tony. "10 Rebranding Failures and How Much They Cost", Canny, 17 de dezembro de 2019, https://www.canny-creative.com/10-rebranding-failures-how-much-they--cost/.

Heath, Dan e Heath, Chip, *The Power of Moments.* Random House UK, 2017.

Heinz Ketchup, "Looks like Chicago Is Among the First to Get Dipped in #Mayochup!", Twitter, 19 de setembro de 2018, https://twitter.com/HeinzKetchup_US/status/1042390349468053504.

"Hey Reddit, Charles Schwab Team Here with a Question. What's Your Approach to Tracking Gains and Losses in Your Trading History and Learning from Your Past?", reddit, Charles Schwab, 20 de novembro de 2018, https://www.reddit.com/user/Schwab_Official/comments/9ywffe/hey_reddit_charles_schwab_team_here_with_a/.

"Hey Reddit, Your Friends at Charles Schwab Here. What's Something You're Doing Today to Set Yourself up for Success Tomorrow?", reddit, Charles Schwab, 23 de fevereiro de 2018, https://www.reddit.com/comments/7zrq41/hey_reddit_your_friends_at_charles_schwab_here/.

"Hillary Clinton Favorable Rating: *HuffPost* Pollster", *The Huffington Post*, acessado em 17 de janeiro de 2020, https://elections.huffingtonpost.com/pollster/hillary-clinton--favorable-rating.

Hill, Catey, "Study Finds *Online* Porn May Reduce the Incidence of Rape", nydailynews.com, *New York Daily News*, 11 de janeiro de 2019, https://www.nydailynews.com/news/money/study-finds-*online*-porn-reduce-incidence-rape-article-1.390028.

Hoffer, Christian, "Old Spice Creates New Playable Class for 'Dungeons and Dragons'", ComicBook.com, 8 de fevereiro de 2018, https://comicbook.com/gaming/2018/02/08/dungeons-and-dragons-old-spice-/.

Hooton, Christopher. "Westworld Season 2 Will 'Fuck with the Metaphysical'", *The Independent*, 27 de março de 2017, https://www.independent.co.uk/arts-entertainment/tv/news/westworld-season-2-plot-reddit-storyline-jonathan-nolan-details--news-a7651506.html.

Houser, Kristin, "Surprise! Reddit Is Actually Helping People Battle Mental Illness", Futurism, Neoscope, 20 de abril de 2018, https://futurism.com/neoscope/reddit-depression-mental-illness.

"How Do Probiotics Work?: Activia* Probiotic Yogurt", Activia, 21 de junho de 2019, https://www.activia.us.com/what-are-probiotics/how-do-probiotics-work.

"How Heinz Harnessed the Power of Twitter and Got 1 Billion Impressions in 48 Hours", Twitter Marketing, acessado em 14 de janeiro de 2020, https://marketing.twitter.

com/na/en/success-stories/how-heinz-harnessed-the-power-of-twitter-and-got--one-billion-impressions.

"Huge X-Men Fan Talks About a Quiznos Encounter with Hugh Jackman...", reddit, 6 de fevereiro de 2017, https://www.reddit.com/r/bestof/comments/5sg0op/huge_xmen_fan_talks_about_a_quiznos_encounter/.

Hunt, Melissa G., Marx, Rachel, Lipson, Courtney e Young, Jordyn, "No More FOMO: Limiting Social Media Decreases Loneliness and Depression", *Journal of Social and Clinical Psychology*, 37, nº 10, 2018, p. 751-768, https://doi.org/10.1521/jscp.2018.37.10.751.

"I Add 'Reddit' After Every Question I Search on Google Because I Trust You All More than Other Strangers", reddit, 24 de setembro de 2016, https://www.reddit.com/r/Showerthoughts/comments/54btqq/i_add_reddit_after_every_question_i_search_on/.

"I am Barack Obama, President of the United States _ AMA", reddit, 29 de agosto de 2012, https://www.reddit.com/r/IAmA/comments/zlc9z/i_am_barack_obama_president_of_the_united_states/.

"I am Dr. Jane Goodall, a Scientist, Conservationist, Peacemaker, and Mentor. AMA", reddit, 13 de setembro de 2017, https://www.reddit.com/r/IAmA/comments/6zvwqe/i_am_dr_jane_goodall_a_scientist_conservationist/.

"IamA Vacuum Repair Technician, and I Can't Believe People Really Wanted It, but, AMA!", reddit, 28 de outubro de 2013, https://www.reddit.com/r/IAmA/comments/lpe2bd/iama_vacuum_repair_technician_and_i_cant_believe/.

Ifeanyi, KC, "Reddit's First-Ever Interactive Livestream Stars a Very Lost Robot", *Fast Company*, 14 de novembro de 2017, https://www.fastcompany.com/40495819/reddits-first-ever-interactive-livestream-stars-a-very-lost-robot.

"I'm Bill Gates, Co-chair of the Bill & Melinda Gates Foundation. Ask Me Anything", reddit, 27 de fevereiro de 2018, https://www.reddit.com/r/IAmA/comments/80ow6w/im_bill_gates_cochair_of_the_bill_melinda_gates/.

"I'm Getting Ready for Small Business Saturday, Nov 30. Are You?", American Express, acessado em 14 de janeiro de 2020, https://www.americanexpress.com/us/small-business/shop-small/.

"I'm on My Phone, so I Can't Access the One from Last Year (Doesn't Load on Mobile)....", reddit, 24 de fevereiro de 2017, acessado em 20 de janeiro de 2020, https://www.reddit.com/r/malefashionadvice/comments/5wla56/mfa_psa_the_uniqlo_linen_shirts_from_this_season/de7h9be/.

Ingram, Mathew, "4chan Decides to Do Something Nice for a Change", Gigaom, 2 de setembro de 2010, https://gigaom.com/2010/09/02/4chan-decides-to-do-something--nice-for-a-change/.

"I Only Believe This Is Live, When a Dog Makes a Shit", reddit, 14 de novembro de 2017, https://www.reddit.com/r/promos/comments/7ct3se/we_did_it_reddit_cozmo_has_finally_escaped_from/dptf4ml/.

Bibliografia

Isaacson, Walter, "How to Fix the Internet", *The Atlantic*, 15 de dezembro de 2016, https://www.theatlantic.com/technology/archive/2016/12/how-to-fix-the-internet/510797/.

Israel, Brett, "Cane Toads Invade, Conquer Australia", *LiveScience*, 24 de junho de 2010, https://www.livescience.com/29560-cane-toad-conquest-invades-australia.html.

Jefferson, Brandie, "Splitting the Difference: One Person, Two Minds: The Source: Washington University in St. Louis", *The Source*, Washington University, 1º de junho de 2018, https://source.wustl.edu/2018/05/splitting-the-difference-one-person-two-minds/.

Johnson, Lauren, "Taco Bell's Cinco De Mayo Snapchat Lens Was Viewed 224 Million Times", *Adweek*, 11 de maio de 2016, https://www.adweek.com/digital/taco-bells-cinco-de-mayo-snapchat-lens-was-viewed-224-million-times-171390/.

Jung, C. G., *Psychology and Religion: West and East*, Hove, Routledge, 2014.

Karenina, Karina, Giljov, Andrey, Ingram, Janeane, Rowntree, Victoria J. e Malashichev, Yegor, "Lateralization of Mother-Infant Interactions in a Diverse Range of Mammal Species", *Nature Ecology & Evolution*, 1, nº 2, setembro de 2017, https://doi.org/10.1038/s41559-016-0030.

Kendall, Todd D. e Walker, John E., "Pornography, Rape, and the Internet", julho de 2007, https://www.semanticscholar.org/paper/Pornography%2C-Rape%2C-and-the-Internet-Kendall-Walker/602ddbdd604afe9cbd31c97fDld941fa637f271a.

"Kodiak, Alaska, Welcomes Pitbull", YouTube, Walmart, 10 de agosto de 2012, https://www.youtube.com/watch?v=2NrllHwHq7w.

Landsburg, Steven E., "Proof That Internet Porn Prevents Rape", *Slate Magazine*, 30 de outubro de 2006, https://slate.com/culture/2006/10/proof-that-internet-porn-prevents-rape.html.

Lee, Joel, "The 10 Highest Rated Reddit Posts of All Time", MakeUseOf, 20 de julho de 2015, https://www.makeuseof.com/tag/10-top-rated-reddit-posts-time/.

Lewin, Michelle, "@michelle_lewin", Instagram, acessado em 14 de janeiro de 2020, https://www.instagram.com/michelle_lewin/?hl=en.

Litman, Jordan A., "Epistemic Curiosity", *Encyclopedia of the Sciences of Learning*, 2012, p. 1.162-1.165, https://doi.org/10.1007/978-l-4419-1428-6_1645.

Louis Vuitton, "Virgil Abloh Staples Edition", Facebook, acessado em 11 de janeiro de 2020, https://www.facebook.com/watch/?v=2334680580142899.

"Lowe's Fix in Six: Using 'The New' to Create 'Know-How'", The 4A's, acessado em 14 de janeiro de 2020, https://www.aaaa.org/wp-content/uploads/legacy-pdfs/BBDO-LowesFixinSix-HM.pdf.

Lowe's Home Improvement, "Stripped Screw? No Problem, Just Use a Rubber Band", Vine, 19 de abril de 2013, https://vine.co/v/bU61aqq2YOp.

Lowe's Home Improvement, "Use Tape to Measure the Distance between Holes, Then Put the Tape on the Wall", Vine, 17 de maio de 2013, https://vine.co/v/bEFQXmnWrOP.

Lowe's Home Improvement, "Use a Cookie Cutter and a Hammer for Perfect Pumpkin Carving!", Facebook, 25 de outubro de 2014, https://www.facebook.com/lowes/videos/10152384851961231/?v=10152384851961231& redirect=false.

Lowe's Home Improvement, "Use a Cookie Cutter and a Hammer for Perfect Pumpkin Carving", Vine, 24 de outubro de 2014, https://vine.co/v/Oh5EM3auMAr.

Lowe's Home Improvement, "Lighten up! DEWALT 2-PC 20V Combo Kit was $199, will be $149 on Black Friday", Vine, 12 de novembro de 2014, https:// vine.co/v/OiFHA-J7OqEF.

Machkovech, Sam, "Did Reddit's April Fools' Gag Solve the Issue of *Online* Hate Speech?", *Ars Technica*, 4 de abril de 2017, https://arstechnica.com/gaming/2017/04/in-memo-riam-reddits-72-hour-live-graffiti-wall-as-a-social-experiment/.

"Made My Fave Empire Leader in r/Layer!", reddit, 12 de setembro de 2019, https://www.reddit.com/r/Stellaris/comments/d39na3/made_my_fave_empire_leader_in_rlayer/.

Madewell, "Inspo: Your Pics", acessado em 14 de janeiro de 2020, https://www .madewell.com/inspo-community-denimmadewell-landing.html.

Mander, Jason, "Internet Users Have Average of 7 Social Accounts", GlobalWebIndex Blog, 9 de junho de 2016, https://blog.globalwebindex.com/chart-of-the-day/internet--users-have-average-of-7-social-accounts/

Marnell, Blair, "Old Spice Created a 'Gentleman Class' for Dungeons & Dragons", *Nerdist*, 8 de fevereiro de 2018, https://nerdist.com/article/dungeons-and-dragons-gentle-man-class-old-spice/.

Marx, Christopher, Benecke, Cord e Gumz, Antje, "Talking Cure Models: A Framework of Analysis", *Frontiers in Psychology*, 8, 2017, https://doi.org/10.3389/fpsyg.2017.01589.

Matthews, Toni, "A Guy Found Wendy's Training Videos from 80s & They're Just as Hila-rious as You Think", *InspireMore*, 10 de janeiro de 2018, https://www.inspiremore.com/wendys-training-videos/.

McCoy, Terrence, "4chan: The 'Shock Post' Site That Hosted the Private Jennifer Lawrence Photos", *The Washington Post*, WP Company, 2 de setembro de 2014, https://www.washingtonpost.com/news/morning-mix/wp/2014/09/02/the-shadowy-world-of--4chan-the-shock-post-site-that-hosted-the-private-jennifer-lawrence-photos/.

McGilchrist, Iain, *The Master and His Emissary: The Divided Brain and the Making of the Western World*, New Haven, Connecticut, Yale University Press, 2019.

McKie, Robin, "How Hunting with Wolves Helped Humans Outsmart the Neanderthals", *The Guardian*, Guardian News and Media, 1º de março de 2015, https://www.the-guardian.com/science/2015/mar/01/hunting-with-wolves-humans-conquered-the--world-neanderthal-evolution.

Migliore, Lauren, "The Aha! Moment: The Science Behind Creative Insight", *Brain World*, 28 de maio de 2019, https://brainworldmagazine.com/aha-moment-science-behind--creative-insight/.

"Molly's Trip to France", reddit, 8 de março de 2017, https://www.reddit.com/r/donate/comments/5y8tfx/mollys_trip_to_france/.

"Mountain Dew Naming Campaign Melts Down After *Online* Hijacking", *HuffPost*, 13 de agosto de 2012, https://www.huffpost.com/entry/4chan-mountain-dew_n_1773076.

"My Friend Is About to Ask His Girlfriend to Marry [Him] and I'm the Only One Who Knows How Unfaithful She Is. Do I Say Anything?", reddit, 28 de abril de 2019, https://www.reddit.com/r/relationship_advice/comments/bicdpm/my_friend_is_about_to_ask_his_girlfriend_to_marry/.

Naumann, Robert K., Ondracek, Janie M., Reiter, Samuel, Shein-Idelson, Mark, Tosches, Maria Antonietta, Yamawaki, Tracy M. e Laurent, Gilles, "'The Reptilian Brain'", *National Center for Biotechnology Information*, 20 de abril de 2015, https://www.ncbi.nlm.nih.gov/pmc/articles/PMC4406946/.

Nelson, Samantha, "How Baskin Robbins Built a *Stranger Things* Alternate Reality Game Using 1985 Tech", *Gaming Street*, 15 de agosto de 2019, https://www.gamingstreet.com/baskin-robbins-stranger-things-arg/.

North, Anna, "The Double-Edged Sword of *Online* Anonymity", *The New York Times*, 15 de maio de 2015, https://takingnote.blogs.nytimes.com/2015/05/15/the-double-edged-sword-of-*online*-anonymity/.

"Old School _ Cigarette Card Life Hacks from 1900 to 1910", reddit, 2 de agosto de 2014, https://www.reddit.com/r/lifehacks/comments/2cfylq/old_school_cigarette_card_life_hacks_from_1900_to/.

"Old School _ Cigarette Card Life Hacks from 1900-1910", Imgur, 2 de agosto de 2014, https://imgur.com/a/ShPOd.

"Old Spice Created a DnD Class! The Gentleman!", reddit, 7 de fevereiro de 2018, https://www.reddit.com/r/DnD/comments/7wlr8p/old_spice_created_a_dnd_class_the_gentleman/dtx1yrv/.

"On Reddit's Community Layer Project r/Layer", reddit, 12 de setembro de 2019, https://www.reddit.com/r/emojipasta/comments/d36o7a/on_eddits_ommunity_layer_roject_rlayer/.

"Oreo Sends 'Brilliant' Tweet During Super Bowl Blackout", *HuffPost*, 6 de abril de 2013, https://www.huffpost.com/entry/oreos-super-bowl-tweet-dunk-dark_n_2615333.

"Owning Libs Is so Easy, and Liberals Are so Dumb, That They Own Themselves!", reddit, 14 de dezembro de 2018, https://www.reddit.com/r/The_Donald/comments/a65268/owning_libs_is_so_easy_and_liberals_are _so_dumb/.

Panda, Simeon, "@simeonpanda", Instagram, acessado em 14 de janeiro de 2020, https://www.instagram.com/simeonpanda/?hl=en.

Peterson, Jordan B., "Biblical Series VIII: The Phenomenology of the Divine", YouTube, 27 de julho de 2017, https://www.youtube.com/watch?v= UoQdp2prfmM.

"PSA: Uniqlo on 5th Ave Claim the Free Heattech Vouchers Are No Longer Accepted", reddit, 16 de dezembro de 2016, https://www.reddit.com/r/frugalmalefashion/comments/5ir0e6/psa_uniqlo_on_5th_ave_claim _the_free_heattech/.

"r/Comcast_Xfinity", reddit, Comcast Xfinity, 20 de março de 2016, https://www.reddit.com/r/Comcast_Xfinity/.

Renzi, E. de, Perani, D., Carlesimo, G.A., Silveri, M.C. e Fazio, F., "Prosopagnosia Can Be Associated with Damage Confined to the Right Hemisphere _ An MRI and PET Study and a Review of the Literature", *Neuropsychologia*, 32, n° 8, 1994, p. 893-902, https://doi.org/10.1016/0028-3932(94)90041-8.

R/GA, "Beats By Dre Straight Outta Compton: The Shorty Awards", The Shorty Awards, acessado em 14 de janeiro de 2020, https://shortyawards.com/8th/straight-outta-3.

"RICK AND MORTY MCDONALD'S SZECHUAN SAUCE FREAKOUT!!!! (ORIGINAL VIDEO)", YouTube, Chairman Mar, 8 de outubro de 2017, https://www.youtube.com/watch?v=-GC5rAX0xHg.

Ries, Eric, *Lean Startup*, local de publicação não identificado, Portfolio Penguin, 2017.

"/r/Layer", Know Your Meme, 12 de setembro de 2019, https://knowyourmeme.com/memes/sites/rlayer.

"r/Layer", reddit, 24 de junho de 2014, https://www.reddit.com/r/layer.

"r/OutOfTheLoop _ What's Going on with u/heroOfwar and Why Are Adobe Ads so Obsessed with Him?", reddit, 3 de outubro de 2019, https://www.redditcom/r/OutOfTheLoop/comments/dctth8/whats_going_on_with_uhero0fwar_and_why_are_adobe/.

"r/Place _ Place Final Canvas (Well Done, Everyone!)", reddit, 3 de abril de 2017, https://www.reddit.com/r/place/comments/6385gl/place_final_canvas_well_done_everyone/.

r/shittyfoodporn, "When Payday Is Still Two Days Away", reddit, acessado em 10 de janeiro de 2020, https://www.reddit.com/r/shittyfoodporn/comments/9yb873/when_payday_is_still_two_days_away/.

r/Starterpacks, "The 'Every Cheap Italian Restaurant' Starter Pack", acessado em 11 de janeiro de 2020, https://www.reddit.com/r/starterpacks/comments/akcryr/the_every_cheap_italian_restaurant_starter_pack/.

"Serious _ Won Lottery, Paid off All Debts, Terrified of Financial Advisors and Investing. Advice?", reddit, 17 de maio de 2015, https://www.reddit.com/r/personalfinance/comments/36bp59/serious_won_lottery_paid_of_all _debts_terrified/.

Shaban, Hamza, "Digital Advertising to Surpass Print and TV for the First Time, Report Says", *The Washington Post*, WP Company, 7 de março de 2019, https://www.washingtonpost.com/technology/2019/02/20/digital-advertising-surpass-print-tv-first--time-report-says/?noredirect=on& utm_term=.2afae4360624.

Shaw, Beau, "Historical Context for the Writings of Sigmund Freud", Columbia College, acessado em 14 de janeiro de 2020, https://www.college.Columbia.edu/core/content/writings-sigmund-freud/context.

Sherman, Lauren, "High-Low Collaborations Democratised Fashion. But What Did They Do for the Designers?", *The Business of Fashion*, 19 de setembro de 2019, https://www.businessoffashion.com/articles/news-analysis/high-low-collaborations-democratised-fashion-but-what-did-they-do-for-the-designers.

Shifman, Limor, *Memes*, Cambridge, Massachusetts, The MIT Press, 2014.

"Shifts for 2020: Multisensory Multipliers", Facebook IQ, acessado em 10 de janeiro de 2020, https://www.facebook.com/business/news/insights/shifts-for-2020-multisensory-multipliers.

Bibliografia 323

"Shoutout to u/midnightl214 (Our Friendly Uniqlo Reddit Rep) for This Kind Gesture on AskReddit", reddit, 8 de março de 2017, https://www.reddit.com/r/malefashionadvice/comments/5y8oz6/shoutout_to_umidnightl214 our_friendly uniqlo/.

Skiba, Katherine, "Arrest Photo of Young Activist Bernie Sanders Emerges from Tribune Archives", *Chicago Tribune*, 23 de abril de 2019, https://www.chicagotribune.com/news/ct-bernie-sanders-1963-chicago-arrest-20160219-story.html.

"Slaps Roof of Car", Know Your Meme, 28 de junho de 2018, https://knowyourmeme.com/memes/slaps-roof-of-car.

Small, Deborah, "Hearts, Minds and Money: Maximizing Charitable Giving", entrevista a Knoledge@Wharton, Wharton Education, acessado em 11 de janeiro de 2020, https://knowledge.wharton.upenn.edu/article/maximizing-charitable-giving/.

"Snapchat Ad Examples & Success Stories: Snapchat for Business", Snapchat for Business, acessado em 14 de janeiro de 2020, https://forbusiness.snapchat.com/inspiration.

"Snapchat Advertising Formats", Snapchat for Business, acessado em 14 de janeiro de 2020, https://forbusiness.snapchat.com/advertising.

"SOMEONE PLEASE DRAW THIS ON R/LAYER! IT WON'T WORK FOR ME", reddit, 10 de setembro de 2019, https://www.reddit.com/r/greenday/comments/d2fz9e/someone_please_draw_this_on_rlayer_it_wont _work/.

"Sony Pictures' Venom Snapchat Campaign Drove 1 Million Incremental Movie Ticket Sales", Snapchat for Business, acessado em 14 de janeiro de 2020, https://forbusiness.snapchat.com/inspiration/sony-pictures-venom-snapchat-campaign-drove-1-million-incremental-movie.

"SOS 073017 2130 EST TWTR 3x.5GAL", reddit, McDonald's, 30 de julho de 2017, https://www.reddit.com/r/rickandmorty/comments/6qis8y/sos_073017_2130_est_twtr_3x5gal/.

Sollosi, Mary, "April Fools' Day 2017: The Best Brand Pranks", EW.com, 1º de abril de 2017, https://ew.com/news/2017/04/01/april-fools-day-2017-brand-pranks/.

Solorzano, Sergio, "Old Spice Creates New 'Gentleman' Class for Dungeons & Dragons (and Pathfinder!)", *TheGamer*, 22 de fevereiro de 2018, https://www.thegamer.com/old-spice-dungeons-dragons-pathfinder-gentleman-class/.

"Squatty Potty", Facebook, acessado em 14 de janeiro de 2020, https://www.facebook.com/squattypotty/.

Squatty Potty, "This Unicorn Changed the Way I Poop", Facebook, outubro de 2015, https://www.facebook.com/squattypotty/videos/925884884149638/.

"Target Celebrates 20 Years of Designer Partnership with an Anniversary Collection", Target Corporate, 1º de agosto de 2019, https://corporate.target.com/article/2019/08/20-years-anniversary-collection.

"Taylor Swift Foils Prank with Donation to School for the Deaf", *Rolling Stone*, 25 de junho de 2018, https://www.rollingstone.com/music/music-country/taylor-swift--counters-4chan-prank-with-donation-to-school-for-the-deaf-102935/.

"Teachers of Reddit, What's the Saddest Thing You've Ever Found out About a Student?", reddit, 7 de março de 2017, https://www.reddit.com/r/AskReddit/

comments/5y3ax2/teachers_of_reddit_whats_the_saddest_thing_youve/dene3x8/?context=8&depth=9.

"Ted Cruz Favorable Rating _ HuffPost Pollster", *The Huffington Post*, acessado em 17 de janeiro de 2020, https://elections.huffingtonpost.com/pollster/ted-cruz-favorable--rating.

"The Basic Bastard Wardrobe: British Budget Edition", reddit, 18 de setembro de 2019, https://www.reddit.com/r/malefashionadvice/comments/d5zhqw/the_basic_bastard_wardrobe_british_budget_edition/.

"'The History of Word of Mouth Marketing", *The Free Library*, acessado em 11 de janeiro de 2020, https://www.thefreelibrary.com/The history of word of mouth marketing.--a0134908667.

"The Ice Water Challenge", Cancer Society Auckland, acessado em 10 de janeiro de 2020, https://web.archive.org/web/20140819082259/https://www.cancersocietyatickland.org.nz/newsandmedia.

"The Most Exciting Phrase in Science Is Not 'Eureka!' But 'That's Funny...'", Quote Investigator, 26 de novembro de 2018, https://quoteinvestigator.com/2015/03/02/eureka--funny/.

"The Passing of the Buffalo", *First People*, acessado em 31 de março de 2020, https://www.firstpeople.us/FP-Html-Legends/ThePassingoftheBuffalo-Kiowa.html.

"The Power of Community: A Research Project by Reddit & YPulse", *YPulse*, 18 de setembro de 2019, https://www.ypulse.com/2019/09/18/ypulse-x-reddit-whitepaper-the--power-of-community/.

The TODAY Show Australia, "Reporter Can't Stop Laughing at Grumpy Cat", YouTube, 18 de agosto de 2013, https://www.youtube.com/watch?v=BW8Aleq2Hn0.

"Think Faster, the World's Fastest AMA", M/H VCCP, Audi, acessadop em 15 de janeiro de 2020, https://mtzhf.com/work/audi-think-faster-the-worlds-fastest-ama.

Thomas, Giles, "[23] Best Instagram Marketing Campaigns for Growth in 2019", RisePro, 30 de maio de 2019, https://risepro.co/instagram-marketing-campaign/.

"Top Sites in the United States", Alexa, acessado em 15 de janeiro de 2020, https:// www.alexa.com/topsites/countries/US.

Turner, Laura, "Is Twitter Making You More Anxious?", *The Atlantic*, Atlantic Media Company, 19 de julho de 2017, https://www.theatlantic.com/technology/archive/2017/07/how twitter fuels-anxiety/534021/.

"u/hero0fwar", reddit, 4 de fevereiro de 2010, https://www.reddit.com/user/heroOfwar.

u/mumbalakumbala, "Commenters _ you are doing an awesome job, this is all in all a pretty impressive ...", reddit, 14 de novembro de 2017, https://www.reddit.com/r/promos/comments/7ct3se/we_did_it_reddit_cozmo_has_finally_escaped_from/dptgvx2/.

u/Northern_Nomad, "r/Pics _ Cheerios Will Send You 500 Wildflower Seeds for Free to Help Save the Honeybee (Link in Comments)", reddit, '15 de março de 2017, https://www.reddit.com/r/pics/comments/5zmio2/cheerios_will_send_you_500_wildflower_seeds_for/.

Bibliografia

"U.S. Census Bureau QuickFacts: Kodiak City, Alaska", Census Bureau QuickFacts, 1º de julho de 2018, https://www.census.gov/quickfacts/fact/table/kodiakcityalaska/PST045218.

u/Spencerforhire83, "I Have Been Invited to Red Carpet Screening for the Movie LOGAN...", reddit, 15 de fevereiro de 2017, https://www.reddit.com/r/malefashionadvice/comments/5u7h86/i_have_been_invited_to_red_carpet_screening_for/.

u/Spencerforhire83, "I Met Hugh Jackman in 2009, Fox Studios Heard About My Story and Decided to Fly Me to the New York Premier of LOGAN. Needless to Say, It Was AWESOME", reddit, 26 de fevereiro de 2017, https://www.reddit.com/r/xmen/comments/5waowm/i_met_hugh_jackman_in_2009_fox_studios_heard/.

u/Spencerforhire83, "Last Week I Commented About Meeting Hugh Jackman in Seoul Years Ago...", reddit, 15 de fevereiro de 2017, https://www.reddit.com/r/movies/comments/5u7fwr/last_week_i_commented_about_meeting_hugh_jackman/.

u/SpookyBlackCat, "This Is the Best Use of Obvious Advertising on the Internet!!!", reddit, 14 de novembro de 2017, https://www.reddit.com/r/promos/comments/7ct3se/we_did_it_reddit_cozmo_has_finally_escaped_from/dptguk9/.

Vasquez, Natalia, "11 Examples of Branded Snapchat Filters & Lenses That Worked", *Medium*, Comms Planning, 28 de fevereiro de 2017, https://medium .com/comms--planning/11-branded-snapchat-filters-that-worked-94a808afa682.

"Watch the New LOGAN Big Game Spot below! Wolverine's Getting His Claws out for the Last Time. What Do You Want to See?", reddit, FOX Studios, 1º de fevereiro de 2017, https://www.reddit.com/r/promos/comments/5ri3jc/watch_the_new_logan_big_game_spot_below/.

"We are Edward Snowden, Laura Poitras and Glenn Greenwald from the Oscar-Winning Documentary CITIZENFOUR. AUAA", reddit, 23 de fevereiro de 2015, https://www.reddit.com/r/IAmA/comments/2wwdep/we_are_edward_snowden_laura_poitras_and_glenn/.

Wendy's, "Thanks for Sharing Your Baby Pictures", Twitter, 18 de dezembro de 2017, https://twitter.com/Wendys/status/942854646070235137.

Wendy's, "Buy Our Cheeseburgers", Twitter, acessado em 11 de janeiro de 2020, https://twitter.com/Wendys/status/1012398470903291904.

"Wendy's Training Video Is What I Wish We Were Still Doing Today", reddit , 10 de novembro de 2019, https://www.reddit.com/r/videos/comments/ducbu2/wendys_training_video_is_what_i_wish_we_were/.

"Wendy's Training Video Regarding Hot Drinks", reddit, 20 de maio de 2016, https://www.reddit.com/r/NotTimAndEric/comments/4k9dia/wendys_training_video_regarding_hot_drinks/.

"What Are Some Things That Guys Misinterpret from Women as 'She's Interested in Me'?", reddit, 28 de novembro de 2018, https://www.reddit.com/r/AskWomen/comments/a15seh/what_are_some_things_that_guys_misinterpret_from/.

"What Does 'Wealthy' Mean to You? Here's Where Some of the Top US Cities Draw the Line Between 'Financial Comfort' and 'Wealth' (from Your Friends at Charles Schwab)", reddit, Charles Schwab, 14 de junho de 2018, https://www.reddit.com/user/Schwab_Official/comments/8r4yxg/what_does_wealthy_mean_to_you_heres_where_some_of/.

"What Is a Common Carrier?", Findlaw, acessado em 17 de janeiro de 2020, https://injury.findlaw.com/torts-and-personal-injuries/what-is-a-common-carrier.html.

"Where Stories Are Born", reddit, acessado em 12 de janeiro de 2020, https://www.redditinc.com/press.

"Which Marvel Super Hero Matchup Would Make the Best Big Game Commercial? (Most Persuasive Answers Win a Year of Gold)", reddit, Coca-Cola, 25 de dezembro de 2015, https://www.reddit.com/comments/3xvstd/which_marvel_super_hero_matchup_would_make_the/.

Whittaker, Zack, "New York's Anonymity Ban: Why Should the Web Be Any Different?", *ZDNet*, 26 de maio de 2012, https://www.zdnet.com/article/new-yorks-anonymity-ban-why-should-the-web-be-any-different/.

"William Lashua's Birthday", Know Your Meme, 20 de novembro de 2019, https://knowyourmeme.com/memes/events/william-lashuas-birthday.

Williams, Shawna, "Human Species May Be Much Older Than Previously Thought", *The Scientist Magazine*, 29 de setembro de 2017, https://www.the-scientist.com/news-opinion/human-species-may-be-much-older-than-previously-thought-30819.

Yarwood, Andrew, "A Brief History of 5 Iconic Oil Business Brands", *Fircroft*, 27 de março de 2019, https://www.fircroft.com/blogs/a-brief-history-of-5-iconic-oil-business-brands-98627135823.

Zak, Lena, "Healthy Year Ahead for Yoghurts", *Food Mag*, 25 de março de 2009, https://www.foodmag.com.au/healthy-year-ahead-for-yoghurts/.

Ziploc Brand, "Cheesecake Stuffed Strawberries", Facebook, 9 de março de 2015, https://www.facebook.com/Ziploc/photos/a.329236260422251/947546951924509/?type=3&theater.

Ziploc Brand, "DIY Tie-Dye Crayons", Facebook, 18 de setembro de 2015, https://www.facebook.com/Ziploc/photos/a.329236260422251/1049744868371383/?type=3&theater.

Ziploc Brand, "Easy Pomegranate Juice", Facebook, 26 de julho de 2014, https://www.facebook.com/Ziploc/photos/a.329236260422251/820978114581394/?type=3&theater.

Ziploc Brand, "Pecan Pie Bark", Facebook, 17 de novembro de 2015, https://www.facebook.com/Ziploc/photos/a.329236260422251/1068198406526029/?type=3&theater.

Índice Remissivo

#LowesFixInSix, campanha, 126-8
@buzzfeedtasty, 125
@citysage, 131
"Espaguete no bolso", meme, 56-7
30 Rock (programa de televisão), 68-9
4chan, 31,56,165
    anonimidade no, 80,143
    como rede do Id, 87-9
    comunidade no, 153,156-8
9gag, 165

A

A morte do búfalo (lenda kiowa), 249
A startup enxuta (*The Lean Startup*)
    (Ries), 231
Abloh, Virgil, 53
Activia, 211-13
*AdAge,*230
Adobe, 288-90
Adotante precoce, 230
Afirmativas, 212-16
Agressão, 115-16
Alcance incremental conquistado, 43-45

Alcance orgânico
    de formatos de meme, 36, 38
    de máquinas de memes, 33,38-40
    de tipos de conteúdo, 50, 54, 58
    nas redes do Ego, 100, 101
    nas redes do Superego, 125-8,131
    no Facebook e no Reddit, 234-36,254
Alexa Rank, 138
Algoritmos, 29-30,36-9,234,287
AllTrails, aplicativo, 255
AMA (*Ask Me Anything*), 161-63
Amazon, 140,159
American Express, 104-5
Amígdala, 179
Âncoras, 212-6
Anki, 162, 288
Anonimidade
    autenticidade, espontaneidade e, 154-60
    nas redes do Ego, 86
    nas redes do Id, 86-90,137-9
    nas redes do Superego, 87,286
    tipos de, 80-1
Ansiedade, 77-8, 118-20

Anúncios ao ar livre, 252,260-1
ARG (*alternate-reality game*), 192-94
Ars Technica, 283-4
Asimov, Isaac, 227
Ask Me Anything (AMA), 161-3
Atenção plena, meditação, 117-9
Atenção, 29-30,60-2,181-6
Atendimento ao cliente, 209
*Atlantic,*137
Audi, 161-3, 165, 190, 288
Autenticidade, 154-60
Autoconsciência para marcas, 290-1
Autoidentidades ideais, 119-25
Autorrevelação, 119
Avaliação de desempenho
    de formatos de meme, 40-5
    em campanhas nas mídias sociais, 252-3
    escuta como parte da, 226-9
    indicadores de desempenho (KPI), 65-9
Aves, hemisférios do cérebro de, 172
Away (marca), 251-2

B

Banks, Elizabeth, 161
Baskin-Robbins, 192-4
BBC, 138
BBDO, 126
Beats by Dre, 120-4
Best of Uniqlo, *thread* do Reddit, 153
Beyond Petroleum (BP), 186-8
Blackmore, Susan, 23-4
Blind (aplicativo), 81
Boa forma física, influenciadores, 129
Boca a boca, marketing, 47, 101-6
BP (British Petroleum; Beyond Petroleum), 186-8
Brandwatch, 224
Brita, 69-70
British Petroleum (BP), 186-7

Bud Light, 53
Bullying de marcas, 135, 209-10
Burger King, 56, 281
Buscemi, Steve, 69
Bush's, 281

C

Câmaras de eco, 286-7
Campanhas em mídias sociais, 249-280
    campanhas de mídia em que se paga para publicar e, 250
    lançar marcas com, 251-61
    para o marketing de desempenho, 268-79
    significado da marca como base das, 279-80
    reposicionar marcas antigas com, 262-9
    engajamento do usuário com, 13-4
Canais sociais
    como ambientes, 290
    e a estratégia em mídias sociais, 229-34
    seleção, 225,253-4
    selecionar máquinas de memes para os, 33
Capgras, ilusão de, 173
Capturas de tela, 29-31
Casper, 251-2
Cegueira por desatenção, 222
Cérebro reptiliano, 65
Cérebro
    amígdala, 179
    aves, hemisférios de, 172
    de crocodilo/reptiliano, 65
    estruturas ligadas à linguagem, 174-5
    impacto da internet sobre o, 76-8 (*Ver também* Hemisfério esquerdo do cérebro; Hemisfério direito do cérebro)
Chabris, Christopher, 223

Índice Remissivo

Charles Schwab, 154-6,160,165,189, 190, 288

Cimini, Karen, 140,142

Cinema
como máquinas de memes, 28-30
crime e violência, 142,43

Clemson, 140

Clickbait, 58,189

Coca-Cola, 189-91

Coerência
da publicidade da Target, 181
e engajamento da marca, 69-71
em campanhas nas mídias sociais, 262,263
nas redes do cérebro esquerdo, 185-8
nas redes do Ego, 104
nas redes do Superego, 131-3
reconhecimento do cérebro direito, 176

Coffee Mate, 281

Comcast, 219-22

Comicbook.com, 238-9

Como consertar a internet (How to Fix the Internet), 137

Como enlouquecer seu chefe (filme), 27-30

Como o Twitter alimenta a ansiedade (How Twitter Fuels Anxiety) (Turner), 118-9

Comparação lado a lado, 40-3

Comportamento no mundo real
das marcas, 292-3
e conteúdo nas redes do Id, 140-3
nas redes do cérebro direito, 235-9

Comportamento problemático
anonimidade e, 137-8,140-3
nas redes do Id, 89
nas redes do Superego, 284-6

Comportamento
nas mídias sociais, 15
no mundo real, 140-3,236-9,291-3
problemático, 89, 137-8, 140-3, 284-6

Comunicação
de crenças profundas, 203-4

de memes *(ver* Máquinas de memes)
entre os hemisférios cerebrais, 174-5

Comunidade(s)
campanhas nas mídias sociais para montar, 272-4
com base em interesses, 139,153
nas redes do cérebro direito, 193-4, 196-200
nas redes do Id, 88-90,152-3
no 4chan, 156-8
tentativa de controlar, 157-8

Comunidades baseadas em interesses, 139,152-3

Comunidades de fãs, 122,191-3

Conexão pessoal, 61-4,175-6

Conexões sociais, 81,84,100-2

Confiança, 140,159-60,166,239

Consciência social, 77-9

Consciência, 83

Constância formal, abordagem, 291

Construção de marca, 105-8,230-2

Contação de histórias
em jogos de realidade alternativa, 191
nas redes do cérebro esquerdo, 236-9
nas campanhas em mídias sociais, 267-9
para o engajamento da marca, 61-3

Conteúdo ambicionável, 50,51-2
e o cérebro esquerdo, 204,206
favoritável × exibível, 54,58
nas redes do Superego, 129-31

Conteúdo comiserativo, 50,56, 204, 206

Conteúdo compartilhável
aproveitar máquinas de memes orgâni-- cas para, 38-40
projetar máquinas de memes para o, 59-60
nas redes do Ego, 96-101
identificar máquinas de memes para, 32-4
com valor agregado, 52-3

Conteúdo encapsulado, 59-62,70,227-8

330 PSICOLOGIA OCULTA DAS REDES SOCIAIS

Conteúdo exibível, 50-4
ambicionável, 55-7
e o cérebro esquerdo, 204,206
nas redes do cérebro esquerdo, 183,184
nas redes do Superego, 120-5
Conteúdo favoritável, 50,53-5
e o cérebro direito e esquerdo, 204,206
nas redes do Ego, 99
nas redes do Superego, 126
Conteúdo inspirador, 206-7
Conteúdo petiscável, 191
Cooperação, 284-6
Copypasta, 283
Corpo caloso, 171
Cozmo Gets Lost in Reddit, campanha, 162-5, 190, 288
Credibilidade, 132,180-1,185-8,251-2
Crenças
nas redes do cérebro esquerdo e direito, 216
nas redes do Ego e do Superego, 144
nas redes do Id, 143-5
processamento de informações sobre, 203-5
Crimes violentos, anonimidade e, 140-3
Críticas, responder a, 133-5
Crocodilo, cérebro de, 65
Crowdsourcing, 241-2
CTR (*click-through rate* ou taxa de cliques), 66,67
Cultura memética, 19-20,33,69-70,133-4
Cultura
meme da internet, 19-20,33,69-70,133-4
sneakerhead, 183-4
transmissão por memes, 22,24
Curiosidade epistêmica, 87-88
Curiosidade, 87-8,180-1,189, 293

D

Dados de vendas como métrica de desempenho, 252

Dahl, Gordon, 141
Danone Bio, 211
Danone, 211-3
Dawkins, Richard, 20-5
Deepwater Horizon, derramamento de petróleo, 187
Della Vigna, Stefano, 141
Depoimentos, 242
Depressão, 76-80, 117-8
Desafio do Balde de Gelo da ELA, 35-6,39-40
Diferenciadores, 53,251-2
Discord, 192-3
Disney World, 187-8
Disruptions: A Digital Underworld Cloaked in Anonymity, 138
Distribuição de Pareto, 226
Dove, 93-5,97-100,104-5
Downloads (métrica de desempenho), 268
DragonRealms (jogo *online*), 11-2
Dunbar, Robin, 77-8
Dungeons and Dragons (jogo), 237-9
Dunk in the dark, tuíte, 243-5
Duplicação de conteúdo, 258
Dyda, Arielle, 147-53

E

Ego
cérebro esquerdo e, 175-6
desenvolvimento do, 113-4
no modelo da mente, 82,83,95-6
Elementos narrativos em mensagens, 61-5
Emoções em experiências novas, 169-71
Empatia, 62-3,172,175-6
Endosso de celebridades, 161, 180-1, 214
Endossos, 161,180,214
Energy BBDO,14, 36
Engajamento com a marca, 47-70
agregar valor para, 49-57
e autoexpressão, 98-100

Índice Remissivo

coerência e sensação de propriedade no, 68-70

projetar máquinas de memes para, 58-62

e publicidade nas mídias sociais, 47-50

nas redes do Superego, 119-26

nas redes do Ego, 105-8

nas redes do Id, 145-9

nas redes do cérebro esquerdo, 208-10,215

nas redes do cérebro direito, 188-191, 206-9,215,287-9

elementos narrativos para, 61-4

ajustar o conteúdo aos indicadores de desempenho de, 65-9

métrica do, 40-4,66-8

aprimorar, 14-5

Escalabilidade, 131

Escassez, 184

Escuta social, 188,220-9,252-4

Espontaneidade, 145,154-60

Estágio de conscientização do funil de compra, 206

Estágio de consideração do funil de compra, 208

Estratégia de conteúdo

nas redes do Ego, 96-9

nas redes do Id, 139-40

nas redes do Superego, 113-6 (*Ver também* Estratégia nas mídias sociais)

Estratégia em mídias sociais, 219-48

atrair o cérebro direito e esquerdo com, 233-40

da Comcast no Reddit, 219-21

escuta social na, 221-9

métricas de desempenho na, 67-8

o momento certo do conteúdo, 243-7

papel dos canais na, 229-34

testar conteúdo em ambientes competitivos, 239-43

Estratégias de localização, 124-5

Estrutura das redes sociais, 75-90

e os efeitos psicológicos do uso das mídias sociais, 75-80

identidade, conexões sociais e, 80-1

e o modelo freudiano da mente, 81-4

redes do Id, do Ego e do Supergo, 83-4

Estrutura de rede, 175,176

Estruturas da linguagem no cérebro, 174

Estupro, acesso à internet e, 140-3

Eu ideal, redes do (*ver* Redes do Superego)

Eu *offline*

estrutura das redes sociais e o, 80

nas redes do Ego, 84,84-6,96

nas redes do Superego, 85-7

Experiência compartilhada nas redes do Id, 139, 153

Experiência do cliente, novidade na, 184-6

Experiência

compartilhada, 139,153

do cliente, 184-6

nas redes do cérebro direito, 172, 176

profundidade de, 190-4

Exploração

ferramentas parar, 288-91

interação de representação e, 206-7

nas redes do cérebro direito, 189-93, 288-91

novidade durante, 169-72

território para, 188-94

Expressão

como função do cérebro direito, 173-6

engajamento da marca por, 97-101

equilibrar representação e, 210-3

nas redes do Id, 142-3

F

Faça você mesmo, 54-5,62-4,99,126

Facebook Insights, 224

Facebook, 13

agregar valor no, 98,100

anúncio de Squatty Potty, 107-8

campanha #LowesFixInSix no, 127-8

como rede do Ego, 84,95,96

conexões sociais no, 77,81

confiabilidade das revisões, 139

consumo de conteúdo no, 32

conteúdo de marca no, 59,101-3,256

discussão nuançada no, 144

em campanhas nas mídias sociais, 13-5,253,259-60

estratégia de mídia social para, 234

favoritar no, 50

histórias no, 43

Instagram e, 113

links para conteúdo externo, 188-9

máquinas de memes, 28-30

métrica de desempenho, 42-3

páginas de fãs, 47,101-3

peças pregadas no 4chan, 156

promoção paga no, 226

publicidade da Activia, 211-2

Real Beauty Sketches, campanha, 94-6

realidade distorcida no, 75-6

Reddit e, 285

relatórios de análise, 65-6

sobre publicidade em mídias sociais, 47-48,102

Straight Outta Somewhere, campanha, 123

vídeos no, 35-9

Familiaridade, 169-71,174

Fanáticos por marcas, 192-4

Feed de notícias do Facebook, algoritmo do, 36-8

Feedback do conteúdo, 241-3,250

Feeds comunitários, 88

Felicidade, 117

Filtros do Snapchat, 102-5

Fink, Brian, 244-6

Fitting Room, estudo de caso, 271-9

Fontes, memes e anúncios, 31-2

Forbes (revista), 241

Formato de memes

no Facebook, 35-38

nas máquinas de memes orgânicas, 38-41

eficiência como portador do, 31-2

métrica de desempenho do, 41-4

e definição de meme, 20, 26

Fotos do processo, 63-5,227

Four Seasons Beverly Hills (Los Angeles, Califórnia), 185

Fox Studios, 197-9

Freud, Sigmund, 15, 81-4,95,113-7,141,143

Funil de compra, 208-9, 252, 254

G

Garantias, 251-2

Gates, Bill, 161

General Mills, 193

Genes, 23,25

Gentleman, classe de personagem, 237-9

Gifs, 39,126

Gomez, Rick, 181

Good Morning America (programa de TV), 240-1

Goodall, Jane, 161

Google Analytics, 224

Google, 36,140,159,219-21,226

Goop, 212-3

GoPro, 129

Gorila invisível, experimento do, 222

Graves, Michael, 181

Green, Kai, 129

Grumpy Cat, 241

H

H&M, 181-2

Hannibal (filme), 141

Harvard University, 119

Hashtags

como chamadas à ação, 131-3

nas redes do Superego, 113,118, 123-6

Índice Remissivo

sequestro, 33-4
Heath, Chip, 184-5
Heath, Dan, 184-5
HEATTECH, linha de roupas, 147-9
Heinz, 123-5
Hemisfério direito do cérebro
  afirmativas e âncoras para o, 212-7
  conteúdo com valor agregado para o, 204-7
  crenças profundas no, 203-4
  e emoções associadas à novidade, 169-72
  e escuta social, 224
  equilibrar expressão e representação da marca, 210-3
  estratégia social para atrair o, 234-40
  expressão no, 173-6,211-3
  fluxo de informações no, 206-10
  funções do, 171-4
  redes do Id no, 176-81 (*Ver também* Redes do cérebro direito)
Hemisfério esquerdo do cérebro, 169-201
  afirmativas e âncoras do, 213-7
  e as emoções associadas à novidade, 169-72
  e crenças profundas, 203-5
  e escuta social, 222, 224
  equilibrar expressão e representação da marca, 211-3
  estratégia social para atrair o, 233-40
  fluxo de informações no, 206-11
  funções do, 172-4
  redes do Ego e do Superego no, 176-81
  representação no, 173-6
  valor agregado ao, 204-7(*Ver também* Redes do cérebro esquerdo)
Hierarquia social, 85
High-low, colaboração, 181-4
Honey Nut Cheerios, 193
Horace Mann, escola para surdos, 156-7
Hotel Bel-Air (Los Angeles, Califórnia), 186

*Huffington Post,*244-5
Humor autodepreciativo, 122,132-5
Humor, 53,123,132-5

I

Id
  cérebro direito e, 175
  conflito entre o Superego e o, 115
  desenvolvimento do, 113, 114
  no modelo da mente, 82,83,96
Id, Ego, e Superego, modelo da mente, 15
  descrição, 81-4
  e as redes do cérebro esquerdo e direito, 174
  e as redes do Ego, 95-6
  e as redes do Superego, 113-6
Ideia, 178-9
Identidade da marca, 104-6, 108
Identidade
  autoidentidades ideais, 119-25
  e a estrutura das redes sociais, 80-1, 84,175-6
  e perfil nas mídias sociais, 76
  marca, 104-6,108
Image macro, 29-31,42-4
Imgur, 87,226,246
Impact, fonte, 31-3
Indicadores de desempenho (*key performance indicators*, KPI), 65-9
Influenciadores
  boa forma física, 129
  em campanhas nas mídias sociais, 255,259, 273-6
  histórias contadas por, 64
  nas redes do Superego, 114,130-5
Instagram, 13-4
  campanha "Straight Outta Somewhere", 122
  campanhas com influenciadores, 130
  como parte de campanhas nas mídias sociais, 273-4, 276

como rede do Superego, 85-7,111-4

conexões sociais no, 81

conteúdo comiserativo exibível para, 55

conteúdo de marca no, 287

discussão nuançada, 145

efeitos psicológicos de usar, 79,80, 117-9

em campanhas de mídias sociais, 254-5, 258-9,275

escuta social no, 225

estratégia de mídia social no, 234

influenciadores de boa forma física no, 129

links para conteúdo externo, 188

postagens da Goop, 214

postagens da GoPro, 129

Reddit e, 286

veracidade das revisões no, 139-40

Internet

anonimidade na história da, 140-1

estupro e acesso à, 141-2

visualização de anúncios na, 292

J

Jackman, Hugh, 198, 198

Jim Beam, 281

Jornalismo nas redes sociais, 57-8

Joy, Lisa, 191-2

Jung, Carl, 141-2

K

Kantar Millward Brown, 14

Kendall, Todd, 140, 141

Ketchum Public Relations, 14

Kiowa, povo, 249

KnowYourMeme.com, 289-90

Kodiak, Alaska, 156-7

KPI (indicadores de desempenho), 65-9

L

Lacrações, 210

Lançamento, marketing de desempenho para, 271-9

Landsburg, Steve E., 141

Lashua, William J., festa de aniversário de, 157-8

Lentes de RA (realidade alternativa), 102-4

Lentes de RV, Snapchat, 104-5

Lewin, Michelle, 129

LinkedIn, 113, 189

Links, 36,188-90

Logan (filme), 197-9

Logotipos, 54,70,180,186-8

Lookbooks, 53,146-7

Louis Vuitton, 53

Lumina, estudo de caso, 262-9

M

Macetes para a vida, 54,126,191-2,241,244-5

Machkovech, Sam, 283,284

Madewell, 130-3

Magic Castle Hotel (Los Angeles, Califórnia), 185

Máquinas de genes, 22-3

Máquinas de memes

completas e incompletas, 59-60

definição, 26

escuta social sobre, 226

evolução das, 27-31

importância das, 28, 31-4

orgânicas, 38-41

ótimas, 32-4

para as redes do Superego, 121

projeto, 58-62,153

uso incorreto das, 133

Marcas antigas, 40-42,262-8,292

Marcas desafiadoras, 108,235

Marcas estabelecidas

capacidade de ser exibível, 53

credibilidade de, 181

métricas de desempenho de, 67

Índice Remissivo

reposicionamento, 262-268

Marcas novas
adoção de canais por, 230
afirmativas e âncoras de, 214-5
campanhas sociais para, 251-61
credibilidade de, 180

Marcas pessoais, 175, 176

Marcas
aplicativos de, 183
autenticidade e espontaneidade das, 154-60
autoconsciência das, 291
comportamento no mundo real das, 292-3
credibilidade e coerência das, 186-8
criação de conteúdo em mídias sociais pelas, 48-50
críticas das, nas mídias sociais, 133-5
expressão das, 210-3
máquinas de memes das, 31-2
publicidade digital e televisiva das, 37
representação das, 179,211-212
sequestro de memes pelas, 33
significado das, 279-80
uso de memes pelas, 26

Marco Aurélio, 27

Marketing da marca, 269-71

Marketing de desempenho, 269-79

Marketing de eventos, 264-7

Marvel Studios, 190

Máximo fator comum, 195-200

Mayochup, campanha, 122-5

McDonald's, 122,195-6

McGilchrist, Iain, 172,174,206-7

McKinsey, 209

McQueen, Alexander, 181-2

Media Psychology Research Center, 119

Meditações (Marco Aurélio), 27

Meios de transporte comum, 220

Melhores práticas, criação de, 229

Memes da internet, 24,26

Memes invasivos, 239-41

Memes, 15, 19-34
comunicação de, 27-31
contexto de, 26
definição, 23-6
e identidade, 76-7
importância da máquina de memes para os, 31-4
invasivos, 240-1
na biologia evolutiva, 20-2
sequestro de, 33
uso incorreto de, 19-20

Mensagens de venda, 127-8

Mensagens
em campanhas de influenciadores, 130-1
nas redes do cérebro esquerdo e direito, 179-81,215-6
nas redes do Id, 158-9
para fanáticos por marcas, 193-4

Mente(s)
inconsciente, 82,83,114-5,141,174, 175-6
modelo de Id, Ego, Superego, 15, 81-4,95-6,113-6,174-5
mudar a dos outros, 143-145,203,204
sombra como parte da, 141-2

Metaparticipação, 206,220

Metapiadas, 56-7,69

Mídia social
adaptar a persona online na, 12-4
contar histórias na, 62
efeito psicológico de usar, 75-80
formato de meme para os feeds, 38-40
máquinas de memes na, 28-31
para profissionais de marketing e anunciantes, 290-3
processos psicológicos/biológicos que ditam o comportamento na, 15
publicidade na, 47-8
valor obtido ao participar da, 16

Mídia tradicional, 37,238,241,244,250

336   PSICOLOGIA OCULTA DAS REDES SOCIAIS

Minecraft (videogame), 264-5

Mínimo denominador comum, 193-4,230, 240-1

Missoni, 181-2

Molly's Trip to France, postagem, 151-2

Momento certo, conteúdo no, 243-7

Mondays suck, meme, 27-30

Mountain Dew, 156

Mueller, Curt, 192

Mulan (filme), 195

Multiuser dungeons (MUD), 11

Mutações genéticas, 21-2,25

MVP (produto viável mínimo), 231

N

Neandertais, 78-9

Netflix, 210

*New York Times,*138, 141

New York, estado de, 137-8

Nike, 119-21,129, 183-4

Nolan, Jonathan, 191

Normas culturais, 13-4, 19-21, 162

Novidade controlada, 181-185-6

Novidade

    credibilidade, coerência e, 185-8

    emoções associadas a, 169-71

    nas redes do cérebro esquerdo, 178,180-5

    nas redes do Ego, 100

    para as marcas, 179

Número de Dunbar, 77-8

O

O gene egoísta (*The Selfish Gene*, Dawkins), 20-3

O mal-estar da civilização (Freud), 81-3,116

O perigo da anonimidade online (The Dangers of Online Anonymity) 138

O poder dos momentos (*The Power of Moments*, Heath e Heath), 184-6

O que você faz hoje para se preparar para o sucesso amanhã?, *thread*, 154

Obama, Barack, 161

Off-White, 184

Old Spice, 237-9

Oreo, 243-5

P

Painel de análise, 66

Paltrow, Gwyneth, 212-4

Panda, Simeon, 129

Passo a passo, 63-4,125

Peças pregadas no 4chan, 156

Peloton, 222

Pensamentos de chuveiro, 88

Pepsi, 222

Percepção da marca, 55

Perigo, 172, 178

Persona *online*, 12-4, 83-90,135

Peterson, Jordan B., 83

Pinterest, 15, 44, 61, 64,225

PIPA (Lei de proteção aos IPs), 220

Pitbull, 156

Política, 144, 204, 283

Popsicle Hotline, 185

Postagem automática, ferramentas de, 255

Postagens orgânicas

    como parte de campanhas nas mídias sociais, 274-5

    em campanhas nas mídias sociais, 256-7

    formatação de conteúdo com base em, 61,70

    nas redes do cérebro direito, 183,188-191

    nas redes do cérebro esquerdo, 209,210,215

    nas redes do Id, 146, 159-62

    testar mensagens em, 48-50

Postagens promovidas, 258

Primeira impressão da marca, 208, 232

Índice Remissivo

Processamento de informações, 203-5,206-11

Processamento emocional, 172,174,179

Processamento lógico, 173-5

Produto viável mínimo (*minimum viable product*, MVP), 231

Promoção paga, 67-8,160,226,234-5,236,278

Propriedade da imagem, 69,70

Publicidade digital, gasto com, 38

Publicidade do fundo do funil, 253,254

Publicidade e cobertura na televisão, 37, 40,241

Q

Quora, 226-7

R

r/AdviceAnimals, 19-20

r/AskLGBTQ, 145

r/AskLibertarians, 145

r/AskMen, 154

r/AskReddit, 147-50,188-91

r/AskWomen, 154

r/Aww, 147-8

r/BestOf, 198

r/BisexualTeens, 289

r/BlackPeopleTwitter, 206-7

r/Camping, 256

r/ChangeMyView, 144-5,215

r/Comcast-Xfinity, 221-2

r/DebateAChristian, 145

r/DebateAnAtheist, 145

r/DebateAVegan, 145

r/Depression, 79-80

r/DnD, 237-9

r/Donate, 151

r/EmojiPasta, 289

r/FellowKids, 68-70

r/FemaleFashionAdvice, 153

r/FinancialIndependence, 154

r/FrugalMaleFashion, 150

r/Greenday, 289

r/HailCorporate, 162-3

r/iama, 1613

r/Layer, 288-90

r/Lifehacks, 44

r/MaleFashionAdvice, 53,146-7,149,153

r/Movies, 198

r/OldPeopleFacebook, 206-7

r/OutOfTheLoop, 196

r/Pathfinder-RPG, 238-9

r/PersonalFinance, 154

r/pics, 193

r/Place, 281-6,288

r/Portugal, 289

r/RarePuppers, 163

r/ReactionGifs, 55

r/Relationships-Advice, 154

r/ShittyRobots, 163-4

r/Sneakers, 139

r/Stellaris, 289

r/television, 196

r/TrebuchetMemes, 163-4

r/WhatCouldGoWrong, 163-4

r/Xmen, 198

Radian6,224

Real Beauty Sketches, campanha, 93-5

Realidade Alternativa (RA), lentes, 102-4

Realidade Alternativa, jogos (ARG), 192-4

Rebranding, 40-3,105,186-7

Receitas, conteúdo, 42,59-62,64,125,191

Redação de jornal, estratégia social, 244-5

Reddit, 13, 30-1

abraço da morte, 257

anonimidade no, 81,143

ARG de *Stranger Things*, 191-3

brindes de Honey Nut Cheerios, 194

Brita no, 68-70

campanha "Cozmo Gets Lost in Reddit", 162-5,190,288

classe Gentleman da Old Spice, 237-9

como rede do Id, 87-9
comunidade da Comcast, 219-22
comunidades de fãs no, 191-2
comunidades do, 153
conexões sociais no, 81
confiabilidade das revisões, 139,159
cultura e regras do Facebook e do, 234
discussão de crenças no, 215
em campanhas nas mídias sociais, 15, 254-9, 263-7
engajamento no, 44
escuta social no, 226
estratégia de mídia social para o, 234-6
experimento r/Place no, 281-6
favoritar no, 50
links para conteúdo externo no, 189-91
marketing em mídia social para o, 13-4, 15
momento certo do conteúdo no, 244-6
para anunciantes e profissionais de marketing, 159
perguntas de Charles Schwab, 154-5
postagens sobre produtos com edição limitada, 184
presença da UNIQLO, 146-7
promoção *Logan*, 197-200
publicidade do McDonald, 195-6
saúde mental dos usuários, 78-9
série "Think Faster" da Audi, 161-3,190,288
tráfego no site, 138
uso pelas marcas, 230(*Ver também comunidades específicas*)
Redes do cérebro direito, 281-91
anunciantes e profissionais de marketing nas, 199-200
criação de conteúdo pelas, 206
e o experimento r/Place, 282-6
engajamento da marca nas, 188-91,287-9
experiência nas, 172,176

exploração da, 188-93,288-291
links nas, 189-91
máximo fator comum em, 195-200
redes do cérebro esquerdo e, 188-90, 285-87 (*Ver também* Redes do Id)
Redes do cérebro esquerdo
anunciantes e profissionais de marketing nas, 199
como câmaras de eco, 286,287
como tópico nas redes do cérebro direito, 206-7
credibilidade e coerência da marca nas, 185-9
estratégia de surpresa e encanto nas, 196
links nas, 188-90
novidade controlada nas, 181-6
redes do cérebro direito e, 188-91, 286-7
representação nas, 176-8
tópicos polarizadores nas, 204(*Ver também* Redes do Ego; Redes do Superego)
agregar valor nas, 97-101
construção da marca em, 106-8
descrição, 84-6
Dove em, 93-5
e o cérebro esquerdo, 175-8,180
escuta social em, 224-5
estratégia de conteúdo para, 96-8
marketing boca a boca em, 101-6
na estratégia de mídias sociais, 234-5
necessidades satisfeitas por, 89
Redes do Ego, 93-109
redes do Superego e, 127-9(*Ver também* Redes do cérebro esquerdo)
Redes do eu controlado (*ver* Redes do Ego)
Redes do eu verdadeiro (*ver* Redes do Id)
Redes do Id, 137-166
agregar valor nas, 145-53,160-6

anonimidade nas, 137-8

autenticidade e espontaneidade nas, 154-60

comportamento no mundo real e conteúdo nas, 140-3

descrição, 84,86-90

e o cérebro direito, 176-8,180

engajamento da marca nas, 188-92

estratégia de conteúdo nas, 139

mudar de ideia nas, 143-5

na estratégia de mídias sociais, 234

necessidades satisfeitas por, 89(Ver também Redes do cérebro direito)

Redes do Superego, 111-136

campanhas com influenciadores nas, 130-5

criar conteúdo para, 126-30

descrição, 84-7

e o hemisfério esquerdo do cérebro, 175-8, 180

engajar o público nas, 119-25

escuta social nas, 223-5

estratégia de conteúdo para, 113-6

estratégia de mídia social para, 234-5

Instagram como, 111-4

necessidades satisfeitas por, 89(Ver também Redes do cérebro esquerdo)

redes do Ego e, 127-8

representação ideal nas, 117-9

usuários anônimos de, 285-6

REI, 251-2

Reintegração, 206

Relacionamentos, número de, 77-8

Relevância cultural, 122, 162

Relevância, momento certo e, 243-6

Reposicionamento, 262-9

Representação

como função do cérebro esquerdo, 172-6, 178

de crenças profundas, 203-4

de marcas, 179,210-3

equilibrar expressão e, 210-3

exploração e, 206-7

ideal, 112-4,117-9

nas redes do cérebro esquerdo, 177-8

nas redes do Ego, 85, 96-8,175-6

nas redes do Superego, 85, 112-4, 117-9,175-6

Representações ideais, 112-4,116-9

Repressão, 114-6,141-3

Rick and Morty (desenho animado de TV), 195, 196

Ries, Eric, 231

Roiland, Justin, 196

Ru Paul's Drag Race (programa de televisão), 210

Rutledge, Pamela, 119

S

Scott, Adam, 124

Scott, Travis, 184

Seleção natural, 21-22

Sexualidade, repressão da, 115-6

Shifman, Limor, 20, 24

Significado da marca, 279-80

Silverman, George, 47

Simons, Daniel, 223

Slaps roof of car, meme, 55-7

Slate (revista), 142

Slogan, 130-1

Small Business Saturday, 103-5

Small, Deborah, 62

Snapchat

como rede do Ego, 84,95,96

conexões sociais no, 81

em campanhas em mídias sociais, 263,266, 275,278

filtros e lentes de RA no, 102-5

Instagram e, 113

uso por marcas, 229-30

Sneakerhead, cultura, 183-4

PSICOLOGIA OCULTA DAS REDES SOCIAIS

SNEAKRS e SNKRS, aplicativos, 183-4

Snowden, Edward, 161

Sobrevivência do mais apto, 20-1

Sombra, parte da mente, 141-2

Sony Pictures, 104-5

SOPA (Stop Online Piracy Act), 220

Squatty Potty, 107-8

Starterpacks, 70

Stop *Online* Piracy Act (SOPA), 220

Straight Outta Compton (filme), 120-1

Straight Outta Somewhere, campanha, 120-3,125

Stranger Things (seriado de televisão), 192-4

Sublimação, 114-5,119,143

Super Bowl, 190, 197, 243

Superego

    cérebro esquerdo e, 175

    conflito entre o Id e o, 115-6

    desenvolvimento do, 113-5

    no modelo da mente, 82,83,96

Surpresa e encanto, estratégia, 149,196-8

Swift, Taylor, 156

Sysomos, 224

T

Tabus, 86,141-4

Taco Bell, 103-4,123

Target, 181-3

Taxa de cliques (*click-through rate* ou CTR), 66-7

Taxa de engajamento verdadeiro, 66

Tendências na rede do Ego, 100-101

Tent.ly, estudo de caso, 251-61

Testar e aprender, abordagem, 48-50

The Basic Bastard: British Budget Edition, postagem, 153

The Fappening, evento, 89-90

The Gamer, 238

The Gap, 186

The Master and His Emissary (McGilchrist), 172

The Meme Machine (Blackmore), 24

The North Face, 251

The Office (seriado de televisão), 245

TheNerdist, 238-9

Think Faster, série, 161-3,190,288

This Unicorn Changed the Way I Poop, anúncio, 107-8

TikTok, 113, 275, 276

Tillisch, Kirsten, 210

TODAY Show (programa de televisão), 240

TripAdvisor, 185

Trolagem, 86-7,137, 156,232

Tropicana, 187-8

Trump, Donald, 283

Tumblr, 87,153,164-5,276

Turner, Laura, 118-9

Tweet Deck, 224

Twitch, 87,164,226,263,265,267

Twitter, 13, 113

    anúncios da GoPro, 129

    campanha #LowesFixInSix, 127

    campanha "Mayochup", 124

    campanha "Straight Outta Somewhere", 123

    como rede do Superego, 86-7,118-9

    comunidade no, 200

    conexões sociais no, 80-1

    confiabilidade das revisões no, 139-40

    conteúdo comiserativo e exibível no, 55

    conteúdo de marca no, 287

    discussão de crenças no, 215

    lacrações da Wendy's, 133-5

    links para conteúdo externo no, 188-9

    na estratégia de mídias sociais, 234-5

    o momento certo do conteúdo no, 243-5,247

    Reddit e, 199,285-6

Índice Remissivo

U

u/esotericendeavor, 154-6
u/heroOfwar, 289-90
u/Spencerforhire83, 197, 198
UNIQLO, 136-53,160,182, 287
Universal Pictures, 120
Universidade da Califórnia, 141-2
Universidade de Utah, 78-9
Usurpação, 232-4

V

Valor agregado
  e a estrutura da rede, 90
  e engajamento da marca, 49-58
  máquinas de memes para reforçar, 58-61
  nas redes do cérebro direito, 288-91
  nas redes do Ego, 97-101
  nas redes do Id, 145-53,160-6
  nas redes do Superego, 119-25
  para o cérebro esquerdo e direito, 204-7
Valor de produção do conteúdo, 242-4
Valor, definição, 49-50
Van den Born, Zilla, 75-6
Venom (filme), 104
Verdade nas redes do Id, 164-6

Vídeo(s)
  dublado, 37-40
  gifs, 39
  como máquina de memes,28-31
  nas redes do Ego, 97
  no Facebook, 35-8
  métrica de engajamento de, 42-3
Vídeos dublados, 37-40
Viés de confirmação, 222-3
Vine, 126,127
Vítimas identificáveis, 62
VSCO (plataforma), 113-4

W

Wallace & Gromit: a batalha dos vegetais (filme), 141-2
Walmart, 156
Wendy's, 55-7,69,122-3, 132-5, 209, 244-6
Westworld (seriado de televisão), 191
Wieden+Kenendy, 162-5
Wu, Jason, 181

Y

YouTube, 36,39-40,262,265-6,267

Z

Ziploc, 98-100

Sobre o Autor

JOE FEDERER é ex-diretor de Estratégia de Marca do Reddit, onde ajudou a reposicionar a narrativa da plataforma para o mundo mais amplo da publicidade e a gerar um crescimento de receita de mais de dez vezes no seu primeiro ano no mercado. Antes de entrar no Reddit, ele trabalhou em grandes agências de publicidade e relações públicas, com campanhas bem-sucedidas no Facebook, e conduziu marcas de alto desempenho pelo lançamento de anúncios no Pinterest e no Instagram.

Com clientes diversificados, como Charles Schwab, Google, Amazon, McDonald's, Toyota, Audi, S.C. Johnson, Bud Light e Coca-Cola, Joe consegue encontrar a interseção entre o que as marcas representam e o que os seus fãs nas mídias sociais estão interessados em ver. Ele desenvolveu um modelo de como os sites de mídia social formam uma rede e uma compreensão do valor que os usuários obtêm em cada plataforma e como as ideias mudam e evoluem ao serem compartilhadas entre ambientes psicológicos diferentes.

GRÁFICA PAYM
Tel. [11] 4392-3344
paym@graficapaym.com.br